Manon Loock-Braun

Unterwegs auf Juist

Naturkundlicher und kulturhistorischer Inselspaziergang

Husum

Umschlaggestaltung unter Verwendung von Motiven aus dem Buch

Bibliografische Information der Deutschen Nationalbibliothek

Die Deutsche Nationalbibliothek verzeichnet diese Publikation in der Deutschen Nationalbibliografie; detaillierte bibliografische Daten sind im Internet über http://dnb.dnb.de abrufbar.

Abbildungsnachweis
H.-H. Seedorf, Archiv Heimatverein Borkum, Wetterstation Norderney, Gemeinde- und Kurverwaltung Juist, Landesvermessung und Geobasisinformation Niedersachsen, Nationalpark-Haus Juist, eigene Abbildungen, eigene Aufnahmen

Danksagung:
Während der Entstehung dieses Buches haben mich verschiedene Personen unterstützt, ohne die dieses Buch so nicht zustande gekommen wäre. Bei ihnen möchte ich mich auf diese Weise bedanken: Gemeinde- und Kurverwaltung Juist, Hans Kolde, Jochen Büsing vom Küstenmuseum und Jens Heyken vom Nationalpark-Haus für die Unterstützung mit Rat und Bildmaterial; Hans-Werner Harders vom Flugplatz und Inka Extra von der Villa Charlotte für die Gespräche und wertvollen Tipps; bei all denen, die mir bereitwillig Informationen zur Verfügung stellten und bei meinem Mann Christopher Braun für seine Hilfe, sein Verständnis und seinen Rückhalt.

Dankeschön!

2., überarbeitete Auflage 2014

Druck und Verarbeitung: Husum Druck- und Verlagsgesellschaft
Postfach 1480, D-25804 Husum – www.verlagsgruppe.de

ISBN 978-3-89876-751-4

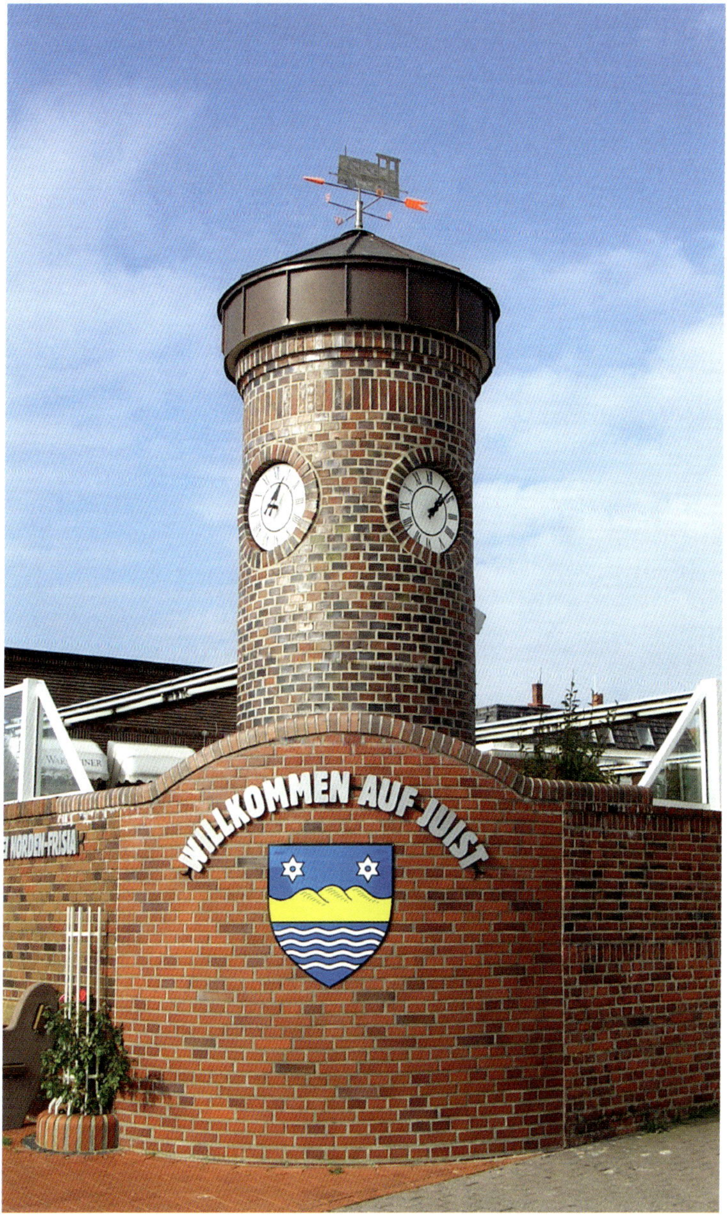
WILLKOMMEN AUF JUIST
NORDEN-FRISIA

Insel für Anfänger

Wenn das Wasser kommen tut,
denn is Flut.
Kein Wasser da? Zieh keine Flebbe!
Komm später wieder. Nu is Ebbe.
Und will das Meer am Strandkorb nippen,
musst du ’ne Burg drumrum dir schippen.
Brennt Nordseewasser dir im Hals?
Denn liegt wahrscheinlich das am Salz.
Was rumfliegt hier sind keine Löwen
(die sind hier selten), sondern Möwen.
Das Grün am Strande, merkst du bald,
ist sicher Seetang und kein Wald.
Willst Berge klimmend dich erkühnen?
Die Insel-Alpen nennt man Dünen.
Kriegst morgens du den Schuh nicht zu,
hast wohl ’ne Düne du im Schuh.
Siehst Menschen blass mit krumme Haltung?
– Beamte vonne Kurverwaltung.
Siehst zweimal Leuchtturm du da vorn?
Denn liegt das wohl am Doppelkorn.
Die Insel-Preise findst du stark?
Ein „Moin“ gibt’s schon ab zwanzig Mark.
Wenn’s auf der Insel friert und schneit,
dann liegt das anne Winterzeit.
Bangst du, weil böses Glatteis heut?
denn geh an’n Strand. – Da is gestreut.
Und ist dir die Abfahrt mal verwehrt?
Denn kommt das, weil kein Dampfer fährt.

Geändert nach: Hans-Jürgen Forster 1993

(Wangerooge für Anfänger)

Vorwort

Liebe Gäste, ich möchte Sie auf der Nordseeinsel Juist recht herzlich willkommen heißen und einladen zu einem naturkundlichen und kulturhistorischen Inselspaziergang.

Wissen Sie eigentlich, wie die Insel entstanden ist? Ist Juist lediglich eine Sandbank? Was hat es auf sich mit dieser besonderen Tier- und Pflanzenwelt des Wattenmeeres? Warum Weltnaturerbe Wattenmeer? Wie entstehen eigentlich Dünen? Warum besteht Juist aus zwei Dörfern? Wie ist es dazu gekommen? Und wie ist der Hammersee entstanden und warum heißt er überhaupt so?
All diese Fragen werden während dieses Inselrundganges beantwortet werden. Es werden Themen behandelt wie die Tier- und Pflanzenwelt, die Geschichte der Insel, Geografie, Geologie, Klima, Luft, Seeschifffahrt bis hin zur Fremdenverkehrswirtschaft und der Ver- und Entsorgung einer Insel.
Hier finden Sie nicht gehäuftes Fachwissen in einem streng wissenschaftlichen Sprachstil dargestellt, sondern die so faszinierende Inselwelt Juists in einer leicht verständlichen Art präsentiert.

Lassen Sie sich ein auf einen **interessanten Inselspaziergang**. Es lohnt sich! Sie werden Erstaunliches und Alltägliches über Ihr Urlaubsziel und das Inselleben erfahren. Das Wattenmeer zählt zu den ökologisch wertvollsten Naturlandschaften Mitteleuropas. Es ist von faszinierender Schönheit und reich an Erlebens- und Bewahrenswertem. Nehmen Sie sich Zeit für eine **Entdeckungsreise „auf den zweiten Blick"**. Denn nur was man kennt, sieht man! Ich wünsche Ihnen viel Spaß bei diesem Inselrundgang und einen angenehmen weiteren Aufenthalt.

Herzlich willkommen auf der

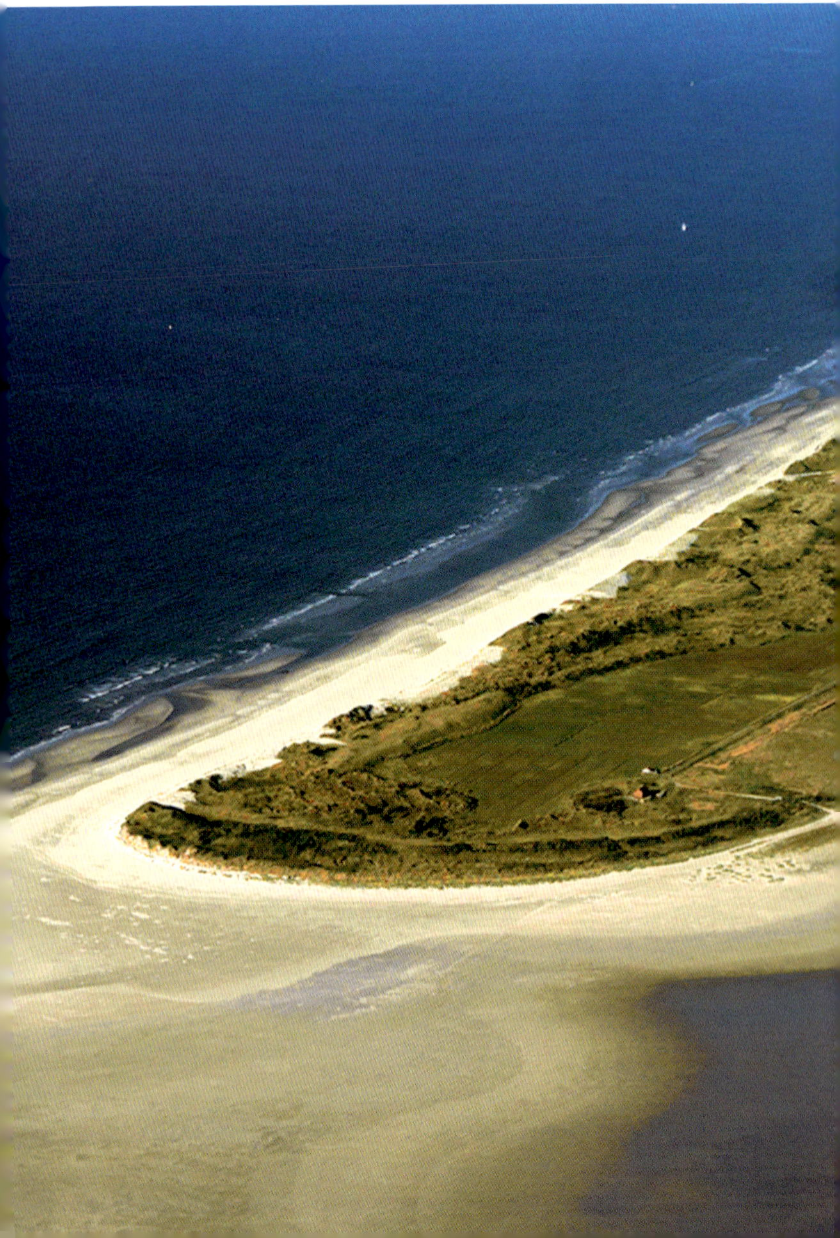

Nordseeinsel Juist

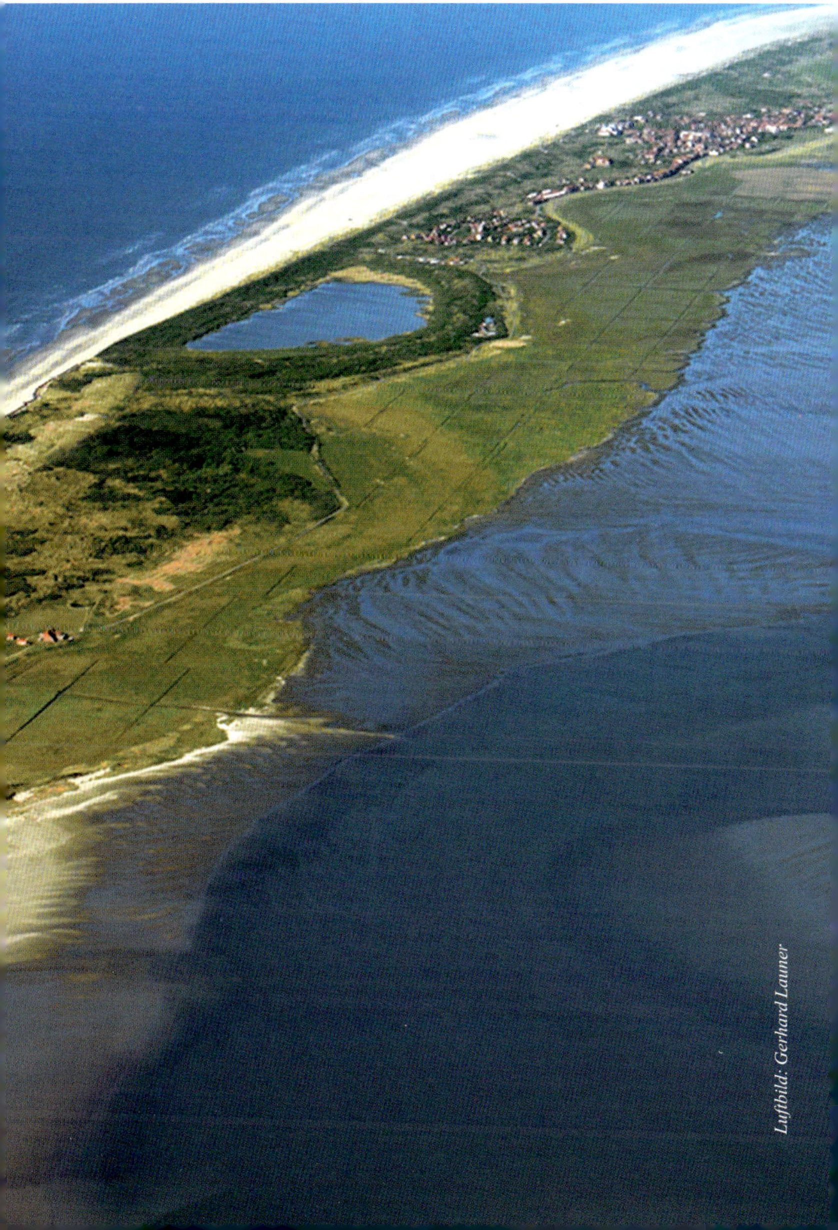

Luftbild: Gerhard Launer

1. Naturhistorische Entwicklung der Insel Juist

1.1. Die Lage des Naturraums

Die Nordseeinsel Juist ist eine der sieben bewohnten Ostfriesischen Inseln und liegt zwischen den beiden bekanntesten und größten Inseln Norderney und Borkum. Sie befindet sich in der Mitte der Wattenmeerinseln, die wie eine Perlenkette vom niederländischen Den Helder bis zum dänischen Esbjerg vor der Küste der südlichen Nordsee liegen.
Vom Haaksgat, einem Nebenarm der Osterems, reicht Juist über 17 km Länge ostwärts zum Kalfamergat. Die Entfernung zum Festland beträgt ca. 8 km. Das lang gestreckte Juist ist der deutschen Küste vorgelagert. In der schmalen Mitte, wo das Hauptdorf liegt, ist die Insel zwischen Watt und Strand nur etwa 500 m

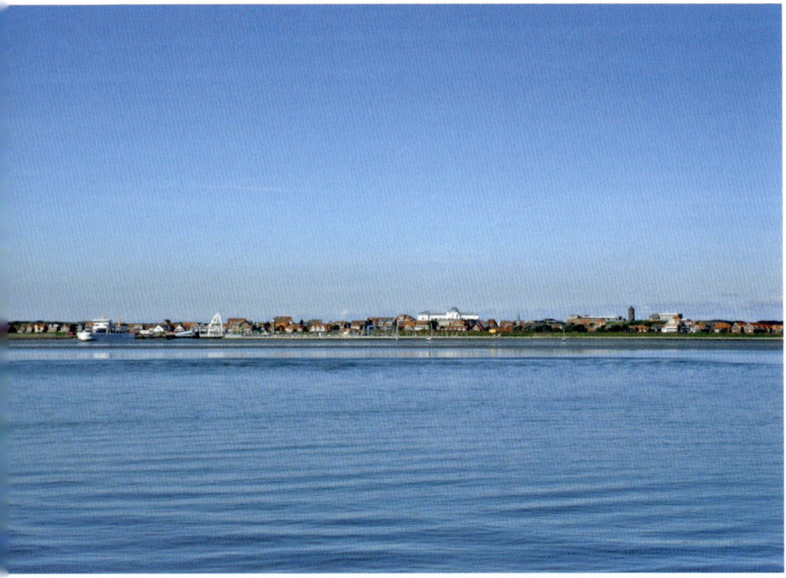

Blick auf Juist

breit. Im Westen, an der Domäne Loog, misst sie an den breitesten Stellen nicht viel mehr als 0,8 km. Mit diesen Abmessungen und einer Gesamtfläche von 16,4 km² ist Juist die längste und gleichzeitig schmalste Ostfriesische Insel. Die (Strömungs-) Form der Insel gleicht der eines Seehundes.

Die Gemeinde Juist liegt in Niedersachsen, gehört zum Landkreis Aurich und hat ca. 1600 Einwohner in 500 Häusern. Die Herkunft des **Inselnamens Juist** ist nicht sicher geklärt, er stammt aber wahrscheinlich vom friesischen Wort „güst", was „unfruchtbar" oder auch „karg" bedeutet. In der Werbung wird die Insel häufig als die längste oder schönste Sandbank der Welt beschrieben. Seit den 1990er-Jahren wird wieder ein Begriff verwendet, der bereits im 19. Jahrhundert gebräuchlich war: **Töwerland**. Dieser Begriff stammt aus dem Mittelniederländischen und bedeutet so viel wie „Zauberland".

Das Dorf liegt in geschützter Lage hinter hohen Dünenketten. Es setzt sich aus dem eigentlichen Dorf und dem 1,5 km entfernten Ortsteil Loog (friesische Bezeichnung für „Dorf/Ansiedlung") zusammen.

Der Sandstrand erstreckt sich über die gesamte Länge der Insel und ist im Gegensatz zu den Nachbarinseln weder durch Buhnen noch durch sonstige Bebauungen unterbrochen. Die höchste Erhebung Juists ist mit 22,1 m über Normalnull die Düne, auf der der Wasserturm steht. Die Inselfläche verteilt sich recht gleichmäßig auf 490 ha Dünen, 410 ha Heller (Salzwiese, Deichvorland) und 410 ha Sandstrand, wobei dessen Ausmaße stark schwanken.

Geografische Lage der Insel Juist:

53° 39' und 53° 41' n. Br.
6° 51' und 7° 06' ö. L.

1.2. Geologie und Morphologie

1.2.1. Die Entstehung der Ostfriesischen Inseln

Der dem Festland vorgelagerte Inselgürtel besteht nicht, wie der an der schleswig-holsteinischen Küste, aus Überresten eines durch Sturmfluten im Mittelalter zerschlagenen Festlandes, sondern setzt sich aus Düneninseln zusammen. Diese entstehen, wenn sich Sandbänke durch Ablagerungen so weit erhöhen, dass sie bei Hochwasser nicht mehr ständig überflutet werden.

Der Wind trocknet die oberste Sandschicht aus und weht kleine Sandzungen zusammen, die sehr schnell von Pionierpflanzen, wie z. B. der Strandquecke, besiedelt werden. Durch das Wechselspiel von Wasser, Wind und Vegetation baut sich schließlich eine Land-

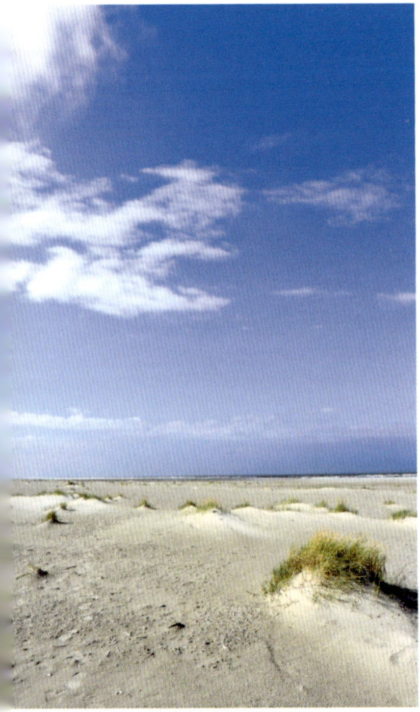

Juist ist eine Sandbank

schaft aus Dünen unterschiedlichsten Alters auf. Damit ist die Frage aus dem Vorwort beantwortet: **Ja, Juist ist eine Sandbank.**

Um sich die Verhältnisse, die zur Entstehung der Ostfriesischen Inseln führten, genauer anzusehen, bedarf es einer erdgeschichtlichen Reise bis hin zum Anfang des Quartärs (vor ca. 2 Mio. Jahren).

Die Moore, die Marsch, das Watt und die Kette der Ostfriesischen Inseln gehören dem jüngsten geologischen Zeitabschnitt, dem Holozän, an. Sie können auf eine Lebensdauer von noch nicht einmal 10 000 Jahren zurückblicken.

An der Schwelle zum Quartär trat weltweit ein Klimawandel ein. Im Laufe mehrerer Jahrzehntausende sanken die Temperaturen um fast 10 °C. Auf einen Temperaturrückgang folgte jedoch jedes Mal ein Temperaturanstieg. Insgesamt lassen sich für den norddeutschen Raum drei voneinander unabhängige Eiszeiten belegen; diese sind das Elster-, Saale- und Weichselglazial. Die dazwischen liegenden Warmzeiten werden als Holstein- und Eem-Interglazial bezeichnet. Aufgrund der geringen Fließgeschwindigkeit des Eises (ca. 100 bis 200 m/Jahr) haben die aus dem skandinavischen Raum stammenden Eismassen vermutlich mehr als 10 000 Jahre gebraucht, um nach Norddeutschland vorzustoßen. Ostfriesland wurde allerdings nur während des Elster-Glazials und im sogenannten Drenthe-Stadium des Saale-Glazials vom Eis „überfahren“ und mit riesigen Schuttmassen bedeckt. Im jüngeren Warthe-Stadium der Saalevereisung und während des Weichsel-Glazials erreichten die Eismassen Ostfriesland nicht mehr. Die Saalevereisung trat in Ostfriesland als primärer Oberflächengestalter auf.

Aufgrund einer allgemeinen Temperaturerhöhung schmolzen die riesigen Eismassen und flossen ab. Die Entwässerung erfolgte über die parallel zum Eisrand fließenden Flüsse. Allerdings kam es in Ostfriesland nicht mehr zur Bildung sogenannter Urstromtäler entsprechend dem Elbe- oder Aller-Weser-Urstromtal. Die Emstalsandebene war für die Entwässerung des ostfriesischen Raumes zuständig. Wegen des nur geringen Gefälles der Ems kam es später westlich des Flusses zur Bildung von Moorgebieten. Während dieser Eiszeiten lag der Wasserspiegel der Meere um bis zu 100 m niedriger als heute, da unvorstellbar große Wassermassen als Eis gebunden waren. In den Interglazialen (Zwischeneiszeiten) stiegen die Temperaturen und somit auch der Meeresspiegel an. Im Eem-Interglazial, das vermutlich nur 10 000 Jahre dauerte, verlief die Küstenlinie ähnlich wie die heutige. Der erdgeschichtlich jüngste Abschnitt ist das Holozän, das heute noch andauert. Sein Beginn fällt mit dem Abschmelzen der weichselglazialen Eismassen im südfinnischen Raum um 8200 v. Chr. zusammen. Zu Beginn des Holozäns lag der Meeresspiegel etwa 100 m niedriger als heute. Die Küstenlinie war deshalb ca. 300 km nach Norden verschoben. Die Doggerbank und die Deutsche Bucht waren Festland, die Themse ein Nebenfluss des Rheins, genauso wie Weser und Ems. Infolge der zunehmenden Milderung kam es zu einem Abschmelzen der Eismassen und damit zu einem kontinuierlichen Meeresspiegelanstieg. Bereits um 7800 v. Chr. war die Doggerbank überflutet.

Der klimatisch bedingte Meeresspiegelanstieg wurde aller

Wahrscheinlichkeit nach durch tektonische Erscheinungen (Küstensenkung) verstärkt. Allerdings ist man sich über das Ausmaß bis heute uneinig. Seit der Zeitenwende ist der Nordseespiegel, abgesehen von dem relativ starken Anstieg in diesem Jahrhundert, um durchschnittlich 1 mm/Jahr gestiegen. Die abgelagerten Schichten weisen aufgrund des kleiner gewordenen Wattenraumes und der damit verbundenen höheren Strö-

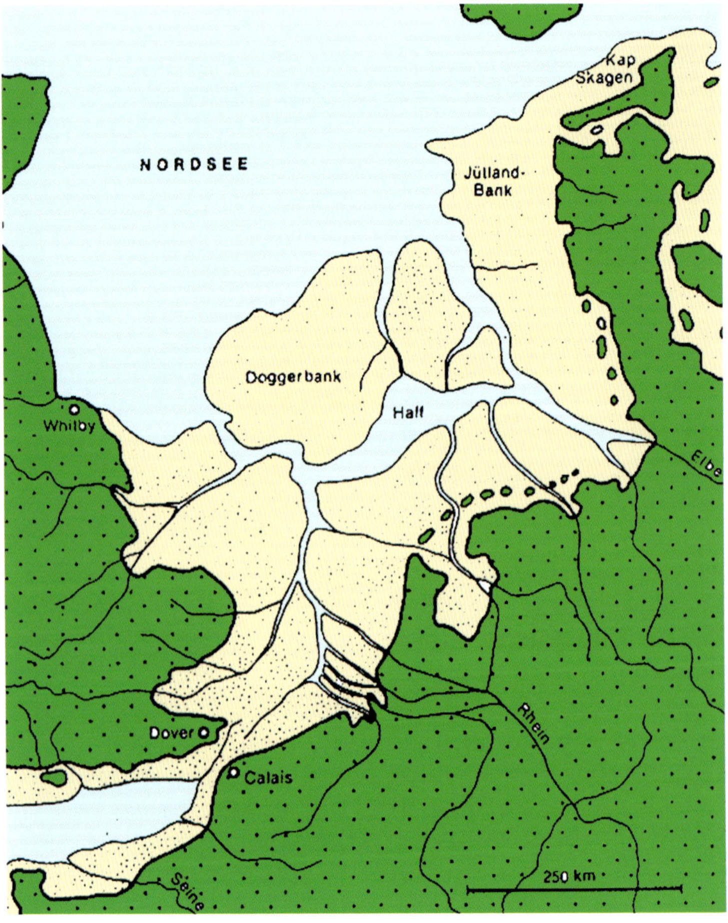

Wahrscheinliche Gestalt der Nordsee am Ende der letzten Eiszeit

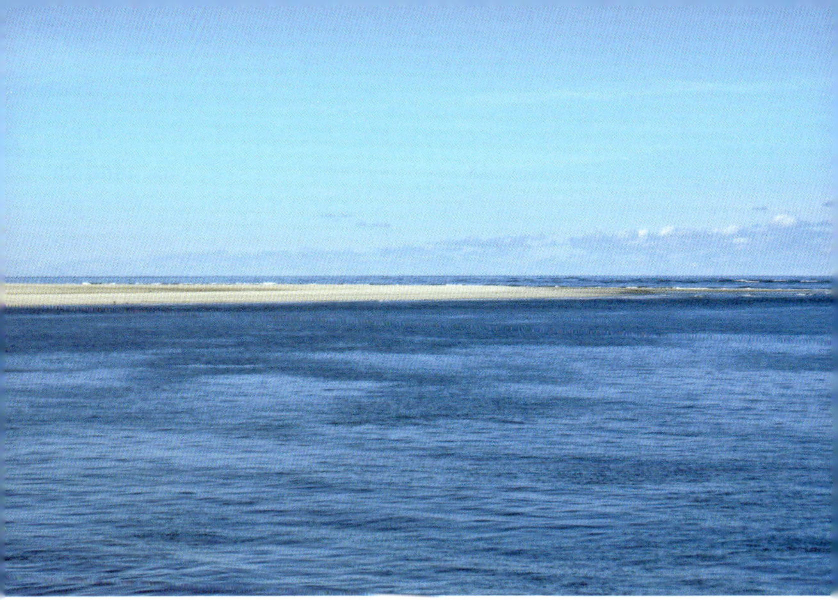

Entstehung einer Insel

mungsgeschwindigkeit eine sandige Körnung auf und heißen Pewsum-Schichten. Sie sind von geringer Mächtigkeit und liegen praktisch nur im Wattenmeer vor, da der Deichbau ab dem Jahr 1000 die Ablagerungen mariner Sedimente auf dem Festland unterband.

Die Ostfriesischen Inseln liegen am Rande des Festlandsockels, etwa 4 bis 10 km entfernt von der Marschenküste. Sie sind, wie bereits erwähnt, keine Festlandreste, sondern geologisch junge Gebilde aus einem Strand- und Dünenwall, der das Wattenmeer zur offenen See hin abgrenzt.

Diese Inseln werden auch als Barriere-Inseln bezeichnet, da sie den Außenrand der Watten darstellen. Wo die Wellen auf den steileren Abfall der Küste prallen, überschlagen sie sich und verlieren in der Brandung einen Teil des mitgeführten Sandes. So wachsen in der Brandungszone Sandwälle, sogenannte untermeerische Riffe. Haben diese Sandbänke eine gewisse Größe erreicht, sodass sie bei Hochwasser nicht mehr überflutet werden, erfolgt die Besiedelung durch Pionierpflanzen. Die jüngsten Dünen liegen seewärts in Strandnähe. So entstehen schließlich Inseln. Der Sockel jeder ostfriesischen Insel ist somit eine Sandbank.

Strabo (63 v. Chr.), griechischer

Geograf und Geschichtsschreiber in römischen Diensten, berichtet von der Besetzung einer in der Emsmündung gelegenen Insel namens „Burchana“ durch Truppen des Feldherrn Drusus im Jahre 12 v. Chr. Auch Plinius der Ältere (23–79 n. Chr.) betätigte sich als lokaler Chronist, indem er beschreibt, dass die der ostfriesischen Küste vorgelagerten Inseln den römischen Soldaten „durch ihre Waffen bekannt wurden“, und erwähnt, die Insel „Borcana“ werde von den Truppen wegen ihres Reichtums an wild wachsenden Hülsenfrüchten Fabaria (Bohneninsel) genannt. Ob nun das hier vermutlich beschriebene Borkum seinerseits mit Juist verbunden war, wie eine bisher unbewiesene Theorie behauptet, ist nicht sicher.

Die Insel gehörte zum Herrschaftsgebiet der Häuptlingsfamilie tom Brok. Widzel tom Brok ist die erste überlieferte urkundliche Erwähnung Juists zu verdanken: 1398 trug er dem Herzog Albrecht von Bayern, der zugleich Graf von Holland war, das Lehen über „Borkyn, Just, Buise, Osterende, Balteringe, Langoch, Spiekeroch ende Wangeroch“ an.

Die Tatsache, dass ursprünglich im Hellerbereich – d. h. auf der Wattseite der Insel – entstandene Vegetationshorizonte heute am seeseitigen Strand Juists ausstreichen, beweist eine Süd-Verschiebung der Insel. Auf dem Inselsockel ruhen drei alte Dünenfelder, die Haak- und Billdünen westlich des Hammersees, die Haiddünen im Ortsteil Loog und das Dünengebiet um die heutige Ortschaft. Wahrscheinlich handelt es sich dabei um Reste einer ehemals geschlossenen Dünenkette. Mit dem geologisch sowie historisch belegten Prozess der Süd-Verlagerung ging eine rasche Verlängerung der Insel einher. Dabei verschob sich das Westende Juists zwischen 1650 und 1960 kaum in seiner geografischen Länge. Im gleichen Zeitraum ist am Ostende ein Anwachs von etwa 4 km zu verzeichnen. Allein zwischen 1840 und 1900 breiteten sich die Dünenfelder um 2600 m nach Osten aus, was auf eine sehr gute Sandzufuhr hindeutet.

Die Entwicklung der so entstandenen Insel Juist mit ihrem wechselvollen und teils sehr bedrohlichen Schicksal wurde sowohl von weiteren Sturmfluten als auch von Menschenhand beeinflusst, bis sie ihr heutiges Erscheinungsbild erhielt.

1.2.2. Die West-Ost-Wanderung der Ostfriesischen Inseln

Auffällig beim Blick auf die niedersächsische Küste ist die schnurförmige Aneinanderreihung der Inseln wie auf einer Perlenkette.

Die Erklärung dieses Phänomens hängt mit der Strömung in diesem Gebiet zusammen. Die im Meer vorhandene, aus dem Ärmelkanal kommende West-Ost-Strömung lässt, begünstigt durch die häufige Südwest- und Westrichtung des Windes, diese Kette entstehen. Weiterhin erhält diese Strömung durch die niederländische Küste eine vom Festland abgewandte Kraft. Darum war und ist auch heute noch die Nord-

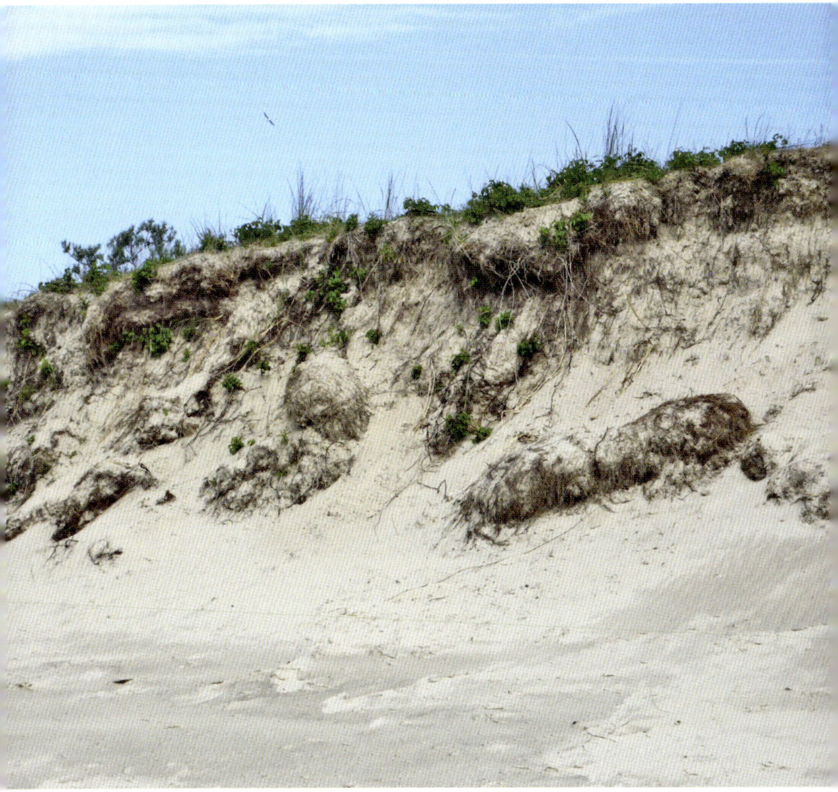

Abbruchkanten an der Bill

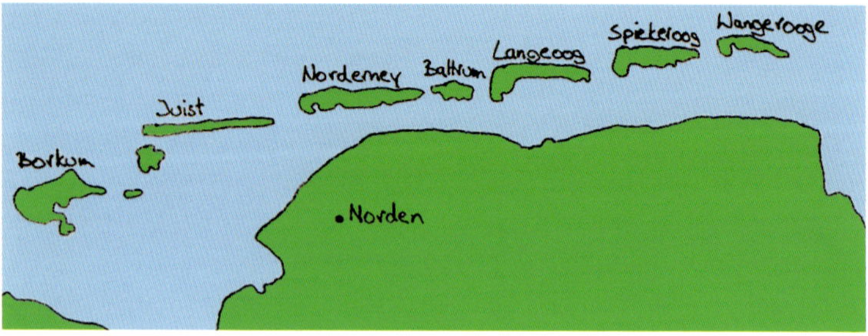

Skizze der Ostfriesischen Inseln vor der niedersächsischen Küste

westseite aller Inseln die Angriffsfläche des Meeres. Dadurch lässt sich die bei allen Inseln festzustellende Sandverlagerung von West nach Ost erklären.
Ein Zitat aus einem Aufsatz von Prof. Dr. Wolff aus dem Jahre 1931 schildert die Situation sehr treffend: „Gäbe es einen tausendjährigen, aus Aufnahmen in zehnjährigen Abständen aneinander gereihten Film von ihnen, so würde man sie unaufhörlich wandern und auf- und abwogen sehen, und Sandplaten und Baljen würden mitwandern. Immer nach Osten würde die Wanderung gehen; Wangerooge voran, Spiekeroog und die anderen Inseln hinterher."
Trotzdem stellt sich die Frage, warum sich aus den Inseln im Laufe der Zeit kein geschlossener Dünenwall gebildet hat, wie dies an anderen Küsten der Fall ist. Es müsste daraus eigentlich ein Sandwall hervorgehen, der sich langsam an die Küste angliedert. Diese Frage lässt sich mit dem Vorhandensein einer zweiten Strömung, der Gezeitenströmung, beantworten. Diese Strömung kommt aus dem Atlantischen Ozean, und zwar aus zwei Richtungen, in die Nordsee hinein: zum einen aus dem Ärmelkanal, zum anderen aus dem Norden durch die Öffnung zwischen den Shetlandinseln und der skandinavischen Küste. Der über die Doggerbank in südöstlicher Richtung fließende Gezeitenstrom schwächt den aus dem Kanal kommenden Flutstrom und hebt dessen Wirkung in Richtung Osten immer stärker auf. Der Gezeitenstrom „drückt" sich quasi zweimal am Tage von Nordwesten kommend zwischen den Inseln hindurch und trennt den sich schließen wollenden Sandwall, bildet so die tiefen Seegatts und

geht den gleichen Weg auch zweimal täglich wieder zurück. Dieser Vorgang von Ebbe und Flut dauert jeweils 12 Stunden und 25 Minuten.
Der an der Abbruchseite im Westteil der Inseln fortgerissene Sand wird durch den Ebbstrom in das

An ihren Enden werden sie durch den Gezeitenstrom zu „Fluthaken" und „Hörnern" zurückgebogen. Trotz dieses Sachverhalts hält sich das Gerücht, dass Juist aufgrund der enormen Zuwächse am Kalfamer in den nächsten 300–400 Jahren mit Norderney

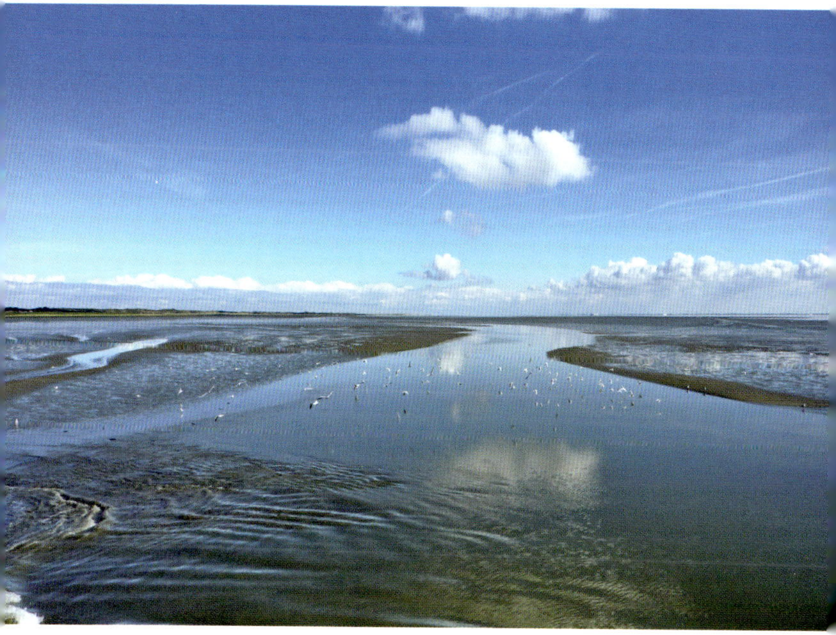

offene Meer transportiert und zunächst an einem der zahlreichen Riffe abgelagert, bevor der Flut- und Brandungsstrom das Material wieder aufnimmt und an das Ostende der Insel trägt. Dies führt dazu, dass alle Ostfriesischen Inseln eine typische Form zeigen.

zusammengewachsen sein wird!
Durch die West-Ost-Wanderung der Inseln befinden sich viele Siedlungen an der abbruchgefährdeten Westkante der Eilande. Baltrum z. B., das an seiner Westseite zwischen 1750 und 1870 rund 3 km Land verlor, musste

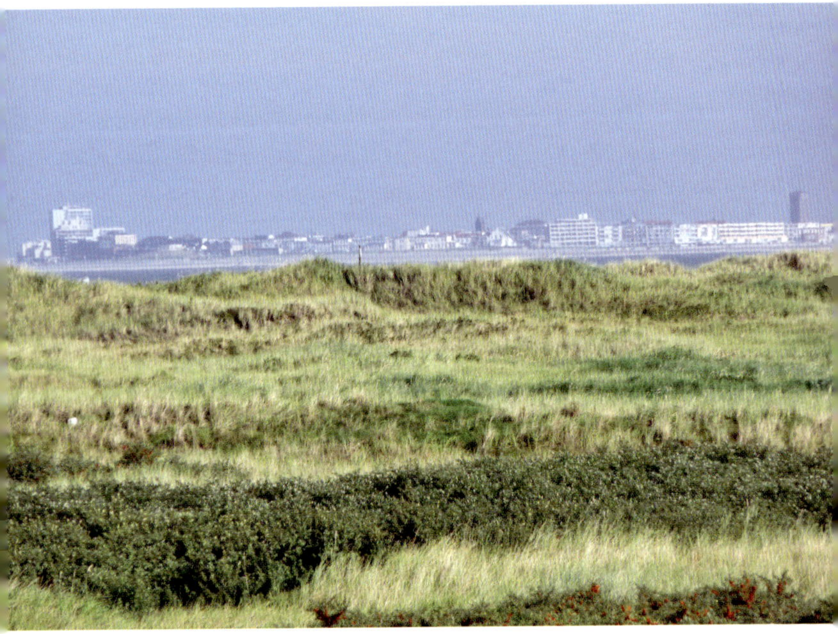

Oben: Blick vom Kalfamer nach Norderney

Unten: Bau der Juister Strandmauer 1912 *Bild gefunden im Küstenmuseum*

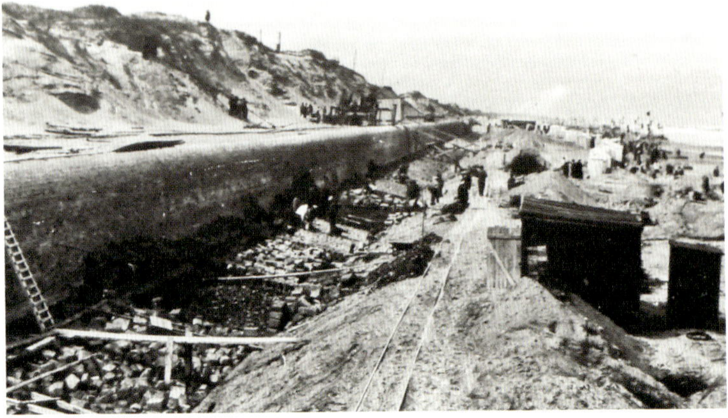

das Dorf und die Kirche zweimal nach Osten verlegen. Auf Juist sicherten sich die Insulaner sogar viermal neue Siedlungsstandorte. Heute werden die Dörfer vieler Inseln durch mächtige Betonmauern und Buhnen vor den Sturmfluten geschützt. Borkum und Norderney konnten so seit dem späten Mittelalter ihre Ortslagen behaupten. Am Nordstrand von Juist wurde 1912 bis 1914 und 1920 zum Schutz des Ortes eine 1400 m lange Schutzmauer gebaut, die heute glücklicherweise unter Sand verborgen liegt und als solche nicht mehr zu erkennen ist. An der Bill besteht eine negative Sandbilanz. Hier wird mehr Sand abgetragen als angeweht oder angeschwemmt. Der Strand wird niedriger und schmaler. Bei Sturmfluten kommt es zu Dünenabbrüchen. Die Abbruchkanten wandern nach Süden. Im Osten, am Kalfamer, ist deutlich zu erkennen, dass mehr Sand angeschwemmt als abgetragen wird. Hier wächst die Insel stetig, was am breiten Strand und der Verlängerung der Dünenkette in Richtung Osten sehr deutlich zu erkennen ist.

Leider darf an dieser Stelle nicht unerwähnt bleiben, dass angesichts eines weiterhin steigenden Meeresspiegels und der Zunahme von Wetterextremen langfristig um die Existenz der Ostfriesischen Inseln gebangt werden muss. Die veröffentlichten Szenarien vom Weltklimarat IPCC warten leider mit immer extremeren Werten auf, als dass sie Entwarnungen und Anlass zur Hoffnung geben. Trotzdem werden uns die Ostfriesischen Inseln noch einige Zeit erhalten bleiben. Auch Juist!

Welcher Seemann liegt bei Nanni im Bett?

Wer das wissen will? Keine Voyeure, nein, nein! All diejenigen, die sich die Reihenfolge und Anzahl der Ostfriesischen Inseln nicht merken können. Denn die Frage „**W**elcher **S**eemann **l**iegt **b**ei **N**anni **i**m **B**ett?" ist sehr einprägsam und die ersten Buchstaben jedes Wortes stehen für eine der sieben Ostfriesischen Inseln: W = Wangerooge, S = Spiekeroog, l = Langeoog, b = Baltrum, N = Norderney, i = Juist, B = Borkum.
Irgendwann wird diese Frage sicherlich umgestellt werden müssen, denn die Veränderungen der Sandinseln bringen es mit sich, dass es mittlerweile streng genommen elf Ostfriesische Inseln gibt, auch wenn die restlichen vier Vogelinseln und unbewohnt sind. Sie sind noch klein, wachsen aber stetig. Es handelt sich hierbei um Lüttje Hörn bei Borkum, Kachelot bei Juist, Memmert südwestlich von Juist und Minsener Oog östlich von Wangerooge. Auf Memmert hat ein Vierteljahrhundert lang ein Vogelwart gelebt, bis er vor wenigen Jahren in Rente ging. Gegenüber dem Jadebusen gibt es noch die Vogelinsel Mellum, die keine Ostfriesische Insel ist, sich aber hier wunderbar einreiht.
Wen nicht interessieren sollte, welcher Seemann bei Nanni im Bett liegt, der kann sich auch merken: **B**laue **J**ungs **n**iesen **b**eim **L**euchtturm **s**tets **w**estwärts!

2. Geschichtlicher Wandel und die Entwicklung zum Nordseeheilbad

Für die Ostfriesischen Inseln gibt es vor 1500 n. Chr. kaum gesicherte Aussagen über die Art der Besiedlung. Danach bildeten Viehwirtschaft, Muschelwirtschaft sowie die Watt- und Küstenfischerei die wirtschaftliche Basis der Insulaner. Nicht zu vergessen sind schließlich noch die „Erträge des Strandes". Ab dem 17./18. Jahrhundert trat auf den Inseln die Handelsschifffahrt in den Vordergrund. Sie ging im 19. Jahrhundert wieder zurück, als der Fremdenverkehr zuerst auf Norderney (1797) einsetzte und bis heute zum dominierenden Wirtschaftsfaktor auf der Insel Juist wurde.

2.1. Entwicklung bis zum 17. Jahrhundert

Die Beschreibungen Plinius' des Älteren (23–79 n. Chr.) lassen vermuten, dass der zivilisationsverwöhnte Weltbürger angesichts der unkomfortablen Lebensverhältnisse auf den Inseln einen regelrechten Kulturschock erlitt: „Dort bewohnt ein beklagenswertes armes Volk hohe Erdhügel, die man so hoch aufgeworfen hat, wie erfahrungsgemäß die höchste Flut steigt. In den darauf errichteten Hütten gleichen sie Seefahrern, wenn das Meer das Land ringsherum überflutet, und Schiffbrüchigen, wenn das Wasser zurückgeflutet ist. Um die Hütten herum fangen sie Fische, die mit dem Meer zurückfliehen. Diese Menschen können kein Vieh halten und sich nicht wie ihre Nachbarn von Milch ernähren. Aus Schilf und Binsen flechten sie Stricke für ihre Netze. Und mit den Händen formen sie Schlamm und lassen ihn an der Sonne trocknen. Darauf kochen sie ihre Speisen und wärmen sich daran ihre vom Nordwind erstarrten Glieder. Zum Trinken haben sie nur das Regenwasser, das sie in Gruben

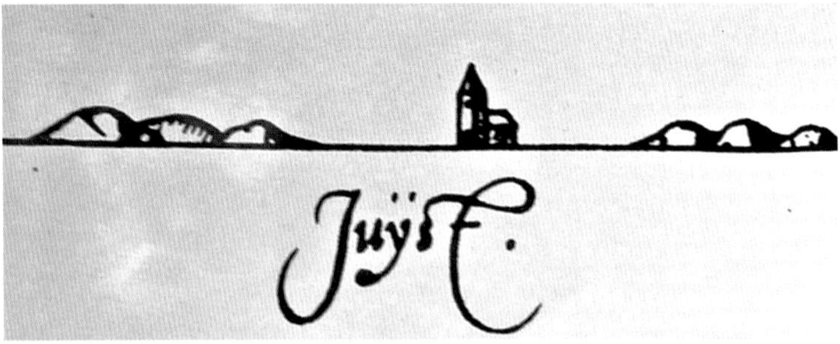

Zeichnung Juists um 1585 auf einer alten Seekarte, Museum Plantin Moretus Antwerpen
gefunden Kath. Kirche Juist

am Vorplatz ihrer Häuser aufbewahren."
Diese Menschen waren Fischer, wenn man ihnen einen Beruf zusprechen würde. Aus den folgenden Jahrhunderten ist in der Literatur nur wenig über ihre Beschäftigung zu finden. So liest man über die Friesen, dass sie in der Karolingerzeit mutige Männer und auch tüchtige Seefahrer waren, sich auch am Strand- und Seeraub beteiligten. Die Insel hat sich dann aber langsam zu einer bäuerlichen Siedlung entwickelt.
Die erste urkundliche Erwähnung der Insel Juist 1398 ist Widzel tom Brok zu verdanken, der dem Herzog von Bayern, der gleichzeitig Graf von Holland war, das Lehen über die sieben Ostfriesischen Inseln antrug. 1464 setzte sich das Greetsieler Geschlecht der Cirksenas gegen die meisten ostfriesischen Häuptlinge durch. Kaiser Friedrich III. erhob den Cirksenaer Ulrich I. zum Reichsgrafen. Wahrscheinlich geht der erste Bau einer Juister Kirche auf Ulrich oder ein Mitglied seiner einflussreichen Familie zurück. Wie alle Kirchen der ostfriesischen Küste diente auch das Juister Gotteshaus gleichzeitig als Seezeichen. Zu Beginn des 16. Jahrhunderts lag die Kirche noch inmitten der Insel.
Dieser Standort befand sich etwa 300 bis 400 m nördlich des heutigen Hammersees. Juist hatte eine völlig andere Form als heute: halb so lang, aber wesentlich breiter. Genaue Einwohnerzahlen fehlen, doch betrieben mehrere Bauernfamilien Viehzucht. Auf 400 ha schätzt man allein die Weidefläche, die sich auf einem breiten Heller im Norden und

Westen der Insel befand. Neben den landwirtschaftlich genutzten Flächen gab es auf Juist sogar noch Platz für Wildpferde. Wann die ersten Pferde auf der Insel ausgesetzt wurden, ist unbekannt. Sicher ist allerdings, dass es auf Geheiß der Familie Cirksena geschah, die sich regelmäßig aus dem Reservoir der Juister Wildpferde Nachschub für ihren eigenen Bedarf an Reittieren herausfangen ließ. Henricus Ubbius, gelehrter Humanist und späterer ostfriesischer Kanzler und Verfasser einer lateinischen Ostfriesland-Beschreibung, erwähnt in diesem 1530 veröffentlichten Werk die Juister Wildpferderasse: „Die Juister Wildpferde müssen durchaus respektable Renner gewesen sein. Das weiche Geläuf auf Sand- und Wattboden kräftigt die Muskulatur, und die Seeluft ist Pferden nicht minder bekömmlich als Menschen."
Zudem soll es 23 Häuser auf der Insel gegeben haben.

2.2. Aus Bauern werden Schiffer

Neben der Landwirtschaft und Fischerei betrieben die Juister auch Handelsschifffahrt. Ein Seegatt ermöglichte vom Fahrwasser der Osterems her die Passage bis zu einem Punkt in der Nähe des Dorfes. So sind für das Jahr 1526 Handelsfahrten zweier Juister namens Sybke und Johan beurkundet, die „Schill" (Muschelschalen) an Emder Kalkbrennereien verkauften. Landwirtschaft, Fischerei und Handelsschifffahrt schienen sichere Grundlagen für beginnenden Wohlstand auf der Insel zu sein. Jedoch nahm der nördlich der Inselmitte vor dem Dorf gelegene Strand kontinuierlich ab. Nachdem 1570 eine schwere Sturmflut den schützenden Dünenwall zerstört hatte, verlegte man die ersten Häuser. Allmählich ging auch immer mehr Weideland verloren. Um die Pferde zu erhalten, musste zunehmend Heu vom Festland oder von der kleinen Insel Bant geholt werden. 1628 erwies sich die Insel als endgültig zu klein für die Pferdezucht, die Cirksenas lösten das Gestüt auf.
Die bäuerliche Arbeit wandelte sich zur Schifffahrt, wozu die Naturereignisse, das Angreifen des Meeres auf die Insel, zwangen. Die Schifffahrt entwickelte sich und nahm einen erheblichen Aufschwung. Die Kirchenbücher zeigen kaum noch einen an-

deren Stand als „Schiffer". Wer nicht Eigentümer war, fuhr als Steuermann oder Knecht, wie die Matrosen damals hießen. Sie machten weite Reisen, fuhren im Frühjahr los und kamen erst im Herbst wieder zurück. Ein Bericht aus dem Jahre 1756 besagt: „Ausgenommen die Stadt Emden, fahren von keinem Orte dieser Provinz so viele und schwere Schiffe als von der Insel Juist! Allein acht Großsegler sind dabei, die bis Indien fahren mit kostbarer Ware, mit Porzellan, und bringen Tee zurück. In dieser Zeit werden die Einwohnerzahlen größer und wachsen auf 350 an."
Die meisten Juister fuhren auf Handelsschiffen, was riskant war. Einige heuerten auf Walfangschiffen an. Der Job war lukrativ, aber äußerst gefährlich. Die meist dreimastigen, selten mehr als 300 Tonnen schweren Segelschiffe segelten im März/ April aus den heimischen Gewässern bis zur grönländischen Küste, weit über den nördlichen Polarkreis hinaus. Ziel der Jagd war das Sommerrevier des Grönlandwales, dessen Tran und Fischbein als begehrte Handelsgüter galten. Trotz vieler Risiken lockte der Wohlstand, der sich durch die Beteiligung am Walfang erwerben ließ, die Männer von Juist jedes Jahr wieder nach Norden.
Die Änderung der Strömungsverhältnisse in der Ems bewirkte einen geringeren Wasserstrom in der Osterems, die somit flacher wurde. Damit verlandete das an das Westende von Juist heranreichende Fahrwasser. Die Insulaner konnten jetzt nicht mehr jederzeit mit ihren Schiffen von der Ems her die Insel anlaufen. Der Tidenverkehr hatte eingesetzt.
Anfang des 19. Jahrhunderts brach dann die „Franzosenzeit" herein. Die Kontinentalsperre verursachte den Untergang der Juister Schifffahrt, die zwar im Abflauen begriffen war, nun aber durch die Beschlagnahmung aller Schiffe als „vernichtet" angesehen wurde. Die Insel Juist verarmte vollständig.

2.3. Von Kirchen und Sturmfluten

Kirchen gelten schon seit jeher als Wegmarken der Geschichte und spiegeln auch im Fall der Insel Juist den schicksalhaften Weg der Juister Siedlungen und ihrer Bevölkerung wider.

Das urkundlich erstmals 1398 erwähnte Juist besaß an seiner Seeseite bis etwa 1568 einen durchgehenden Dünenzug. Ab Mitte des 16. Jahrhunderts setzte eine völlige Umgestaltung der Insel ein, die vor allem durch rasche Erosion des Strandes in der Inselmitte sowie durch starkes Längenwachstum gekennzeichnet war. Ein um 1650 noch vorhandener schmaler Dünenstreifen wurde rasch aufgerieben, sodass durch die Petriflut von 1651 der vom Strand zum Inselheller reichende Hammerdurchbruch entstand. Dieses Schlopp trennte als niedriger Strandabschnitt fast 200 Jahre lang den Westteil vom Ostteil der Insel. Um 1702 bahnte sich östlich vom heutigen Ortsteil Loog mit dem sog. Schweinshammer ein weiterer Durchbruch an. Während dieser Prozess aufgehalten werden konnte, riss die Weihnachtsflut von 1717 den um 1690 notdürftig geschlossenen Hammerdurchbruch erneut auf, sodass er auf eine Breite von bis zu zwei Kilometern anwuchs. In dem niedrigen, bei Springfluten überschwemmten Strandabschnitt entwickelte sich um 1825 ein Priel. Der Hammerdurchbruch leitete starke morphologische Veränderungen ein. Er er-

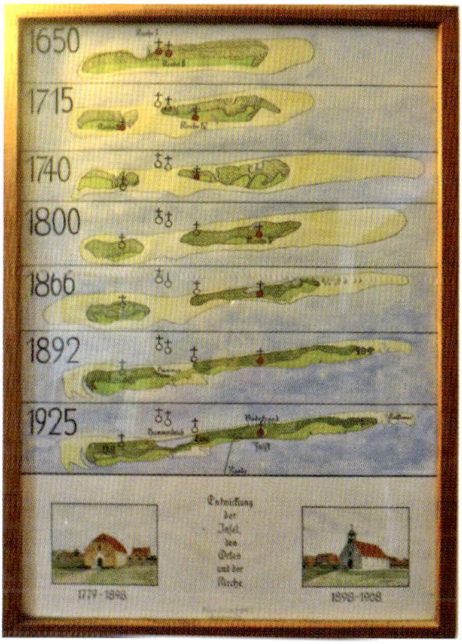

Inselkirchen auf Wanderschaft
gefunden in der ev. Juister Kirche

zwang die Aufgabe des ältesten bekannten Dorfes auf Juist, das ca. 600 m nördlich vom heutigen Hammersee lag. Die Kirche blieb nach dem Hammerdurchbruch mit weithin sichtbarem Turm frei stehend auf dem Sand zurück. Sie zerfiel 1660/61 und der Turm stürzte ein, nachdem seine Fundamente unterspült waren.

Teile der Inselbevölkerung errichteten ein neues Dorf etwa 600 m nordwestlich der heutigen Domäne Loog, aber schon die Fastnachtsflut am 3. März 1715 zerstörte diese zweite Kirche und zwang zur Aufgabe der Ansiedlung. Die Not auf Juist war nun groß. Schließlich hatte man die

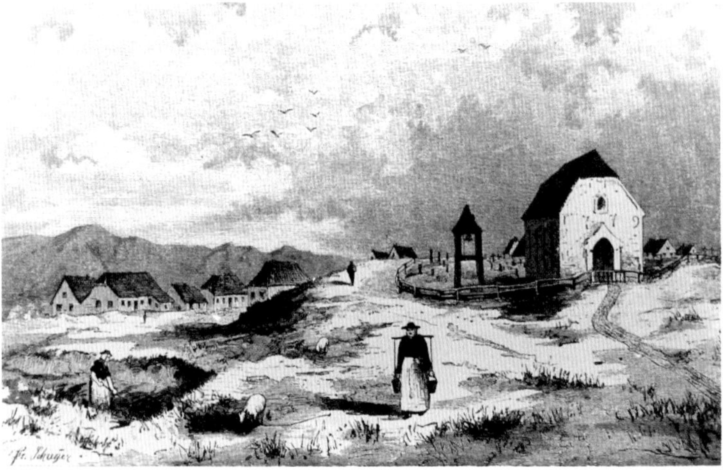

Die fünfte Juister Inselkirche, erbaut 1779 *Bild gefunden im Küstenmuseum*

Folgen von 1651 noch längst nicht überwunden und musste nun diesen weiteren Rückschlag hinnehmen. Die Hilfe vom Festland aus erstreckte sich vor allem auf administrative Maßnahmen. Es fiel der verarmten Gemeinde schwer, die notwendigen Geldbeträge aufzubringen. Die Finanzierung gelang schließlich nur durch eine Kollekte und den Erlös eines angetriebenen Fasses mit russischem Talg, ein Paradebeispiel dafür, dass die See nicht nur nimmt, sondern auch gibt.

Noch im Jahre 1715 entstanden zwei weitere Kirchen. Die Bill-Kirche lag etwa in der Mitte des westlichen Inselteils, die Loog-Kirche ungefähr 400 bis 500 m nordnordöstlich der heutigen Domäne Loog. Bereits zwei Jahre später fielen die Bill-Kirche und ein Großteil der dortigen Häuser der großen Weihnachtsflut von 1717 zum Opfer. Die Wassermassen durchbrachen den schützenden Dünengürtel an der Bill an vier Stellen, beschädigten dort alle 18 Häuser und spülten neun ganz fort, davon fünf mit Menschen. 28 Menschen ertranken sowie drei Pferde, 21 Kühe und 68 Schafe. Nur ein Mann von der Bill konnte sich retten. Die Bewohner gaben die Siedlung auf und gründeten östlich des Loog-Dorfes die Siedlung „Im Dellert“. Aus ihr ging das Ostdorf bzw. die heutige Ortschaft Juist

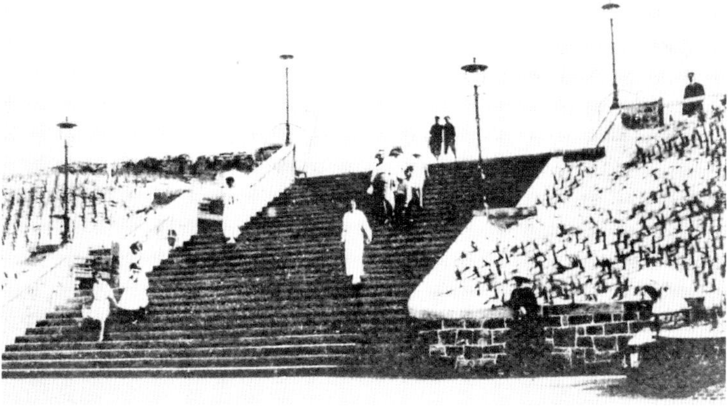

Haupttreppe am Kurhaus, 1918 — *Bild gefunden im Küstenmuseum*

hervor. Die baufällig gewordene Loog-Kirche im Westdorf riss man 1779 ab, nachdem die fünfte Juister Kirche ihrer Bestimmung übergeben worden war. Man errichtete sie auf der Stelle, die noch heute Standort der 1963–67 erbauten sechsten Juister Kirche ist. Von der vierten Kirche aus dem Loog wurde die Kanzel mitgenommen, welche die Jahreszahl 1732 trägt und auch heute noch in der sechsten evangelischen Kirche ihren Dienst tut.

Die katholische Pfarrchronik berichtet, dass der erste katholische Gottesdienst 1900 im heutigen Nordseehotel abgehalten wurde und bereits 1910 mit Hilfe von großzügigen Spenden die katholische Kirche eingeweiht wurde (siehe Standort 8).

Landwirtschaft betrieben die Juister weiterhin im Rahmen der zunehmend beschränkten örtlichen Möglichkeiten. Während der ersten Hälfte des 18. Jahrhunderts büßten sie noch bis dahin als Heuland genutztes Gebiet der zwischen Juist und dem Festland gelegenen Insel Bant ein – das Eiland versank wie vorher bereits die Insel Buise. Um 1875 wurde der Juister Bill-Polder eingedeicht, und 1877 gelang es, den Hammerdurchbruch im Süden mit einer Dünenkette zu schließen. Der nördliche Hammerdeich wurde 1928 bis 1932 durch Dünenbaumaßnahmen mit

Buschzäunen und Sandantransport geschaffen. Daraufhin entwickelte sich im niedrigsten Bereich zwischen beiden Dünenketten der ca. 30 ha große und einen Meter tiefe, Süßwasser führende Hammersee.

Um den Sturmflutschäden zu begegnen, begann man nördlich des Dorfes ein Schutzwerk und Buhnen zu errichten. Man baute zwischen 1912–14 und 1920 ein ca. 1400 m langes Dünenschutzwerk. Die Lage der Strandmauer entsprach fast der gesamten Länge des Dorfes. Zusätzlich wurden sieben Buhnen vorgelagert, deren längste 180 m weit in die Nordsee hineinragte. Das Dünenschutzwerk sollte eigentlich eine Länge von 2400 m erhalten. Diese Arbeiten mussten aber eingestellt werden, da die Bauwerke übersandeten. Heute liegen die Küstenschutzwerke unter zwei Meter Strandsand bzw. unter der 17 m hohen Randdüne begraben. Am Nordende der Strandstraße hatte man eine prächtige Freitreppe errichtet, deren 30 Stufen

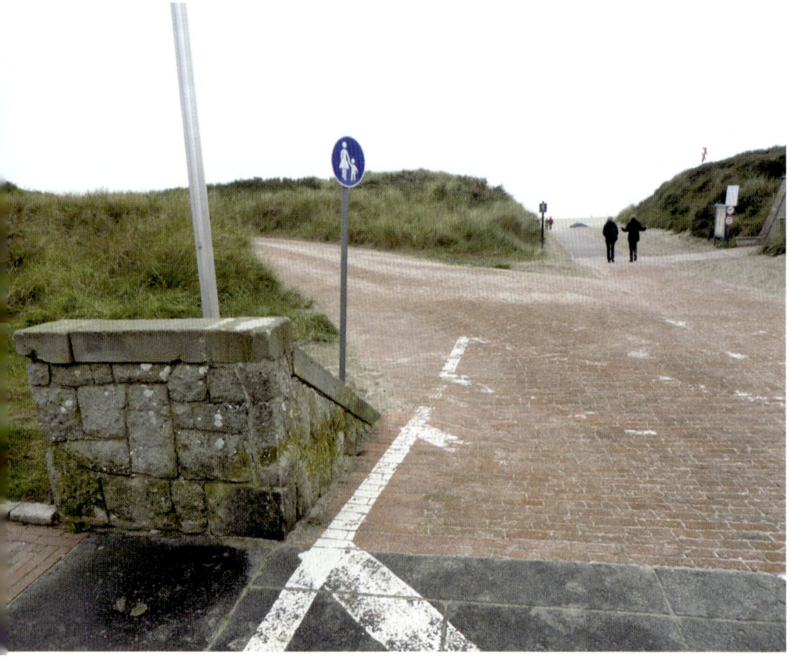

Seitliche Brüstung des heute versandeten Treppenaufgangs

zum Strand hinabführten. Zunächst schaufelte man täglich die vielen Stufen frei, was man aber bald sein ließ. Heute weisen nur noch die enormen Sandsteindreiecke, bei denen es sich um die seitliche Brüstung handelt, auf die mittlerweile metertief unter Sand begrabene große Treppe hin.

Zwischen 1960 und 1983 erfuhr die Insel nördlich der Billdünen derartige Schäden, dass auch die Randdünen auf einer Strecke von 1400 m zerstört wurden. Die MThw-Linie (MThw = Mitteltidehochwasser, der langfristige Mittelwert des Hochwassers) verschob sich in dieser Zeit 180 m nach Süden. Der Dünenfuß verlagerte sich um 110 m zurück. Die Lücke in der Randdüne wurde 1985 wieder geschlossen, indem man auf dem Billriff am Westende Juists 100 000 m^3 Sand entnahm und wieder landschaftsgerecht einbaute. Dabei formte man einen Dünenkörper mit einer Kronenhöhe von 8 m über Normalnull. Trotz seiner künstlichen Natur ist dieser auch heute nur schwer von natürlichen Dünen zu unterscheiden. Auch heutzutage sind in diesem Bereich immer wieder Dünenerhaltungs- oder Reparaturmaßnahmen notwendig.

2.4. Schmugglerzeiten

Die Auswirkungen der europolitischen Großereignisse um 1800 beeinflussten das Leben der Insulaner wesentlich. Im nachrevolutionaren Frankreich hatte sich Napoleon Bonaparte zum Kaiser krönen lassen. Nach seinem Sieg bei Austerlitz 1805 über Österreich und Russland verbündete sich Preußen mit Frankreich. Bei Jena und Auerstädt unterlagen sie den französischen Truppen am 14. Oktober 1806. Im Friedensvertrag von Tilsit musste Preußen alle Hoheitsgebiete westlich der Elbe abtreten. Napoleon schlug Ostfriesland den ebenfalls unter französischer Herrschaft stehenden Niederlanden als „Département Oost-Friesland“ zu. Gemeinsam mit den Landesherren wurde Ostfriesland in die folgenden Auseinandersetzungen zwischen Engländern und Franzosen verwickelt. 1806 erließ Napoleon die Kontinentalsperre gegen alle englischen Waren. Im Gegenzug belegte England die kontinentale Schifffahrt mit einem Embargo.

Der Seehandel kam fast vollständig zum Erliegen. Unter diesen Umständen erfuhr der Schmuggel zwangsläufig einen gewaltigen Aufschwung. Die exponierte

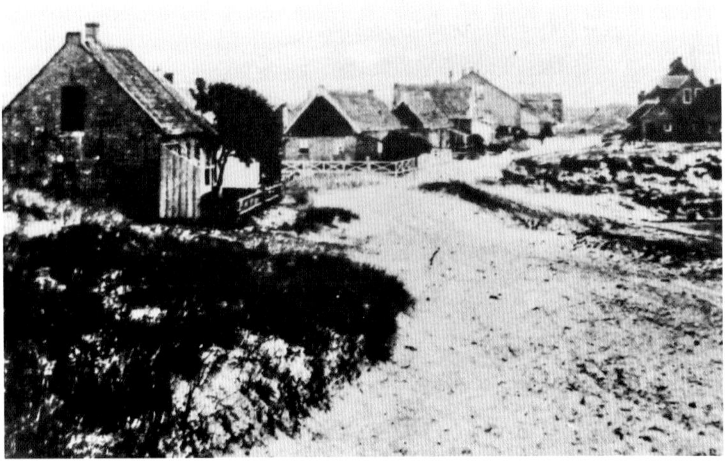

Die Wilhelmstraße um 1890 *Bild gefunden im Küstenmuseum*

Lage Juists vor der gut bewachten Festlandsküste machte die Insel zum idealen Schmugglernest. Für einen Teil der Einwohner – vor allem für arbeitslose Seeleute, die wegen der Handelskrise keine Aussicht auf eine legale Heuer hatten – bot der illegale Warenhandel endlich wieder eine lukrative Erwerbsquelle. Den Schmuggel nahm Napoleon zum Anlass für weitere territoriale Veränderungen. Per Dekret wurde das Königreich Holland zum Bestandteil Frankreichs, aus Ostfriesland wurde das „Département Ems-Oriental" mit den „Arrondissements" Emden, Aurich und Jever.

Um den Schmuggel vor der Emsmündung zu unterbinden, besetzten 1811 französische Truppen die Insel. Dort beschlagnahmten sie zu diesem Zweck das einzige feste Gebäude, das sich als Bollwerk eignete – die Inselkirche. Der Erfolg dieser Besetzung hielt sich in Grenzen. Die Juister kannten ihre Insel und das Wattenmeer schließlich bedeutend besser als die Franzosen und ließen sich ihr einträgliches Nebengeschäft sicher nicht mehr einschränken als nötig. In der Folge des gescheiterten Russlandfeldzuges der „Grande Armée" zogen die Besatzungstruppen 1814 wieder ab. Juist gehörte nun zum Königreich Hannover und ab 1866 zu Preußen. Der Frieden zwischen den Siegermächten entzog dem Schmuggel die Grundlage. Auf der Insel brachen wieder mal karge Zeiten an.

2.5. Die Entwicklung zum Nordseeheilbad – Eine Idee des Pastor Janus

Nachdem die Ära der Walfänger und des Seehandels zu Ende ging und auch der Schmuggel sich nicht mehr lohnte, traten für die etwa 350 Bewohner der Insel Juist noch ärmlichere Lebensbedingungen ein.
Für die Insulaner war es in dieser Situation sehr hilfreich, einen klugen Pastor zu haben, der weit über kirchliche Ansätze hinaus versuchte, einen Weg aus der Krise zu finden und sich Gedanken über die wirtschaftlichen Verhältnisse der Insulaner zu machen. Gerhard Otto Christoph Janus – auf dessen Initiative auch der Neubau der fünften Kirche zurückging – war nicht nur ein konstruktiver Querdenker, sondern zudem ein Mensch mit Zivilcourage. Bereits zehn Jahre vor dem berühmten Plädoyer des Göttinger Philosophen und Physikers Lichtenberg für die Einrichtung eines deutschen Seebades hatte Janus 1783 die großartige Idee, nach dem Vorbild englischer Seebäder aus Juist einen Badeort zu machen. Als Mann der Tat wandte er sich mit seinem Projekt gleich an die oberste Instanz, den Preußenkönig Friedrich II. In seinem Schreiben schildert Janus sehr ausführlich die gesundheitsförderlichen Auswirkungen des Nordseeklimas. Der wortgewandte Pastor schafft es dabei sogar, auch der Seekrankheit, die den Inselbesucher bei der damals etliche Stunden währenden Überfahrt eventuell heimsuchte, heilsame Aspekte nachzusagen. Die Monate Juni, Juli und August empfahl Janus für einen Kuraufenthalt, da es „die eintzigen sind, da eine Reise hierher mit Nutzen vorgenommen werden kann“ – was auch daran liegt, dass geneigte Gäste eigentlich erst ab Anfang Juli sicher sein konnten, in Norden überhaupt einen Fährmann anzutreffen. Vermutlich las Friedrich der Große das visionäre Schreiben erst gar nicht, bevor er es an zuständige Behörden weiterleitete. Was bedeutete auch schon der Pastor eines obskuren Sandhaufens vor der fernen ost-

friesischen Küste? So antwortete nicht der König selbst, sondern das Collegium Medicum der königlich-preußischen Regierung in Aurich. Und diese Herren waren nicht gewillt, dem Antrag des Juister Pastors stattzugeben.

Auf Juist musste man also weiterhin ohne mögliche Einkünfte aus dem Fremdenverkehr auskommen. Trotzdem gebührt Janus der Ruhm. Seine Eingabe gilt als das älteste Dokument der deutschen Seebädergeschichte. Ihm zu Ehren benannten die Juister den Janusplatz im Zentrum des Ortes.

Ein anderer – der Göttinger Physiker und Schriftsteller Georg Lichtenberg – griff den Seebädergedanken zehn Jahre später erneut auf, als er in einem Zeitungsartikel die Frage stellte, „Warum hat Deutschland noch kein öffentliches Seebad?“. Anlass war ein Besuch Lichtenbergs in England, wo er im Südosten des Landes die Seebäder Deal und Margate kennengelernt und erfahren hatte, dass sogar Mitglieder des englischen Königshauses dort badeten. Interessiert zeigte sich der Herzog von Mecklenburg, der seinen Hofmedicus, Professor Vogel, 1794 kurzerhand mit der Anlage des ersten deutschen Seebades in Doberan, an der Ostseeküste zwischen Rostock und Wismar gelegen, beauftragte. Natürlich lockte das Bad in Doberan viele Neugierige an. So auch den königlich-preußischen Medizinalrat von Halem aus Aurich, der sich bei seinem Kollegen Vogel ausgiebig über alle Voraussetzungen für die Einrichtung einer Seebadeanstalt informierte. Sein umfangreicher Bericht beeindruckte den Vorsitzenden der Ostfriesischen Stände, Freiherr zu Inn- und Knyphausen, so sehr, dass er gemeinsam mit von Halem den Plan für die Errichtung des ersten Seebades an der Nordseeküste entwickelte. 1797 wurde er mit der Gründung des Nordseebades Norderney verwirklicht.

Wenn man um 1830 von Juist aus nach Norderney blickte, so sah man dort eine ständig wachsende Häuserkette, die sich als Silhouette am östlichen Himmel abzeichnete. Das neue Seebad Norderney florierte, während die Menschen auf Juist immer noch unter den Folgen der französischen Besatzung und zum Teil unter bitterer Armut zu leiden hatten. Hinzu kam die ständige Bedrohung der schmalen, damals noch zweigeteilten Insel durch das Meer. Schwere Sturmfluten hatten die Bewohner immer wieder zum Verlassen ihrer alten Wohnstätten gezwungen und dadurch eine zukunftsorientierte, wirtschaftliche Entwicklung verhindert, wie sie auf einigen anderen Inseln bereits begonnen hatte. Norderney war nach englischem Vorbild lange Zeit Sommersitz des hannoverschen Königshofes, besonders von 1838, nach dem Bau des „Palais“ oder „Großen Logierhauses“, bis 1866 (bis Hannover von Preußen einverleibt wurde). Dadurch wurden die obersten Sozialschichten des Königreiches und auch vornehme Ausländer angezogen. Borkum diente dabei in den letzten Jahren der königlich-hannoverschen Zeit als Ausweichort, wenn die Zahl der Quartiere auf Norderney nicht ausreichte. Die Zahl der Kurgäste stieg in dieser Zeit von etwa 1000 auf 3000. Es war die Feudalzeit des Bades, wobei zu berücksichtigen ist, dass die Aufenthaltsdauer der Kurgäste weit größer war als heute, vermutlich oft zwischen sechs und zwölf Wochen; schon die umständliche Anreise über Land mit Pferd und Wagen wirkte sich verlängernd aus. Der „Kurgastwert“ des einzelnen Besuchers war damit weitaus größer als heute. Die übrigen Ostfriesischen Inseln haben nur in geringem Umfang von dieser Feudalzeit profitiert.

1838 kam als neuer Inselvogt Johann Friedrich Meine nach Juist und ein Jahr später Pastor Ellingroth. Angeregt durch die Entwicklung auf Norderney setzten sie sich die Einrichtung eines Seebades auf Juist zum Ziel. Ihr Verbündeter wurde der Amtsassessor Fastenau aus Norden. Im März 1840 schrieb Pastor Ellingroth an die hannoversche Landrostei und bat um Überlassung von drei Badekarren aus Norderneyer Beständen. Die Zusage kam umgehend und bereits am 13. Mai konnte Vogt Meine das Eintreffen der Karren auf Juist vermelden. Die erste Badeordnung wurde erlassen. Leider blieb dem jungen Unternehmen der Erfolg versagt. Es kamen Jahre ohne finanziellen Gewinn, denn die Badekarren erforderten immer mehr Unterhaltungskosten und die Gäste blieben aus. Dies hatte seinen Dreh- und Angelpunkt in der beschwerlichen und nicht immer ganz ungefährlichen Überfahrt von Norddeich nach Juist. Die kleinen Segelfahrzeuge oder Schaluppen boten keinerlei Bequemlichkeit. Wann ein Schiff

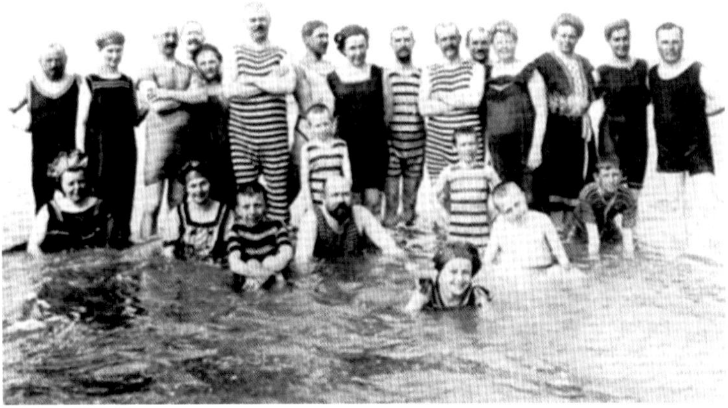

Badeleben um 1900

abfuhr, lag an Wind, Wetter, Tide und oftmals auch am Wollen des Schiffers. Die Gäste kamen nicht immer ohne Seekrankheit und häufig stark durchnässt auf Juist an. Dazu kam die Schwierigkeit des Ausbootens, denn man musste auf tief im Wasser stehende hochrädrige Wagen umsteigen. So war es nicht verwunderlich, dass immer weniger Gäste Lust hatten, die beschwerliche Juistreise auf sich zu nehmen. 1858 war dann das hoffnungsvolle Unternehmen „Seebad Juist" auch erst einmal mangels Gästen beendet. Die drei altersschwachen Badekarren wurden verkauft; ihr Erlös kam der Armenkasse zugute. Nach den Kriegen 1864 und 1866 wurde Juist zum zweiten Male, nun unter preußischer Verwaltung, zum Seebad erklärt. 1870 unternahm eine neu gegründete „Badecommission" den zweiten Versuch. Diesmal gelang es den Initiatoren, viele Insulaner für das Projekt einzuspannen. Man sah mittlerweile, welche finanziellen Vorteile der Fremdenverkehr nicht nur Norderney, sondern auch den Nachbarn auf Borkum einbrachte. Dort kamen zu dieser Zeit jährlich bereits mehr als 1000 Gäste. Die Juister richteten Fremdenzimmer ein, befestigten die Wege zum Strand, stellten Strandzelte auf und teilten jeweils einen Damen- und Herrenstrandabschnitt ein. Die Fährverbindung zum Festland wurde, wenn auch nicht täglich, so doch weitgehend regelmäßig betrieben. Der große Durchbruch kam jedoch erst, nachdem die Stadt Norden 1883 eine Eisenbahnverbindung mit dem Binnenland erhalten hatte. Vier Jahre später erreichte so auch Juist die magische Zahl von 1000 Badegästen.

Sodann wurden große Hotels gebaut, kleine und mittlere Pensionshäuser. Sie waren fast alle im Schutz der Dünen errichtet und blickten aufs Watt, nur zwei große Hotels wurden auf der Seeseite auf der Randdüne erbaut. Dabei blieb es dann auch. Eine imposante Seefront, nach Borkumer Vorbild, erhielt Juist nicht, obwohl auch hier bis zum Ersten Weltkrieg die Besucherzahlen kräftig anstiegen und eine günstige Entwicklung des Fremdenverkehrs versprachen.

Der Fremdenverkehr wurde zwar Haupterwerbsquelle, war aber nicht die einzige Erwerbsquelle der Insulaner. Bis nach dem Ersten Weltkrieg gingen junge Männer oft zur See, ältere waren Fischer oder Seehundjäger. Der Fremdenverkehr als Haupterwerb bedeutete keinesfalls ein sorgenfreies Leben; im Gegenteil, nur fünf bis acht Wochen

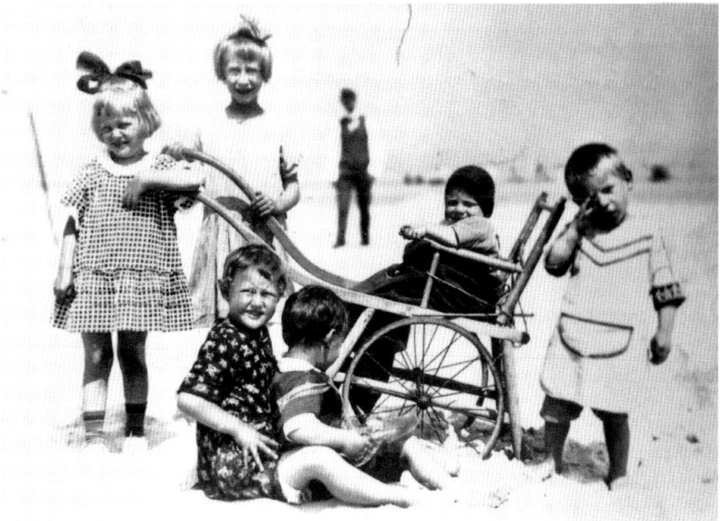

Badestrand *Alt Juist Verlag*

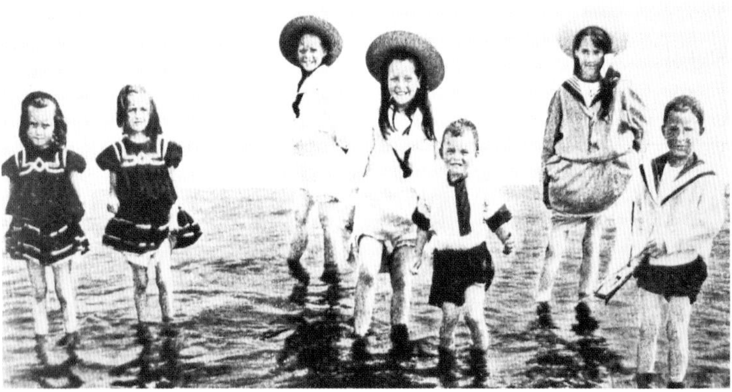

Familienbad Juist *gefunden im Küstenmuseum*

„Hochsaison" und geringe Gästezahlen im Mai/Juni und im September brachten nicht genug ein, um das ganze Jahr davon leben zu können.

Die Saison weitete sich im Laufe der Zeit von etwa sechs bis sieben Wochen auf 14 und mehr Wochen aus. Seitdem sind die Gästezahlen kontinuierlich gestiegen. Gestiegen sind allerdings auch die Ansprüche der Kurgäste, was erhöhte Investitionen der Fremdenverkehrsbetriebe und Kurverwaltungen bedeutete. Die Jahre vor dem Ersten Weltkrieg schufen und festigten Juists Ruf als Familienbad.

Der Erste Weltkrieg und die anschließende Inflationszeit versetzten dem Kurbetrieb einen herben Rückschlag. Man baute in den Jahren der Inflation nur zögernd. Es entstanden zwar das Inselhospiz und die Gebäude der „Schule am Meer", doch erfolgte eine kräftige Belebung der Bautätigkeit erst in den Dreißigerjahren. Es wurden vorwiegend kleinere Häuser gebaut.

Nach dem Ende des Zweiten Weltkrieges kamen zunächst keine Badegäste, sondern Flüchtlinge aus Ostdeutschland. Tausende von ihnen fanden vorübergehend in Hotels, Pensionen und Notunterkünften Aufnahme auf der von Kriegszerstörungen weitgehend verschont gebliebenen Insel. Allmählich nahm jedoch auch der normale Fremdenverkehr wieder zu. Nach dem Zweiten Weltkrieg baute man auf Juist sehr viele kleine und mittelgroße Häuser.

Juist sah vertrauensvoll einer günstigen Entwicklung des Fremdenverkehrs entgegen. Der Ort dehnte sich nach Osten und Westen aus. Urlaub auf Juist galt seit jeher als gesunde Angelegenheit, doch diese Komponente eines Aufenthaltes an der See rückte zunehmend ins Bewusstsein der Erholungsuchenden. Die nun bereits über hundertjährige Erfahrung der Juister mit dem Tourismus führte zu einer schnellen Reaktion auf den Trend. Systematisch erweiterte man das Kurangebot, ohne dabei den Charakter eines ruhigen überschaubaren Seebades einzubüßen. Zudem trug die konsequente Restriktion des Kraftfahrzeugverkehrs wesentlich zur Inselruhe bei. So verdiente man sich 1975 das Prädikat eines staatlich anerkannten Nordseeheilbades.

Durch den stetig steigenden „Wohlstand" der Insulaner aufgrund des erhöhten Fremdenverkehrsaufkommens erhöhten sich auch sukzessive die Einwohnerzahlen der Insel.

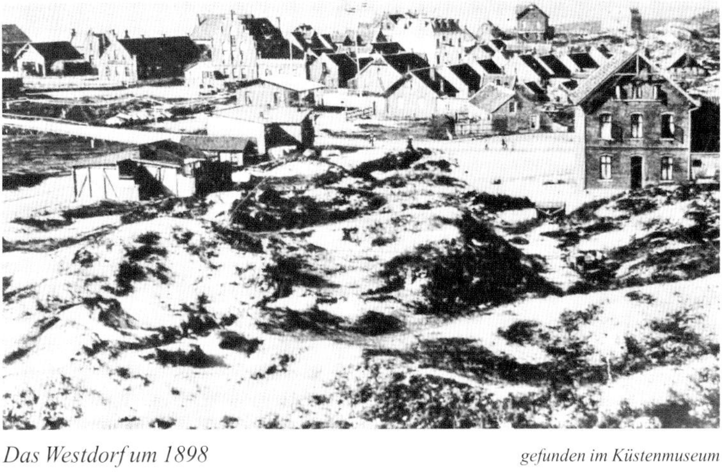

Das Westdorf um 1898 *gefunden im Küstenmuseum*

2.6. Das Nordseeheilbad Juist heute – Töwerland

Heute ist der Fremdenverkehr unbestritten die maßgebliche Einnahmequelle aller Ostfriesischen Inseln. Die Insel Juist, auf der heute rund 1600 Einwohner in ca. 500 Häusern leben, wird im Jahr von ca. 110 000 Kurgästen besucht, die zusammen fast 970 000 Mal auf der Insel übernachten. In den Hotels, Pensionen, Appartements, Familien- und Jugendheimen gibt es heute um die 7500 Fremdenbetten. Darunter die Jugendherberge, das Seeferienheim und die Jugendbildungsstätte. Kinderheime besitzt die Insel heute keine mehr. Camping und Zelten ist auf Juist nicht möglich, auch nicht auf privaten Grundstücken.

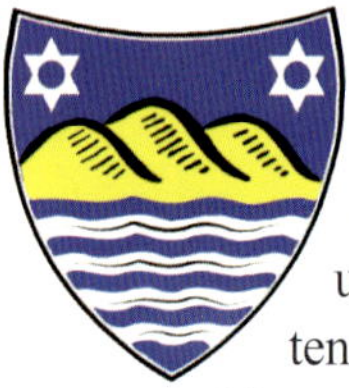

Das Inselwappen der Nordseeinsel Juist ist in Weiß, Blau und Gelb gehalten. Es zeigt das Meer und die Dünen. Die beiden Sporenräder symbolisieren die Zugehörigkeit zum Landkreis Norden.

Das Nordseeheilbad verfügt über das Kurmittelhaus TöwerVital mit Meerwasser-Erlebnisbad, Sauna, Thalasso, Wellness und Physiotherapie. Hier gibt es unter anderem eine klassische finnische Sauna mit Nordseeblick, eine Bio-Kräutersauna, Dampfbäder, Meerwasser-Erlebnisbad mit 30 Grad warmem Original-Meerwasser, Whirlpools, Massagedüsen, Strömungskanal, Wasserrutsche, Aquagymnastik, Kinder-Schwimmunterricht, Meerwasser-Wannenbäder, Meerwasser-Inhalationen, Nordseeschlickpackungen, Massagen, Krankengymnastik, Lymphdrainage, auch Heißluftbehandlungen und Atemtherapien können in Anspruch genommen werden. Weiterhin bietet die Insel das Loogster Huus im Loog, mit Spielraum, Tischtennisraum, Leseräumen, Veranstaltungssaal, sowie das Haus des Kurgastes im Dorf mit Ausstellungs-, Lese- und Spielräumen, Großveranstaltungsraum, Tagungsräumen, Internet-Center, Tischtennisraum, Großfiguren-Schachanlage und Poolbillard. Ebenfalls auf Juist zu finden ist eines der bestbesuchten Museen Ostfrieslands 23; auch für Museumsmuffel eine interessante Sache.

Gästen, die sich eingehender für den Lebensraum Wattenmeer interessieren, steht das Natio-

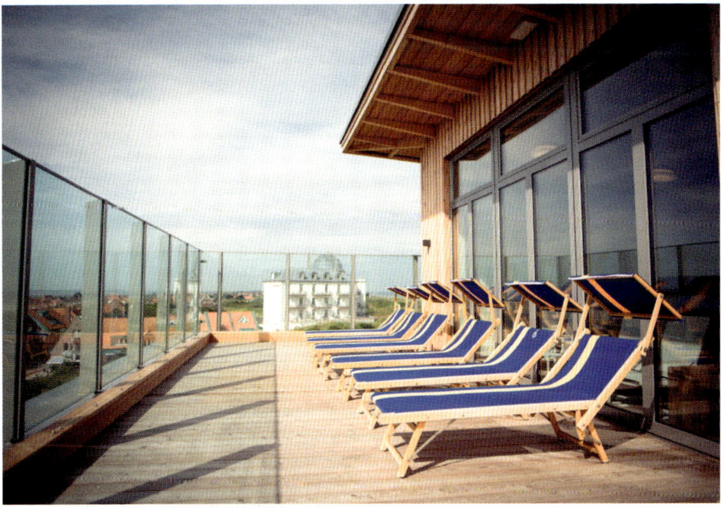

TöwerVital, Blick über die Insel von der Terrasse der Sauna (32 m ü. NN)
Bild: Kurverwaltung Juist

nalpark-Haus im alten Bahnhof zur Verfügung. Das preisgekrönte Nationalpark-Haus besitzt eine Ausstellung über den Lebensraum Nordsee und das UNESCO Weltnaturerbe Wattenmeer und bietet naturkundliche Inselwanderungen, Watt- und Strandwanderungen, Hausführungen, Spiel- und Bastelnachmittage, Mikroskopieren von Wattlebewesen, eine Gezeitensäule, verschiedene Diavorträge und Filmvorführungen an. Nach Bedarf werden auch Sondervorträge und -führungen durchgeführt.

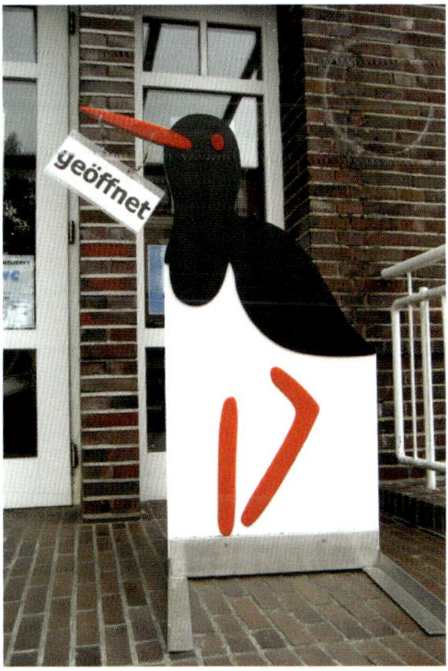

Das Nationalpark-Haus Juist – immer einen Besuch wert

Die ärztliche Versorgung wird auf Juist durch zwei Badeärzte, einen Zahnarzt und eine Apotheke sichergestellt. Für das tägliche Leben stehen auf Juist drei Banken, je eine evangelische und eine katholische Kirche sowie zwei Leihbüchereien zur Verfügung.

Für die Gäste werden verschiedene Ausflugsmöglichkeiten wie Orts- und Inselwanderungen, Wattführungen, Kutsch- und Planwagenfahrten sowie Ausflugsfahrten zu den Nachbarinseln Borkum, Norderney und Memmert, zu den Seehundsbänken und per Flugzeug nach Helgoland angeboten. Weiterhin können Krabben-Fangfahrten und Inselrundflüge gebucht werden.

Das sportliche Angebot der Insel besteht nicht nur aus den Bademöglichkeiten und den zahlreichen Wanderwegen, sondern auch aus diversen Fahrradverleihern, einer Tennisanlage, einer Windsurf- und Kiteschule, Reitställen, einer Minigolfanlage

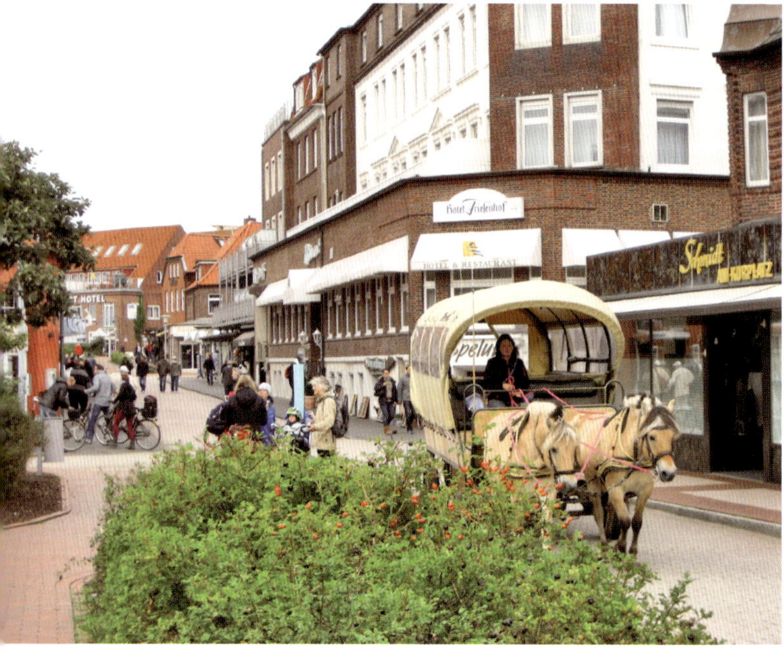

Juist heute

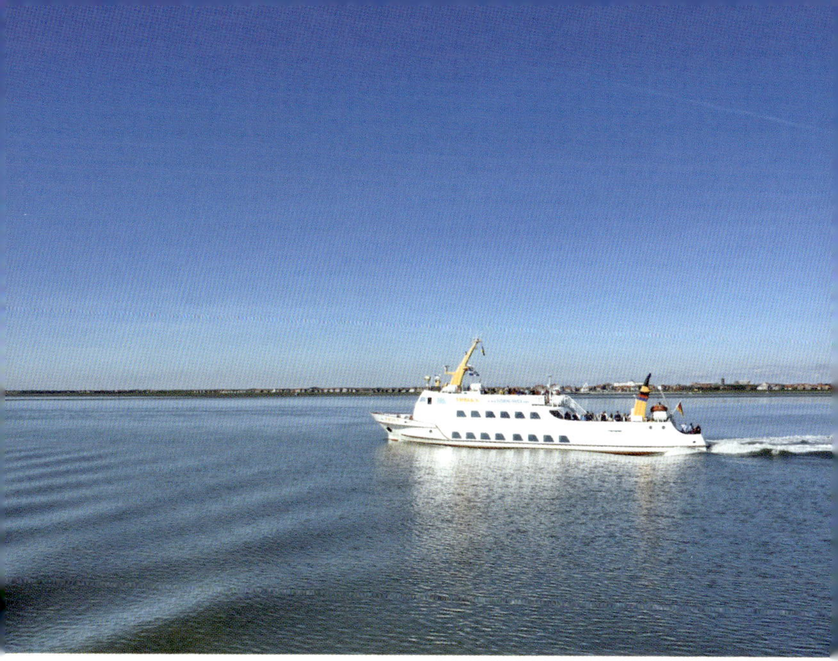

Mit der Fähre auf dem Weg nach Juist

und Gymnastik am Strand. Im weiteren Angebot befinden sich Diavorträge über die Geschichte und das Leben auf der Insel, das Wattenmeer und Flora und Fauna, Musikveranstaltungen und Konzerte, Vorträge über andere Inseln, diverse Gastspiele wie Comedy, Varieté und Theater, Straßenfeste sowie verschiedene Kinderveranstaltungen und Ferienkurse.

Weiterhin verfügt das Nordseeheilbad über eine Jugendherberge, eine Jugendbildungsstätte, eine Schule, einen Kindergarten, auch für Gästekinder, drei Kinderspielplätze, ein Kino, einen Kurplatz, das Memmertfeuer, den Janusplatz mit Rosengarten und Outdoorsportgeräten, eine Töpferei und eine Kunsthalle. Für das Badevergnügen am Strand können im Sommer Strandkörbe und Zelte gemietet werden. Zum Thema Hunde ist zu sagen, dass auf der ganzen Insel ein genereller Leinenzwang besteht.

Juist ist seit 1840 Seebad und seit 1975 staatlich anerkanntes Nordseeheilbad, ein wichtiges Zertifikat. Die gesamte Wirtschaft der Insel hat sich mittlerweile der Tourismusbranche verschrieben. Der Flugplatz ist mit 30 000 Starts und Landungen im Jahr ei-

ner der höchstfrequentierten Landeplätze in Niedersachsen.
Mit den Fähren werden ca. 280 000 Personen pro Jahr transportiert. Die Reederei setzt im Sommerbetrieb zwischen Juist und Norddeich im Wesentlichen drei Schiffe ein, die aber auch im Verkehr mit Norderney und im Tagesausflugsverkehr verwendet werden können. Ca. 80 % der Gäste benutzen die Fähre für ihre Anreise. Die Fährverbindung ist tideabhängig und findet daher maximal zweimal am Tag in beiden Richtungen statt und die Abfahrtszeiten wechseln täglich. Der Hafen kann nur zwei Stunden vor und nach dem höchsten Wasserstand erreicht werden. Die Fahrrinne im Nationalpark wird nicht ausgebaggert, um diesen Zustand zu ändern. Die direkte Entfernung der Insel zum Festland beträgt ca. 12 km (Luftlinie Ortsmitte bis Norddeich). Die Länge der Fahrrinne, die sich zur Insel hinschlängelt, beträgt allerdings 17 km. Für diese Strecke benötigt man ca. 90 Minuten. Die Insel Juist ist von Norderney ca. 3 km, von Borkum ca. 10 km und von der Vogelinsel Memmert ca. 3 km entfernt. Nach Helgoland sind es ca. 70 km, nach Berlin ca. 450 km.

2.7. Die Sommersaison

Der erste große Zustrom von Gästen auf die Insel Juist beginnt pünktlich mit dem ersten Tag der Osterferien in Nordrhein-Westfalen und Niedersachsen. Alle Restaurationsbetriebe in den Hauptgeschäftsstraßen haben wieder geöffnet. Bei der Kurverwaltung wird Schlange gestanden, um die Kurtaxe zu entrichten, und an den Aufgängen zum Strand sind Holzstege ausgelegt. Die Saison hat wieder begonnen. Mag auch offiziell die Hauptsaison am 15. Juli beginnen, der zweite große Zustrom der Gäste setzt erst ein, wenn für die Schulen im Quell-Gebiet der Gäste die Sommerferien anfangen. Die Mehrzahl der Gäste kommt aus Nordrhein-Westfalen und Niedersachsen auf die Insel. Somit sind für Juist die Ferientermine der niedersächsischen und der nordrhein-westfälischen Schulen besonders wichtig, weil dann die Saisonspitzen in den Anmeldungen erreicht werden. In dieser Zeit ist die Bettenkapazität voll ausgelastet und es befinden sich pro Monat ca. 15 000 Gäste auf der Insel, im Vergleich zu ca. 1600 Einheimischen.

Ende August / Anfang September steigen die Anmeldungen noch einmal an. Jetzt kommen die Gäste, die nicht durch schulpflichtige Kinder an die Hauptsaison gebunden sind, die aber warmes Wetter und die Badezeit ausnutzen möchten. Ende August schon liegen die Abreisen deutlich höher als die Anmeldungen.

Die durchschnittliche Aufenthaltsdauer beträgt fast neun Tage, wobei sie natürlich in den Sommermonaten viel höher ausfällt als im Herbst oder Winter. Das bedeutet, dass die Gäste, die im Sommer die Insel besuchen, um in der Nordsee zu baden und sich am Strand aufzuhalten, also die sogenannten Badegäste, wesentlich länger auf der Insel bleiben als Gäste, die zu einer anderen Jahreszeit hier ihren Urlaub verbringen.

Allerdings führte erst die Verlängerung der anfänglichen Saison zum Haupterwerbszweig Fremdenverkehr und damit zur Absicherung der Wirtschaft.

Nach dem Ersten Weltkrieg wurden Sozialkinderheime, vor allem von Stadt- und Landkreisen, eingerichtet, zuletzt auch Sozialheime für Erwachsene. Diese Heime waren den größten Teil des Jahres belegt. Dies bedeutete eine Ausdehnung der Saison und damit eine gewisse Stabilisierung des Wirtschaftslebens. Kliniken wurden auf der Insel Juist im Gegensatz zu einigen Nachbarinseln jedoch nicht errichtet.

Seit den 1950er-Jahren sind die Kurgast- und Übernachtungszahlen erheblich angewachsen. Die Saison weitete sich bis auf 14 Wochen und mehr aus, sodass die Insel wirtschaftlich lebensfähig geworden ist. Gestiegen sind in dieser Zeit ebenso die Ansprüche der Kurgäste, sodass erhöhte Investitionen der Fremdenverkehrsbetriebe und Kurverwaltungen vonnöten waren.

1970 wurde auf der Insel daher ein Meerwasserwellenhallenbad errichtet. Norderney, die stärkste Konkurrenz Juists, ist schon seit 1928 im Besitz einer solchen Anlage. Um das Nordseeheilbad rentabler zu gestalten, war eine

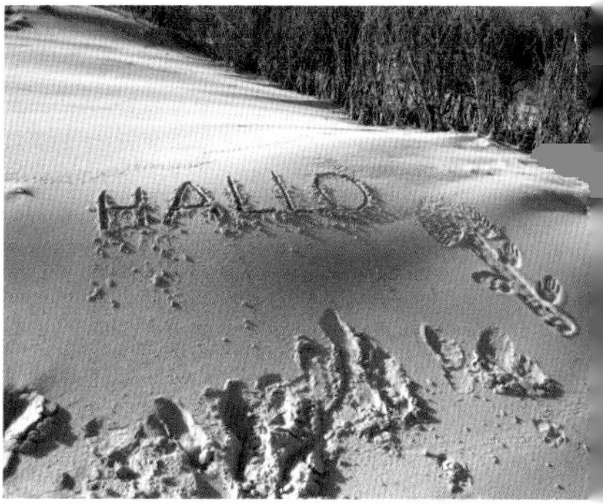

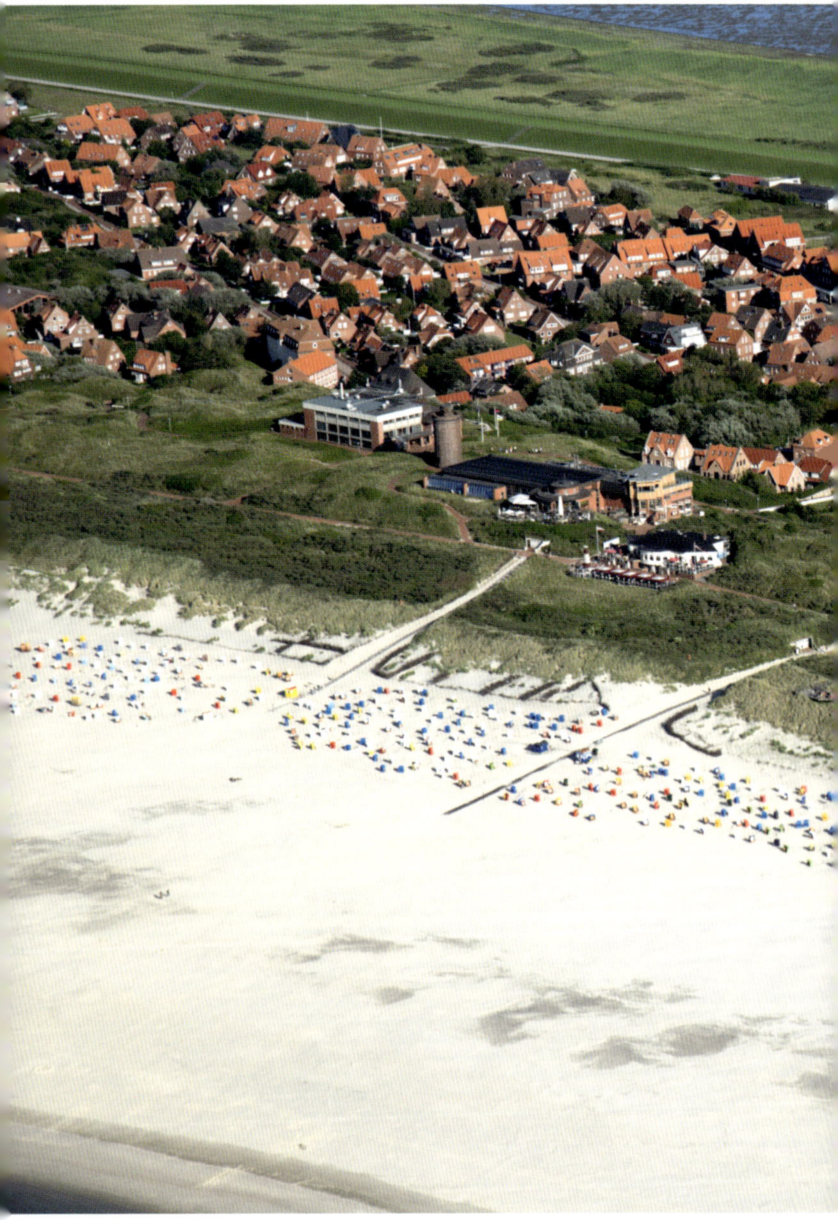

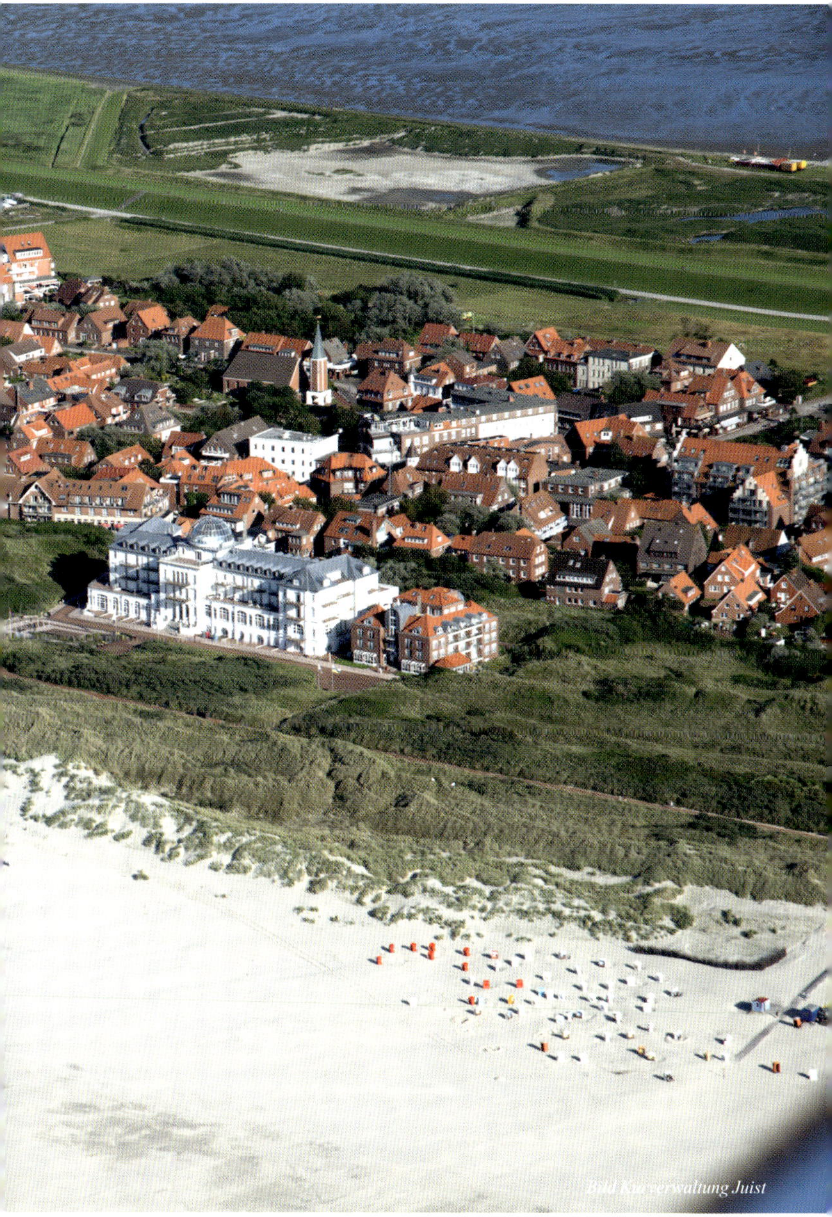
Bild Kurverwaltung Juist

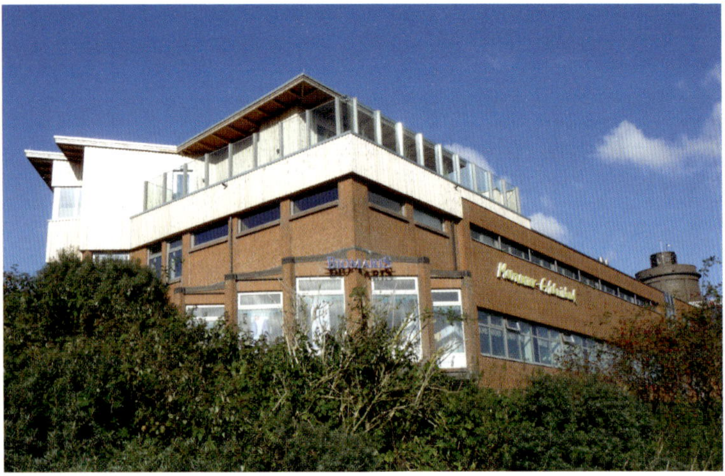

TöwerVital, Meerwassererlebnisbad mit Sauna

Ausweitung des Badebetriebes auch auf das Winterhalbjahr notwendig; im Sommer ist die Insel sowohl räumlich wie auch personell ausgebucht. Für diese Zeit sind der Strand und die Nordsee nicht zu ersetzen. Im Winter sieht das jedoch anders aus. Während sich von der Gründerzeit an der Großteil der Besucher nur als Feriengast fühlte, sind doch heute viele Heilkuren gefragt. Für Bronchialkranke ist die Winterzeit wesentlich günstiger als der Sommer. Für die Insulaner schließt sich damit die große Lücke zwischen den Sommersaisons, und der Gast kann dank des Meerwasserwellenhallenbades auch im Winter im Meerwasser baden. 1995 wurde dieses zu einem Erlebnisbad umgebaut.

Die deutliche Steigerung der Gästezahlen setzte sich nach der Einweihung des Meerwassererlebnisbades fort, zumal auch Hotels und Pensionen viel für die Verbesserung ihres Angebotes taten. Die Juist-Besucher erkannten das an; bestes Zeichen dafür ist das stetige Wachsen der Stammgast-Quote. Schon 1972 waren mehr als 60 Prozent der Inselurlauber Stammgäste ihres „Töwerlandes". Auch Vor- und Nachsaison wurde vermehrt ausgenutzt, hatte man doch erkannt, dass auch im Frühling und Frühherbst herrliche Ferien- und Er-

holungsmöglichkeiten auf der Insel bestehen.
Immer mehr Kurgäste entdecken Juist als ihre Lieblingsinsel. Man ist aber weise genug, trotz aller Verbesserungen und Modernisierungen den Inselcharakter ungeschmälert zu erhalten. Die Feriengäste danken es durch Treue und stetige Nachfrage. Obwohl in den 1970er-Jahren die Auslandsreisewelle ihren Höhepunkt erreichte und manche deutschen Kurorte in diesem „üppigen Jahrzehnt" darunter zu leiden hatten, blieben die meisten Gäste ihrem Juist treu. Die Hauptmotive für einen Juist-Aufenthalt sind das Klima, der Strand, die Natur und natürlich die Möglichkeit zum Abschalten. Den Insulanern ist bekannt, dass ihre Gäste ein hohes Bildungsniveau besitzen. Der Stammgastanteil der Juister Gäste liegt heute mittlerweile bei erfreulichen 70 %. 2008 gewinnt Juist mit einer „Stammgastmesse" den Deutschen Tourismuspreis. Für die Idee „Botschafter für die Ostfriesischen Inseln" gewinnen die Ostfriesischen Inseln 2010 den dritten Platz des Deutschen Tourismuspreises. Im selben Jahr wird Juist von den Fernsehzuschauern des NDR zur schönsten Insel Norddeutschlands gewählt.

2.8. Von der Umwelt- zur Klima-Insel Juist

Die Nordseeinsel Juist hat sich ausschließlich dem Fremdenverkehr verschrieben, einem Wirtschaftszweig, der heute Einklang mit der Natur fordert. Seit vielen Jahrzehnten wird auf Juist der Natur der Vorrang vor einer Ausweitung des Fremdenverkehrs gegeben. Die jahrzehntelangen Bestrebungen im Bereich des Umwelt- und Naturschutzes nahmen eine einzigartige Entwicklung bis hin zur heutigen „Klima-Insel".
Juist ist im Landes-Raumordnungsprogramm als Vorranggebiet für Natur und Landschaft und in der regionalen Raumordnung als Gemeinde mit der besonderen Entwicklungsaufgabe Erholung gekennzeichnet. 1952 wurde das Naturschutzgebiet Bill ausgewiesen, womit der westliche Teil der Insel, ab Domäne Loog, der Bebauung entzogen wurde. 1964 folgte dann die Ausweisung des Landschaftsschutzgebietes Goldfischteich im Anschluss an die östliche Grenze der damaligen Bebauung. Durch den Flächennutzungsplan von 1961 ist der zur Kapazitätserweiterung des Fremdenverkehrs nutzbare Siedlungsraum stark eingeschränkt worden.

Juist im Nationalpark Niedersächsisches Wattenmeer

Der Nationalpark Niedersächsisches Wattenmeer erstreckt sich von Emden und Borkum über das ostfriesische Wattenmeer, alle Ostfriesischen Inseln, den Jadebusen bis zum Neuwerker Strand und nach Cuxhaven. Er umfasst eine Fläche von 3450 Quadratkilometern. Im Nationalpark soll der einzigartige Lebensraum Wattenmeer besonders geschützt werden. Die Grundidee dahinter ist, dass sich die natürlichen Prozesse des Naturraums Ökosystem Wattenmeer frei und ungestört entwickeln können. Der Nationalpark ist in drei Schutzzonen gegliedert und trägt damit zu einem Interessenausgleich zwischen Naturschutz und menschlichen Nutzungen wie z. B. der Erholung bei. Die drei Zonen sind Ruhe-, Zwischen- und Erholungszone.

Ruhezone Kalfamer

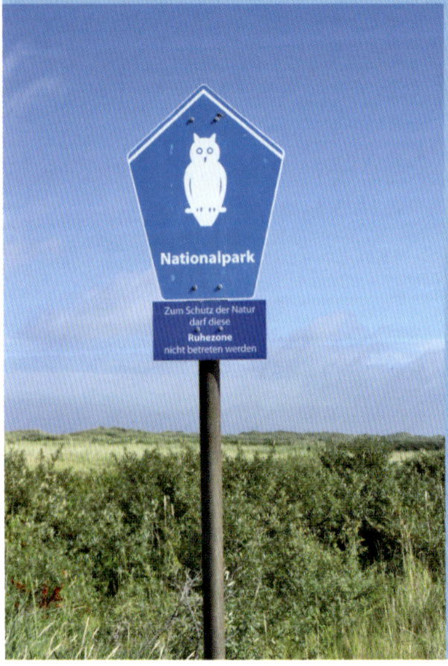

Ruhezone: Dies ist die am strengsten geschützte Zone, in der sich die wertvollsten und empfindlichsten Tiere und Pflanzen befinden. Auf Juist gehören die Bill, der Hammersee, der Gemeindeheller und der Kalfamer dazu. Die Ruhezone darf ganzjährig nur auf den ausgewiesenen Wegen betreten werden. Die Wanderwege sind grün, die Reitwege rot markiert.

Zwischenzone: Hier soll besonders der Charakter des Wattenraumes erhalten bleiben. Zu dieser Zone gehören u. a. die Wattflächen vor den Stränden, vom Flugplatz bis zum Loog die Strandabschnitte östlich und westlich des Badestrandes, der Loogheller und der Dünenbereich im Ostteil. In diesem Bereich soll das Gesamtverhalten (kein Lärm, keine Verunreinigungen etc.) auf die Natur Rücksicht nehmen. Der Bereich des Deichvorlandes darf in der Brut- und Aufzucht-Zeit der Vögel, vom 1. April bis zum 31. Juli, nur auf den ausgewiesenen Wegen betreten werden.

Erholungszone: Dies sind auf Juist die Badestrände (Loogbad, West- und Ostbad) Domäne Loog bis Wilhelmshöhe. In der Erholungszone ist der Bade- und Kurbetrieb zugelassen.

Des Weiteren gelten im Nationalpark Niedersächsisches Wattenmeer generelle Verhaltensregeln:

- Man halte sich an die ausgewiesenen Wege
- Keine Pflanzen knicken oder pflücken
- Keine wild lebenden Tiere füttern
- Vogelansammlungen meiden
- Zu den Seehunden mindestens 500 m Abstand halten
- Wattwanderungen nur unter kundiger Führung unternehmen

Erholungszone Strand

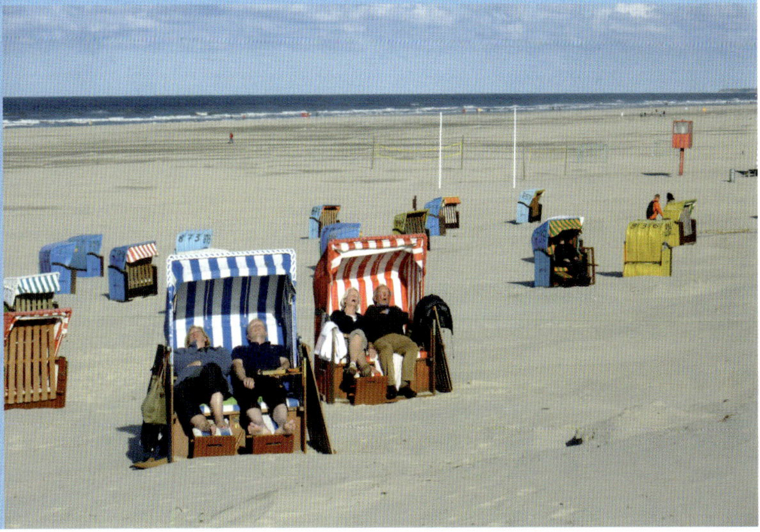

Das letzte „Neubaugebiet“, der Ortsteil Loog, wurde ab 1960 ausgebaut, wobei der Charakter einer lockeren, mit Gärten durchsetzten Bauweise vorherrscht. Durch die seit den Sechzigerjahren weiterhin aufgestellten Bebauungspläne sind der Insel Appartementtürme und Hotelsilos glücklicherweise erspart geblieben.
Die Ostfriesischen Inseln setzen sich alle seit Jahren intensiv für eine gesunde Umwelt ein. Die gutachterliche Stellungnahme vom Juli 1985 über die Umweltprobleme der Ostfriesischen Inseln ist Richtlinie für das Handeln in dieser exponierten Landschaft. Dazu gehört u. a. auch der Erfahrungsaustausch in der regelmäßigen Internationalen Wattenkonferenz der Inseln, Gemeinde- und Kurverwaltungen sowie Vertretern der Fährschiffreedereien von Dänemark bis zu den Niederlanden.
Gästen, die sich für den Lebensraum Wattenmeer interessieren, steht das Nationalpark-Haus mit interessanter Ausstellung und wertvollem Infomaterial, Vorträgen und Führungen zur Verfügung.
Mit der Nationalparkverordnung wurden ab dem 1.1.1986 Naturschutz- und Landschaftsschutzgebiete in den Nationalpark Niedersächsisches Wattenmeer eingebracht. Die Flächen im Nationalpark sind dem Inselgast durch ein ausgewiesenes großzügiges Wegenetz zugänglich.
1989 trafen sich Vertreter des Juister Einzelhandels und der Gemeindeverwaltung und beschlossen gemeinsame Maßnahmen, wie z. B. den Verzicht auf Einwegflaschen und Plastiktüten sowie auf phosphathaltige Waschmittel. Kurz darauf beschlossen Vertreter des Hotel- und Gaststättenverbandes, dass Juist generell phosphatfrei wäscht, Einzelverpackungen beim Frühstück durch Frischware ersetzt werden, und die generelle Versorgung der Gäste mit Pfandflaschen. Weiterhin einigten sich die Fremdenverkehrsbetriebe darauf, die Handtücher nicht mehr automatisch jeden Tag zu waschen, sondern nur noch auf Wunsch des Gastes. Ein weiterer aktiver Beitrag war, Rohstoffe und Energie einzusparen und Belastungen der Natur zu vermeiden. Durch diese Maßnahme und den Verzicht auf phosphathaltige Waschmittel sank der Phosphateintrag in die Kläranlage um 25 %. Dies bedeutet weniger Klärschlamm und weniger Einsatz von Eisensalz.

Das Wattenmeer – UNESCO Weltnaturerbe

Stolz sind die Juister auf ein besonderes Zertifikat. Die UNESCO hat das Wattenmeer im Jahr 2009 zum Weltnaturerbe erklärt. Damit wurde die weltweit einzigartige Dynamik der Landschaft gewürdigt und sie reiht sich nun ein in die Liste der großartigen Landschaften der Erde wie z. B. das Great Barrier Riff in Australien, die Serengeti in Afrika und der Grand Canyon in den USA. Ausgezeichnet werden Gebiete, die weltweit einzigartig sind. Das Wattenmeer erfüllt dieses Kriterium der Einzigartigkeit in vielerlei Hinsicht. Nirgendwo sonst hat ein vergleichbares Wattgebiet mit Inselkette unter dem Einfluss der Gezeitenkraft eine vielfältigere Landschaft entwickelt. Die Anzahl der Wattlebewesen ist einzigartig. Die biologische Leistung im Wattenmeer ist zwanzigmal so hoch wie die im tropischen Regenwald. Nirgendwo auf der Welt gibt es eine solche enorme Artenvielfalt der wattenmeertypischen Tiere und Pflanzen.

Die Fläche des UNESCO-Weltnaturerbes beträgt 9683,9 km². Die Grenzen des Naturerbes sind denen des Nationalparks weitgehend gleich.

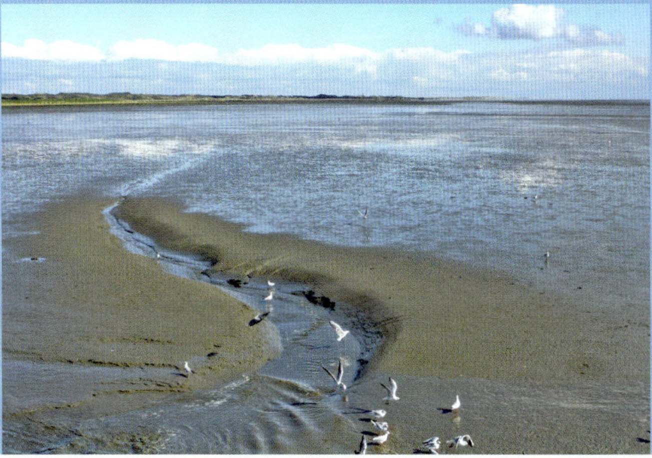

Im Jahre 1990 beteiligte Juist sich erstmalig an der Aktion „Blaue Europaflagge“ für umweltorientierte Urlaubsangebote und wurde auch sofort mit diesem Umweltzeichen ausgezeichnet. Für die aktiven Bemühungen der Juister Bürger im Umweltschutz wurde ihnen ebenfalls 1990 vom Landkreis Aurich der Umweltpreis verliehen. Vorträge, Seminare, geführte Wanderungen, Exkursionen etc. u.a. zum Thema Umwelt- und Naturschutz sind regelmäßig Bestandteile des Juister Angebotes für Gäste. Ständige Informationen zum schützenswerten Lebensraum bieten das Küstenmuseum der Kurverwaltung sowie das Nationalpark-Haus an.

1997 wurde der Fremdenverkehrsort Juist mit dem „Bundespreis für Tourismus und Umwelt“ für die Bereiche Verkehr und Umweltmanagement ausgezeichnet. In der Dokumentation dazu heißt es: Juist setzt auf Qualität und verzichtet bewusst auf ein höheres Tourismusaufkommen durch den Neubau des weiterhin tideabhängigen Hafens und eine Reduzierung der Bettenkapazitäten. Als kraftfahrzeugfreie Insel kann Juist seinen Gästen hohe Umweltqualität durch Kfz-Lärm- und Abgasfreiheit gewährleisten. Das Umweltmanagement der Verwaltung schlägt sich in einem hohen Umweltbewusstsein der Bevölkerung und Gäste sowie im Hotel- und Gaststättengewerbe nieder. 80 % der Juister Betriebe wirtschaften nach einem von der Gemeinde vorgegebenen umweltorientierten Kriterienkatalog und werden als umweltfreundlich hervorgehoben.

Die Gemeinde war stolz auf ihren Preis, empfand ihn als große Anerkennung für den bisher eingeschlagenen Weg und sah ihn zugleich als Verpflichtung, diesen Pfad fortzusetzen. Dementsprechend gingen die Bemühungen um den Umweltschutz weiter.

Jedes Jahr im Frühjahr gibt es vor dem großen Saisonstart eine gemeinsame Säuberungsaktion der Insulaner, unterstützt durch Mitglieder des BUND und der Nationalparkverwaltung mit Junior-Rangern. Die Aktion heißt „Saubere Insel“ und ist quasi ein Frühjahrsputz auf Insulanisch. Die Teilnehmer sammeln Müll und all das, was nicht in die Natur gehört, und dürfen somit ausnahmsweise – mit Handschuhen und Mülltüten bewaffnet – in die Schutzgebiete. Es ist unglaublich, was dort dann gefunden

wird. Fragen Sie einmal einen Einheimischen danach.
Wer auf Juist ausgiebige Wanderungen am Strand entlang unternimmt, begegnet sicherlich früher oder später einer „Strand-Müll-Box“. Diese Aktion für einen müllfreien Strand ist eine gemeinsame Initiative der Nationalparkverwaltung und der Inseln Langeoog und Juist. Der durch das Meer angeschwemmte Müll ist Gästen oft ein Ärgernis und kann den Tieren zum Verhängnis werden. Fische, Robben und Vögel können ihn verschlucken oder sich in ihm verfangen und dann qualvoll zugrunde gehen. Viele Strandspaziergänger engagieren sich hier und sammeln den Müll freiwillig. Da der Müll herrenlos ist, kann er in die Strand-Müll-Box geworfen werden. Hausmüll sowie Holz und organische Stoffe gehören hier

Rechts: Strand-Müll-Box

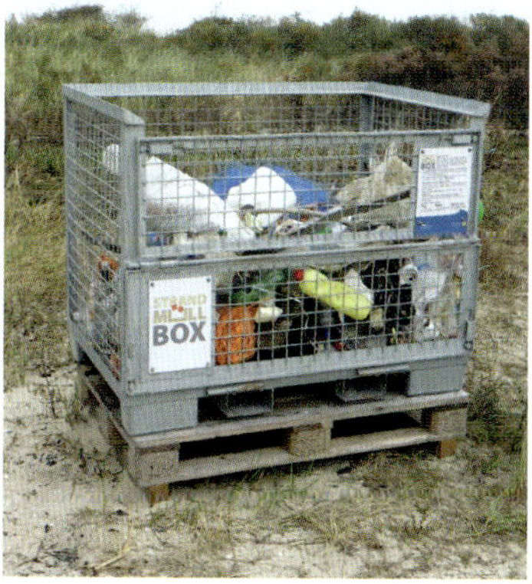

Müll am Strand und in den Dünen

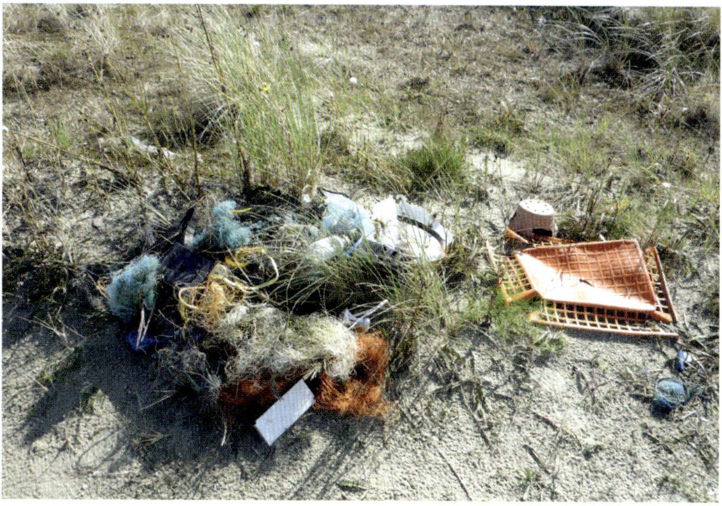

nicht hinein. Machen Sie mit und unterstützen Sie die Aktion für einen müllfreien Strand auf Juist.
Im Jahr 2011 konnte ein weiterer Schritt in Sachen Umweltschutz und Nachhaltigkeit gegangen werden. Die Insel Juist wurde als eine der ersten Tourismusregionen Deutschlands durch Green Globe CSR-zertifiziert. Green Globe überprüft Unternehmen und Kommunen in der Reise- und Tourismusbranche auf deren Nachhaltigkeit in sozialen, ökonomischen und Umwelt-Belangen. Dem Umweltschutz kommen dabei 70 % der untersuchten Kriterien zu. CSR steht für "Corporate social responsibility" und bedeutet die gesellschaftliche Verantwortung für ein über die eigentliche Geschäftstätigkeit hinausgehendes Engagement zur Lösung sozialer Probleme im lokalen Umfeld. Dieser hohe Standard wird seitdem einmal jährlich überprüft und so stets aktualisiert. 2012 wurde die Insel Juist mit dem Green Globe Highest Achievement Award ausgezeichnet und damit als eines der leistungsstärksten Tourismus-Unternehmen in den wichtigen Regionen der Welt und mit den besten Zertifizierungsergebnissen geehrt.

Die Nordseeinsel Juist hat sich ein weiteres großes Ziel gesetzt: Sie will bis zum Jahr 2030 als erste touristische Destination klimaneutral sein. Auf dem Weg zur Klimaneutralität und der starken Reduktion von CO_2-Emissionen musste zunächst die Ausgangslage analysiert werden. Wichtig ist zudem die Akzeptanz dieser ehrgeizigen Klimaziele bei der Inselbevölkerung und den Gästen. Es stellt sich dabei die Frage, wie und was der Tourismus zum Ziel der Klimaneutralität beitragen kann. Der Energieverbrauch, die Speicherung und die Nutzung regenerativer Erzeugungsformen wie Wind, Fotovoltaik, Biogas und Biothermie spielen hier eine Rolle.
Durch das überschaubare, eingegrenzte Gebiet mit kleinteiliger Siedlungsstruktur und geringer Einwohnerzahl und die Vernetzung fast aller Akteure im Wirtschaftszweig Tourismus besitzt die Insel Juist optimale Voraussetzungen für die Umsetzung dieses Projektes. Zudem bieten erste Erfolge und die Sichtbarmachung einzelner Projekte einen Wettbewerbsvorteil im Tourismus gegenüber anderen Inseln. Das Thema Natur und Nachhal-

tigkeit findet sich auch wieder im touristischen Leitbild 2020 der Insel, denn eine erfolgreiche Umsetzung des Projektes kann nur erfolgen, wenn es eine breite Unterstützung in der Juister Bevölkerung erfährt.

Das Gemeinschaftsprojekt „KlimaInsel Juist“ mit dem regionalen Energieversorger EWE Energie aus Oldenburg startete mit der Energieanalyse der Insel. Der CO_2-Fußabdruck der Insel sieht wie folgt aus: Im Jahr 2010 hat die Insel inkl. der Anreise der Gäste und der Mobilität der Insulaner auf dem Festland 23 653 t CO_2 produziert. Diese teilen sich auf in 39 % Wirtschaft (Beherbergungsbetriebe, Gastronomie, Freizeiteinrichtungen etc.), 13 % private Haushalte, 5 % kommunale Verwaltung und 43 % Verkehr (Fähre, Flughafen und Festland-PKW-Verkehr). Auffallend ist der hohe Anteil für Mobilität. Der meiste Verbrauch fiel auf Erdgas, gefolgt von Strom, Diesel und Benzin. Deswegen werden zukünftige Maßnahmen verstärkt im Bereich Mobilität ansetzen, wie z. B. die Steigerung der Energieeffizienz sowie die Nutzung von erneuerbaren Energiequellen.

Über die gemeinsamen Projekte von Verwaltung und Bevölkerung werden zunehmend die Gäste der Insel informiert und bezüglich der Umsetzung auch involviert. Die Vermieter, die aktive Mitglieder im Projekt KlimaInsel sind, werden für den Gast durch entsprechende Aufkleber erkennbar. Durch eine Broschüre werden die Gäste aufgefordert, sich aktiv gemeinsam auf den Weg zu einer klimafreundlichen Insel zu machen und während ihres Inselaufenthaltes CO_2 einzusparen. Jeder kann seinen Teil zur CO_2-Reduktion beitragen. Gäste werden gebeten, Elektrogeräte ganz auszuschalten und nicht den Stand-By-Modus zu verwenden, Energiesparlampen zu verwenden, die passenden Töpfe für den Herd zu benutzen, Backofen und Kühlschrank richtig und sparsam zu verwenden, Wind und Sonne anstelle des Wäschetrockners zu nutzen, tropfende Wasserhähne zu melden, die Duschen anstelle der Badewanne zu nutzen, vernünftig zu heizen, richtig zu lüften und mit der Bahn anreisen.

Heute schon umgesetzte Vorzeige-Projekte sind die komplette Versorgung der Insel mit grünem klimaneutralem Strom, eine Solarabsorberanlage auf dem Dach

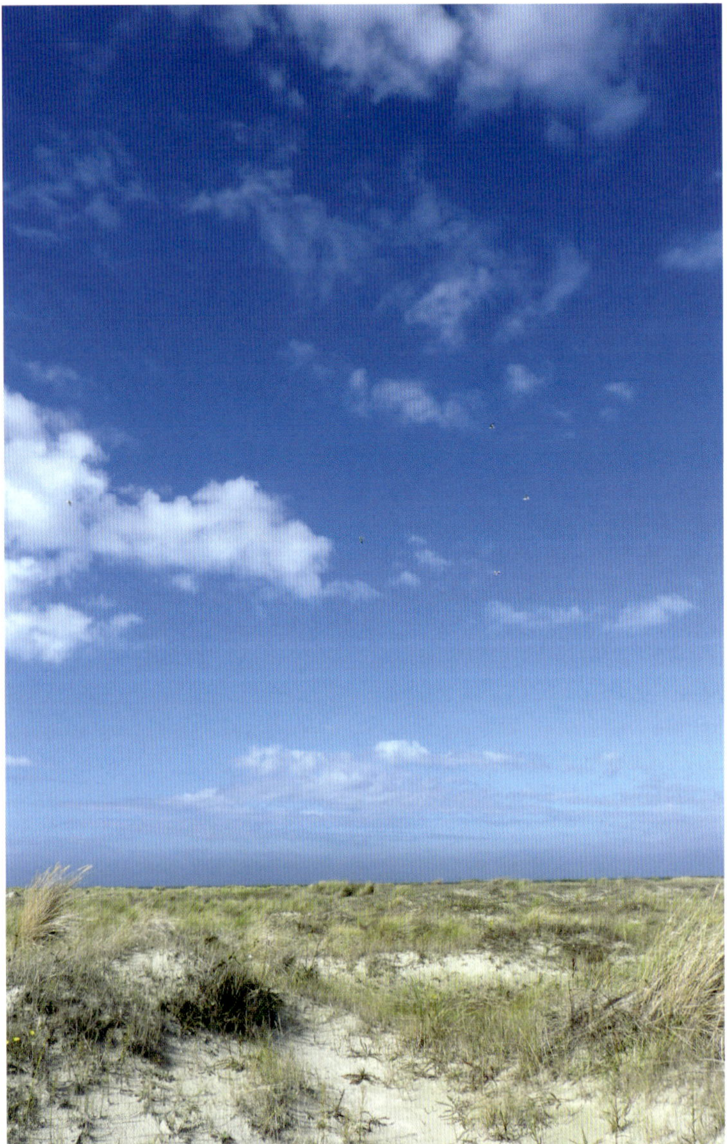

KlimaInsel Juist

des Meerwassererlebnisbades zur Erwärmung des Badewassers, eine Solartrocknungsanlage für den entstandenen Klärschlamm sowie die Kinderuniversität „Klimawandel". Weitere vorbildliche Projekte sind in Planung. Die Kinderuniversität auf der Nordseeinsel Juist begeistert Kinder für aktuelle Themen des Klimawandels. Das Lernen macht den Kindern Spaß und bringt die Eltern anschließend zum Staunen. Hier werden erfinderisch sowohl die Kinder als auch Eltern für das Thema „KlimaInsel" sensibilisiert und begeistert.
Juist hat mit dem Projekt „KlimaInsel Juist" den zweiten Platz beim Bundeswettbewerb Nachhaltige Tourismusregionen 2012/2013 gewonnen. Anhand von 50 Kriterien aus den drei Bereichen der Nachhaltigkeit (Ökonomie, Ökologie und Sozialverträglichkeit) wurden die touristischen Angebote vor Ort bewertet. Juist wurde somit beschieden, mit dem Projekt „KlimaInsel" ein einzigartiges und überzeugendes Konzept für einen nachhaltigen Tourismus entwickelt und durchgeführt zu haben. Die zukünftige Entwicklung Juists zur KlimaInsel bleibt spannend.

2.9. Trinkwasser & Co. – Ver- und Entsorgung einer Insel

Die Ver- und Entsorgung auf einer Insel ist ebenfalls eine spannende Geschichte. In der Saison verbrauchen Gäste, Insulaner, Tier- und Pflanzenwelt auf Juist ca. 4000 m³ Süßwasser täglich. Das ist sechsmal so viel wie im Winter. Diese gewaltige Menge könnte nicht mit dem Schiff vom Festland zur Insel transportiert werden. Die Insel besitzt eine eigene Wasserversorgung. Das Niederschlagswasser sammelt sich in auf Dauer hochwasserfreien Zonen und verdrängt das darunter befindliche Meerwasser. Meerwasser ist aufgrund des höheren Mineralgehaltes schwerer als Süßwasser. Das Süßwasser schwimmt daher auf dem Meerwasser. Der Gipfelpunkt des Süßwassers liegt etwa bei 2 m über Normalnull. Die Mächtigkeit der Süßwasserlinse ist unterschiedlich. In Höhe des Inselhospizes wurden z. B. 17 m ermittelt, weiter östlich wurde Süßwasser bis 30 m Tiefe nachgewiesen. Infolge der unterschiedlichen spezifischen Gewichte kommt es auch nur zu einer geringen Vermischung in der sog. Brackwasserzone. Überschüssiges Niederschlagswasser fließt zu den Seiten ab ins Meer. Das Wasserwerk der Inselgemeinde fördert aus 24 Brunnen jährlich rund ca. 320 000 m³ Wasser, selbstverständlich abhängig von den Regenwassermengen.

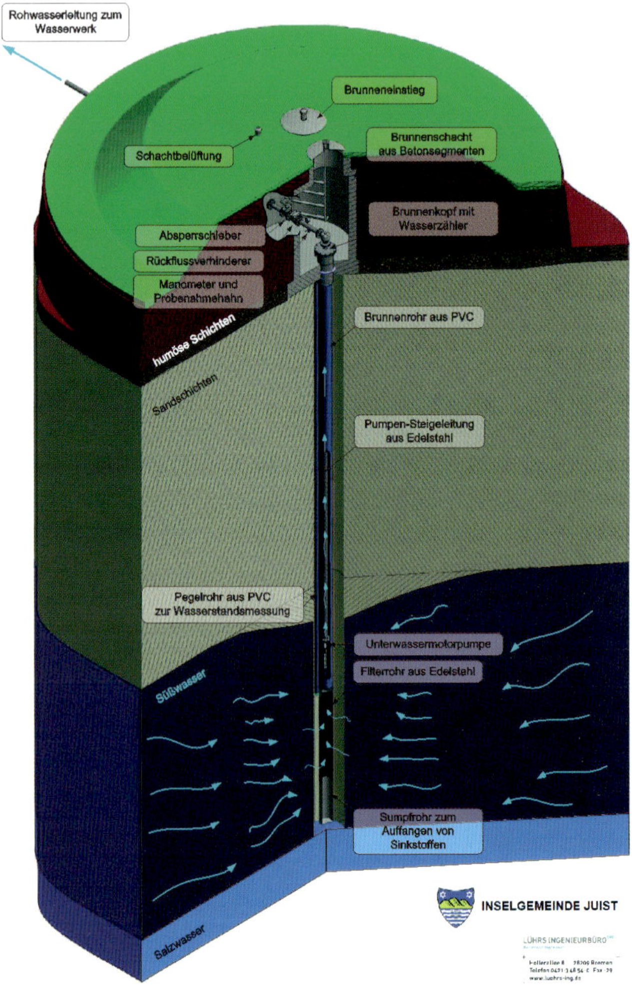

Schema Grundwasserbrunnen Juist

Die Juister Süßwasserlinse; Nationalparkverwaltung Nieders. Wattenmeer

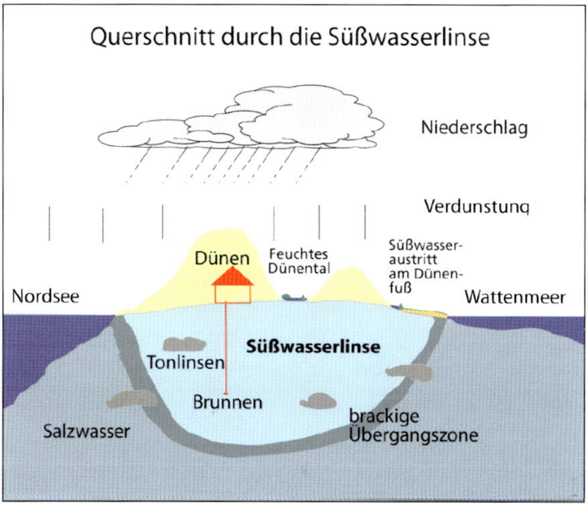

Die gewonnene Wassermenge reicht aus, um selbst im Sommer die großen Gästemassen zu versorgen. Würde es allerdings 100 Tage nicht regnen, müsste die Wassergewinnung eingestellt werden. Am Goldfischteich tritt das Grundwasser an der Oberfläche aus. Hier kann man also an den Schwankungen erkennen, wie viel Grundwasser gerade vorhanden ist.

Der Pflanzenwelt auf den Dünen kommt neben der Befestigung hier auch noch die Funktion der Wasserreinigung zu. Im Laufe von 20 bis 30 Jahren kommt es zu einer kompletten Wassererneuerung der Linse. Auf Juist dürfen bis zu 400 000 m^3 Trinkwasser entnommen werden. Dies hängt von der jährlichen Regenwassermenge ab. Sollte einmal zu viel Trinkwasser entnommen werden, so kann es zum Zusammenbruch des gesamten Systems kommen und zur Versalzung der Süßwasserlinse. Wenn einer Ihrer Urlaubstage auf Juist einmal verregnet sein sollte, dann erinnern Sie sich, wie wichtig dieser Regen für die Wasserversorgung der Insel ist. Interessante Informationstafeln zu diesem Thema sind am Otto-Leege-Pfad zu finden.

Gelbes Trinkwasser: Oft wird gefragt, woher die leichte Gelbfärbung des Juister Trinkwassers kommt. Das Grundwasser reicht bis in torfige und humusreiche Schichten hinein. Dort löst es Huminstoffe, die diese leichte

Gelbfärbung verursachen. Diese Färbung sieht zwar nicht schön aus, ist hygienisch jedoch völlig unbedenklich und geschmacklich neutral. Die Inselgemeinde hat sich dazu entschieden, das Wasser nicht völlig zu klären, da dazu Chemikalien eingesetzt werden müssten, deren Reste wiederum im Wasser verbleiben würden. Das Juister Trinkwasser wird somit ausschließlich mit natürlichen Methoden aufbereitet und ist ein reines Naturprodukt.

Meerwasser wird auf Juist zu therapeutischen Zwecken eingesetzt. Im Erlebnisbad, in der Kurmittelabteilung und in der Trinkkurhalle wird Juister Meerwasser ausgeschenkt, das von der Kurverwaltung aus einem 103 m tiefen Brunnen gefördert wird.

Ferngas und Elektrizität erhält Juist vom Festland. Für die Erdgasversorgung wurde 1973 eine ca. 13 km lange Stahlleitung durch das Wattenmeer zur Insel verlegt. Eine insgesamt 450 km lange Leitung mit einem Durchmesser von einem Meter verläuft vom Ekofisk-Erdgasfeld vor der südnorwegischen Küste über die Juister Westspitze bis nach Emden. Heute werden fast alle Häuser mit Erdgas beheizt. Die Stromversorgung der Insel wird durch drei Seekabel vom Umspannwerk Norddeich sichergestellt. Bedingt durch die vielen Gäste wird in den Sommermonaten bedeutend mehr Strom benötigt als im Winter. Die Errichtung von Windkraftanlagen auf Juist ist wegen der damit verbundenen negativen Auswirkung auf die Vogelwelt nicht möglich. Mittlerweile stammt der Strom der Inselgemeinde und vieler Besucher zu 100 % aus erneuerbaren Energien, bei deren Produktion keinerlei schädliches CO_2 freigesetzt wird.

Auf Juist gibt es nur begrenzten Autoverkehr. Seit ca. 1950 wird auf Kraftfahrzeuge verzichtet, zuvor erlaubte die wirtschaftliche Situation den Insulanern keinen Pkw-Besitz. Mit der Umsetzung des Niedersächsischen Straßen- und Wegerechts wurde 1968 durch den endgültigen Entschluss, keine Kraftfahrzeuge auf der Insel Juist zuzulassen, eine rechtliche Grundlage geschaffen. Beförderungsmittel sind Pferdefuhrwerke, Kutschen und Fahrräder.

Kraftfahrzeuge sind nur mit einer besonderen Erlaubnis berechtigt, die Straßen im Ort zu benutzen.

Derartige Erlaubnisse werden für Feuerwehr-, Arzt-, Rettungs- und in den Wintermonaten in Ausnahmefällen für Baufahrzeuge erteilt. Die Transportleistungen erbringen im Sommer ca. 120 Pferde, im Winter sind es nur noch ca. 80 Tiere. Alle Verbrauchsgüter für die Insel, ausgenommen das Trinkwasser, müssen vom Festland zur Insel transportiert werden. Dafür gibt es als Anlandestationen auf der Insel nur den Flugplatz und den Inselhafen.

Die auf Juist notwendige Entsorgung erfolgt mittels eines 1976 errichteten vollbiologischen Klärwerks. Im Juni 1989 wurde die dritte Reinigungsstufe (Stickstoffelimination und Phosphatfällung) in Betrieb genommen. Das Kanalnetz der Inselgemeinde, an das alle bewohnten Häuser angeschlossen sind, wird seit nun fast 100 Jahren betrieben. Das Schmutz- und Mischwasser wird über zwei Pumpstationen (Loog, Dorf) zur Kläranlage im westlichen Teil der Insel gepumpt. Die Anlage ist wegen der jahreszeitlich stark unterschiedlichen Inanspruchnahme mit zwei Belebungs- und Nachklärbecken ausgestattet. Das Volumen des entstehenden Klärschlammes wurde mittels einer 2006 gebauten solaren Klärschlammtrocknungsanlage von 234 auf 15 Tonnen reduziert. Eigens für den Transport des getrockneten Schlamms schaffte die Gemeinde einen Radlader an. Träger der Abfallwirtschaft für die Insel ist der Landkreis Aurich. Die Haushalte und Fremdenverkehrsbetriebe auf Juist sind gehalten, die Abfälle in sechs Fraktionen zu sammeln: Bioabfälle, Verbundstoffe, Kunststoffe, Papier, Glas und sonstige Abfälle. Die Abfälle werden mit z. T. speziell für Juist konstruierten Fahrzeugen eingesammelt. Seit 1982 wird der Abfall über eine Umladestation am Hafen mit einem besonderen Schiff zum Festland befördert.

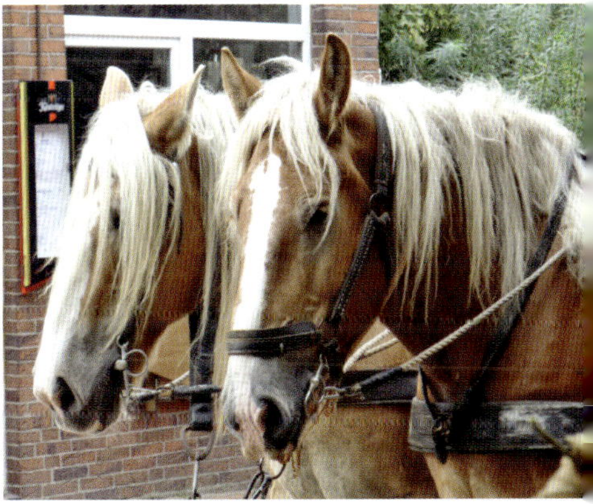

3. Das Klima der Insel Juist

Die klimatische Sonderstellung der Ostfriesischen Inseln und der Festlandküste stellt für den Fremdenverkehr eine naturgegebene Attraktion dar. Die Insellage sowie das Klima sind die Hauptanziehungspunkte für Gäste. Das maritime Klima mit seinen milden Wintern und kühlen Sommern macht die Ostfriesischen Inseln nicht nur zu beliebten Ferienzielen im Sommer, sondern durch das Fehlen starker Temperaturextreme stellt es auch einen Vorzug bei Frühjahrs-, Herbst- und Winterbesuchen dar.

Da sich das Meer im Sommer nur langsam bis in größere Tiefen erwärmt und sich im Winter verhältnismäßig spät abkühlt, beginnt der ostfriesische Frühling immer etwas später als auf dem weiter landeinwärts gelegenen Festland. Die Sommer sind etwas kühler, dauern dafür aber länger. Herbst wie auch Winter sind milder als in den vom kontinentalen Klima geprägten Regionen.

Weitere Merkmale des ozeanisch beeinflussten Klimas in Ostfriesland sind die hohe Luftfeuchtigkeit, der hohe Salz- und Jodgehalt in der Luft, der Niederschlagsreichtum, die relativ starke Bewölkung zu allen Jahreszeiten, die nur an wenigen Tagen im Jahr geschlossene Schneedecke sowie die verhältnismäßig geringen jährlichen und täglichen Temperaturschwankungen. Am Beispiel der jährlichen Temperaturschwankungen wird deutlich, dass die ausgleichende Wirkung der „Ozeanität" des Klimas schon nach wenigen Kilometern auf dem Festland nachzulassen beginnt. Die jährlichen Temperaturschwankungen betragen z. B. in Norderney nur 14,9 °C, in Aurich aber immerhin schon 15,4 °C. Beachtliche Abweichungen werden aber erst tief im Landesinneren registriert. Der Göttinger Vergleichswert beträgt 17,8 °C. Für die interessierten Gäste wird der Wetterbericht werktäglich am Rathaus bei der Kurverwaltung ausgehängt. Die Juister Wetterstation befindet sich am Flughafen und wurde 2002 durch Sven Plöger und den damaligen Kurdirektor Karl-Josef Wederhake eingeweiht. Die 4-Tage-Wetterprognose und die Daten

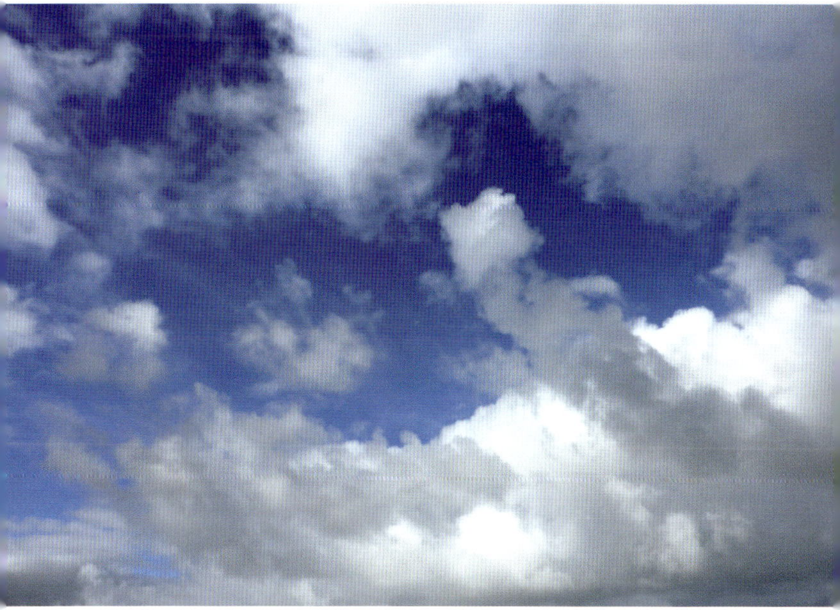

dieser Wetterstation sind einzusehen unter wetterstationen.meteomedia.de. Selbstverständlich ist es auch möglich, sich das Wetter seiner Lieblingsinsel per Webcam live anzusehen. Alle 13 Webcams sind zu finden unter www.my-juist.de. Sie gestatten den Blick z. B. vom Hafen, vom Flugplatz, vom Bahnhof, Kurhaus, Ostdorf oder Loog.

3.1. Temperatur

Durch die vom Golfstrom aufgeheizte Nordsee, die im Winter die von Skandinavien kommenden polaren Luftmassen um mehrere Grade erwärmt, sinkt in ganz Ostfriesland die monatliche Durchschnittstemperatur selten unter den Gefrierpunkt. Die mittleren Januartemperaturen sind an der Küste wesentlich höher als jene landeinwärts. Im Sommer verhält es sich genau umgekehrt. Die Juister Daten werden erfasst durch die Wetterstation am Flugplatz. Das nachfolgende Klimadiagramm zeigt den Jahresverlauf der mittleren Monatstemperatur und der Niederschläge der Ostfriesischen Inseln.

Durch die nur langsame Erwärmung im Frühjahr beginnt die Wachstumsperiode auf den Inseln erst sehr spät. Der Beginn der Apfelblüte fällt in Ostfriesland auf die Woche vom 6. bis 12. Mai; auf den Inseln erfolgt der Frühlingseinzug infolge der zunehmenden Ozeanität eine Woche später. Durch den zwar kühleren Sommer, dafür aber längeren Spätsommer und wärmeren Herbst ist die Wachstums- und Vegetationsperiode recht lang. Sie endet erst Mitte November.

Der Tagesgang der Temperatur unterliegt auf den Inseln der dämpfenden Wirkung des Meeres, was sich für die Gäste während der Saison angenehm bemerkbar macht. Die Gegensätze zwischen Inseln und Binnenland sind umso größer, je heißer ein Sommer ist. Besonders hohe Temperaturen im Sommer dauern meist nur wenige Stunden an, weil durch sie automatisch eine kühlere Seebrise hervorgerufen wird. Durchschnittlich gibt es auf Juist nicht mehr als sieben Sommertage mit Temperaturen über 25 °C.

Die durchschnittliche Lufttemperatur auf der Insel Juist beträgt im Januar ca. 3,1 °C. Fällt das Thermometer im Winter an zwei bis drei aufeinanderfolgenden Tagen mit einem mittleren Tagesmittel der Lufttemperatur unter 0 °C, so kann es geschehen, dass

Grafik: Klimadiagramm

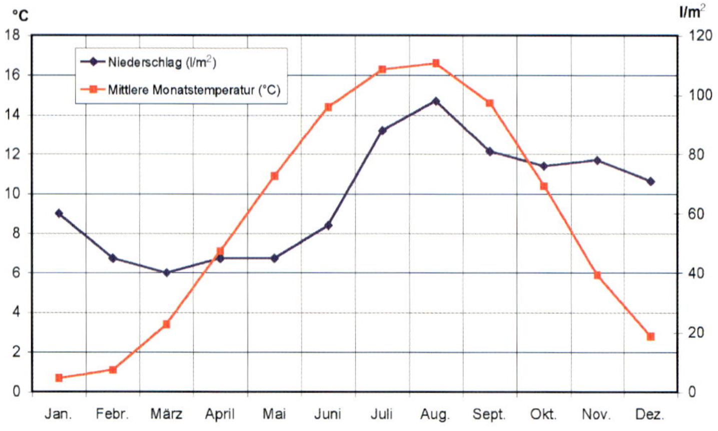

Quelle: PAHL, Klimagutachten für die Ostfriesischen Inseln

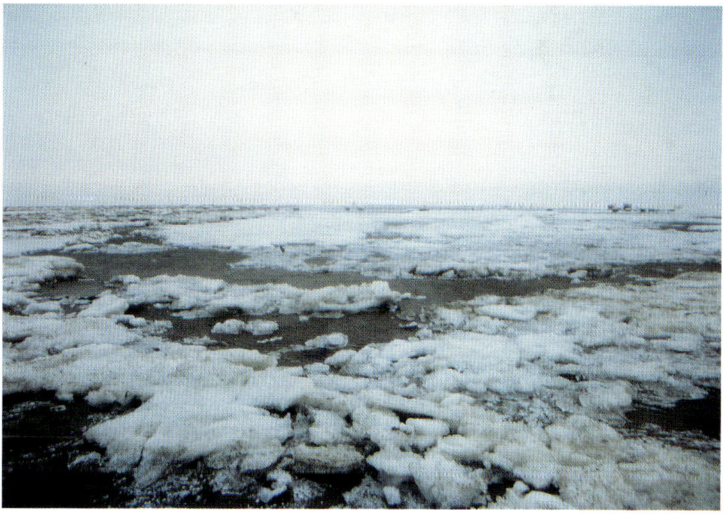

Eis im Watt

das Watt trotz Salzwasser vereist. Schneefalltage zählt man weniger als im Binnenland, vor allem hält sich die Schneedecke selten länger, sodass der Einfluss auf das Absinken der Lufttemperaturen selten ist. Länger dauernde kontinentale Kältewellen greifen zuweilen über die Insel hinweg und können dann zur Vereisung des Küstenmeeres bis zur Sperrung der Schiffswege führen. Diese Situation beschert dann dem Fremdenverkehr eine zusätzliche, wenn auch ungewollte, Attraktion. Der letzte Frost tritt im Mittel auf allen Inseln vor dem 5. April auf. Umgekehrt treten gelegentlich auch frostfreie Winter auf. Während sich im Frühjahr das Festland rascher als die Inseln erwärmt, Kälterückfälle dort aber auch häufiger auftreten, wie die gefürchteten „Eisheiligen" im Mai, bleiben sie auf den Inseln seltener und gedämpfter.

Trotzdem kommt es hin und wieder zu Wetterextremen, die den Verkehr zu den Inseln zum Erliegen bringen können. Der Eiswinter 1928/29 verwandelte Juist z. B. mit Frost bis minus 19 °C in eine arktische Landschaft. Das Eis türmte sich meterhoch zusammen. Ein Eisnotdienst versorgte die Insel mit dem Nötigsten per Flugzeug. Hilfspakete wurden abgeworfen. Das Watt war so fest zugefroren, dass sogar Pkws die Fahrt nach Juist wagten. Im Winter 1946/47 war die Insel erneut für zwei Monate vom Festland abgeschnitten. Diese Situation brachte der Insel große Not. Es gab nur noch wenige Lebensmittel und nicht viel zu heizen. Zudem wurde der Schiffsanleger im Watt mitsamt den Kaianlagen, Aufbauten und Eisenbahnschienen vom Eis zerstört und teilweise bis zum Bahnhof geschoben. Das Eis im Watt und am Strand türmte sich bis zu 8 m hoch. Von Januar bis März 1963 herrschte wieder ein besonders eisiger Winter mit extremen Tiefsttemperaturen. Die Kälteperiode schnitt alle Ostfriesischen Inseln vom Festland ab. Die Eisschollen türmten sich wieder im Wattenmeer. Der „Eisnotdienst" der Bundeswehr garantierte durch Hubschrauber die Versorgung der Inseln mit den wichtigsten Gütern. Auch im Januar 1996 blockierte ein strenger Winter die Schifffahrt. Dieses Mal für ganze sechs Wochen. Über 13 000 Personen und 177 000 kg Fracht wurden über den Luftweg transportiert. Bereits ein Jahr später kam der Eisnotdienst erneut für zwei Wochen zum Einsatz.

Auch der Winter 2009/2010 bescherte der Insel wieder viel Eis und Schnee. Anfang Januar 2012 wüteten die Orkantiefs „Ulli" und „Andrea" über die Insel. Im Februar 2012 musste der Schiffsverkehr wieder für neun Tage wegen Eisgang eingestellt werden. Fast 10 000 kg Lebensmittel wurden über den „Luftbahnhof" am Flugplatz transportiert. Am 7. Februar 2012 betrug die tiefste Temperatur minus 13,1 °C.

Allen Statistiken zum Trotz scheint der April zu machen, was er will. Laut dem Deutschen Wetterdienst DWD scheint sich in den letzten Jahren ein neuer Trend abzuzeichnen. In den letzten Jahren war der April jeweils viel trockener und wärmer, als er sein sollte. Der Juli 2011 ging auf Juist in die Geschichte ein. Er war der kälteste, sonnenärmste und niederschlagsreichste Juli der letzten 25 Jahre.

3.2. Niederschläge

Die Niederschlagsmenge beträgt in Ostfriesland im Durchschnitt rund 750 mm und liegt damit um etwa 100 mm über dem Vergleichswert für Deutschland. Auf den Inseln liegen die Niederschlagsmengen zwischen 675 und 700 mm. Dieses Phänomen hängt mit der Bodenreibung der Luftmassen zusammen. Auf dem offenen Meer erfahren die Luftmassen nur geringe Reibungsverluste und können nahezu ungehindert auf das Festland übergreifen. Hier bewirkt die bremsende Bodenreibung, dass sich die Luftmassen stauen und schon nach wenigen Kilometern abregnen.

Die Monate Februar bis April sind die regenärmsten des Jahres. Der niederschlagsreichste Monat des Jahres ist mit fast 100 mm Regen der August. Ein kleiner Teil der Niederschläge fällt zwischen Ende November und Anfang April als Schnee. Auf den Inseln bleibt der Schnee allerdings nur zwischen 12 und 15 Tage im Jahr liegen, auf dem Festland hingegen hält die geschlossene Schneedecke einige Tage länger, und zwar 21 bis 24 Tage im Jahr.

Die Zahl der Regentage zeigt zwischen Inseln und Festland keine großen Abweichungen. Dennoch gibt es Unterschiede, die gerade für Kurgäste besonders wichtig sind: Zunächst besteht im Sommerhalbjahr eine größere Neigung zu kurzen und kräftigen Regengüssen, und dann unterscheidet sich der Tagesgang

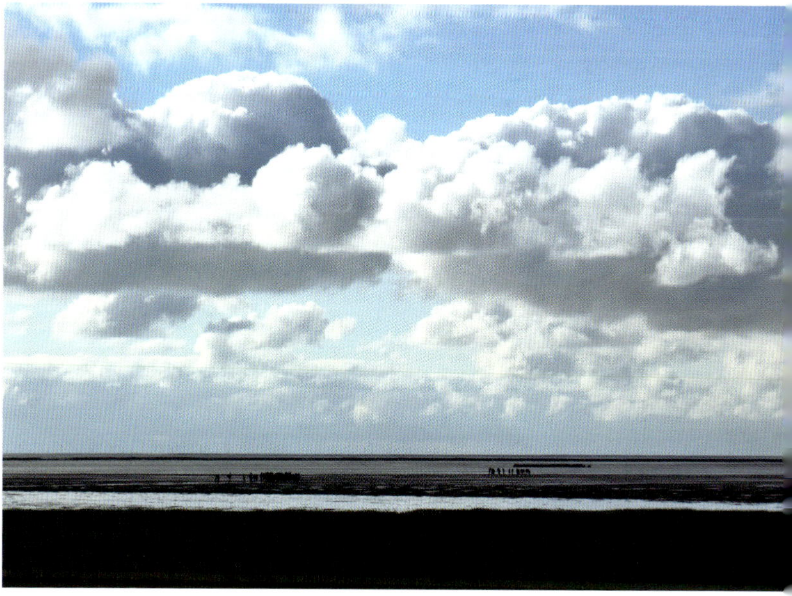

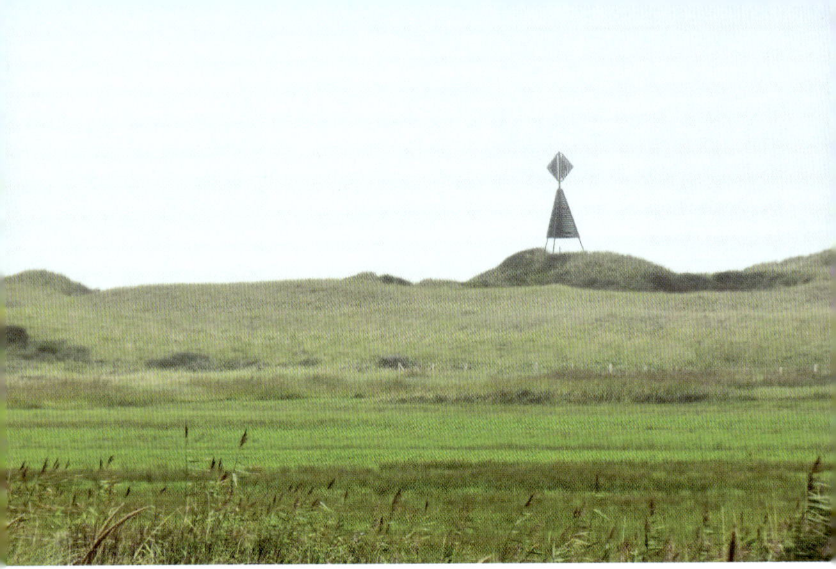

Nebel im Westen der Insel

der Niederschläge auf den Inseln in dieser Jahreszeit von dem des Festlandes; hier lässt sich eine Tendenz zu Nachmittagsregen, auf den Inseln hingegen zu Nachtregen feststellen.
Im Juli 1995 zog allerdings ein Unwetter über die Insel, das in nur 80 Minuten 100 Liter Regen pro qm brachte. Große Teile des Ortes wurden unter Wasser gesetzt. Die Schäden waren groß.
Die Gewitterhäufigkeit ist auf den Inseln gering und zeigt eine Vorliebe für die Abend- und Nachtstunden; die sommerlichen Wärmegewitter treten bevorzugt auf dem Festland auf. Bedeutsamer ist die Nebelbildung auf den Inseln und im Küstengebiet. Mischungsnebel, also feuchte Luftströmungen unterschiedlicher Temperatur, sind besonders in den Übergangsjahreszeiten häufig und werden auch als Küstennebel bezeichnet. Im Durchschnitt zählt man auf den Inseln jährlich ca. 50 Nebeltage. Der Flugplatz Juist kann bei Nebel nicht angeflogen werden. Die dortigen Webcams geben in beide Richtungen Auskunft über den Stand des Nebels (www.edwj.de).

3.3. Winde

Die Nordsee liegt in einem Gürtel gemäßigt feuchten Klimas, der dadurch gekennzeichnet ist, dass sich Tiefdruckgebiete zu allen Jahreszeiten bilden können. Die damit verbundenen Winde sind im Winter stärker als im Sommer. So erreichen 15 % der Winde im Winter mehr als Stärke 6 der Beaufort-Skala (>10,8 m/sec). Jährlich gibt es an der Küste ca. 20 Sturmtage mit mehr als Stärke 8 der Beaufort-Skala (17,2 m/sec).

Die meisten und stärksten Winde kommen aus westlicher Richtung. Sie stammen aus den nordatlantischen Zyklonen, die hauptsächlich nordostwärts ziehen und überwiegend maritime Luftkörper transportieren. Diese sind im Sommer mäßig warm, im Winter mild und stets wasserdampfreich. In der Übergangsjahreszeit wandern die Zyklone besonders oft weit südlich, wobei dann Stürme auftreten. Ziehen die Tiefs über Skandinavien zur Ostsee oder noch weiter südlich, was besonders häufig beim Übergang vom Frühjahr zum Sommer der Fall ist, erreicht kühle ozeanische Polarluft von besonderer Reinheit die Inseln. Die westlichen und nordwestlichen Windrichtungen bewirken einen Windstau des Hochwassers in der Deutschen Bucht, sodass Stürme das Hochwasser gerade in den Wintermonaten zu Sturmfluten erhöhen können. Wenn das Wasser über 2 m steigt und die Hafenanlage unter Wasser steht, dann fällt schon mal eine Fährfahrt aus. Da das Wasser aber relativ schnell wieder sinkt, kann die nächste Fahrt meist wieder stattfinden.

Weihnachten 1954 ging eine gewaltige Sturmflut über Juist hinweg. Im Februar 1962 brach die höchste Sturmflut seit 1825 herein. Die Insel kam, außer großen Verlusten an den Norddünen und Überschwemmungen im Dellert,

Die Beaufortskala

Bei der Beaufortskala handelt es sich um eine Skala zur Klassifikation von Winden und Geschwindigkeiten. Sie ist das allgemeingültige System zur Definition von Windstärken. Die zwölfteilige Skala wurde von Sir Francis Beaufort im Jahre 1806 entwickelt. Die Maßeinheit dieser Skala lautet daher *Beaufort*, abgekürzt ***bft***. Als Messinstrument diente Sir Francis Beaufort dabei das Gesamtverhalten der Segel seines Schiffes bei unterschiedlichen Windgeschwindigkeiten. Beauforts Leistung bestand vor allem darin, die Skalierung landunabhängig zu machen. 1835 wurde die Beaufortskala auf der *Ersten Internationalen Meteorologischen Konferenz* in Brüssel als allgemein gültig angenommen.

Die Beaufortskala

Wind-Stärke in Bft	km/h	Bezeichnung der Windstärke	Bezeichnung des Seeganges (Windsee)	Beschreibung	
				Wirkung an Land	Wirkung auf dem Meer
0	0,0 – <1,9	Windstille	Völlig ruhige, glatte See	Keine Luftbewegung, Rauch steigt senkrecht empor	Spiegelglatte See
1	1,9 – <7,4	Leiser Zug	Ruhige, gekräuselte See	kaum merklich, Rauch treibt leicht ab, Windflügel und Windfahnen unbewegt	Leichte Kräuselwellen
2	7,4 – <13,0	Leichte Brise	Schwach bewegte See	Blätter rascheln, Wind im Gesicht spürbar	Kleine, kurze Wellen, Oberfläche glasig
3	13,0 – <20,4	Schwache Brise		Blätter und dünne Zweige bewegen sich, Wimpel werden gestreckt	Anfänge der Schaumbildung
4	20,4 – <29,6	Mäßige Brise	Leicht bewegte See	Zweige bewegen sich, loses Papier wird vom Boden gehoben	Kleine, länger werdende Wellen, überall Schaumköpfe
5	29,6 – <40,7	Frische Brise	Mäßig bewegte See	größere Zweige und Bäume bewegen sich, Schaumköpfe auf Seen	Wind deutlich hörbar; mäßige Wellen von großer Länge, überall Schaumköpfe
6	40,7 – <51,9	Starker Wind	Grobe See	Dicke Äste bewegen sich, hörbares Pfeifen an Drahtseilen, in Telefonleitungen	Größere Wellen mit brechenden Köpfen, überall weiße Schaumflecken
7	51,9 – <63,0	Steifer Wind	Sehr grobe See	Bäume schwanken, Widerstand beim Gehen gegen den Wind	Weißer Schaum von Wellenköpfen legt sich in den brechenden Schaumstreifen in die Windrichtung
8	63,0 – <75,9	Stürmischer Wind	Hohe See	Große Bäume werden bewegt, Zweige brechen von Bäumen, beim Gehen erhebliche Behinderung	Ziemlich hohe Wellenberge, deren Köpfe verweht werden, überall Schaumstreifen
9	75,9 – <88,9	Sturm		Äste brechen, Ziegel werden von Dächern gehoben	Hohe Wellen mit verwehtem Gischt, Brecher beginnen sich zu bilden
10	88,9 – <103,7	Schwerer Sturm	Sehr hohe See	Bäume werden entwurzelt, Häuser beschädigt; selten im Landesinneren	Sehr hohe Wellen, weiße Flecken auf dem Wasser, lange, überbrechende Kämme, schwere Brecher
11	103,7 – <118,5	Orkanartiger Sturm	Außergewöhnlich schwere See	Heftige Böen, schwere Sturmschäden; sehr selten im Binnenland	Brüllende See, Wasser wird waagerecht weggeweht, starke Sichtverminderung
12	>118,5	Orkan		Schwere Sturmschäden und Verwüstungen; sehr selten im Landesinneren	See vollkommen weiß, Luft mit Schaum und Gischt gefüllt, keine Sicht mehr

Loog und am Flugplatz, glimpflich davon. Weitere große Dünenabbrüche musste Juist im Februar 1990 an der Bill beklagen. Die schwere Sturmflut erreicht eine Wasserhöhe von 3,30 m über MThw. Das mittlere Tidehochwasser (MThw.) bezeichnet den mittleren Hochwasserstand an einem tidenbeeinflussten Pegel. 1994 richtete eine weitere schwere Sturmflut an den Billdünen große Schäden an. Sogar das Seezeichen verschwand. Das Jahr 1995 begann ebenfalls mit mehreren schweren Sturmfluten. Im Oktober 1996 strandete auf der Insel Juist ein Küstenmotorschiff aufgrund einer ignorierten Sturmflutwarnung. Die 2. Allerheiligensturmflut am 1./2. November 2006 richtete schwere Schäden an. Tiefe Dünenabbrüche waren an den Randdünen zu verzeichnen. Der Orkan Kyrill im Januar 2007 wartete auf mit Geschwindigkeiten bis zu Windstärke 12. Er legte ebenfalls den Fährverkehr für kurze Zeit lahm, die gefürchtete Sturmflut und größere Schäden blieben aber glücklicherweise aus. Noch im gleichen Jahr machte eine weitere Sturmflut im November der Insel zu schaffen. Das Orkantief „Christian" fegte im Oktober 2013 über die Insel. Böen von 170 km/h zerstörten viel. Bäume stürzten um, zahlreiche Dächer verloren Dachziegel, Zäune wurden aus der Verankerung gerissen, Straßenlaternen beschädigt, der Schiffsverkehr und auch die Zugverbindung wurden eingestellt. Im Hafen wurden Koffercontainer, Postwagen, Kofferkarren, Strandkörbe und vieles mehr umgeweht.

Zudem strandete zuvor ein 10 m langer Zweimaster in der Nähe der Wilhelmshöhe. Der Kapitän wurde tot geborgen. Das Orkantief riss das Boot mit sich, das später am Norderneyer Strand aufgefunden wurde.

Nur fünf Wochen später, am 5. und 6. Dezember 2013 fegte der Orkan „Xaver" über die Insel. Bereits Tage vorher wurden Vorsichtsmaßnahmen getroffen. Die Deichscharten wurden geschlossen und alles, was wegfliegen konnte, in Sicherheit gebracht. Schiffs- und Zugverbindungen wurden zuvor eingestellt. Diese Nikolausflut brachte die zweithöchste Sturmflut seit Beginn der Wetteraufzeichnungen. Der Wasserstand stieg höher als die große Sturmflut von 1962, die insgesamt 340 Menschen das Leben kostete. Auf den Inseln und an der Küste entstanden jedoch keine

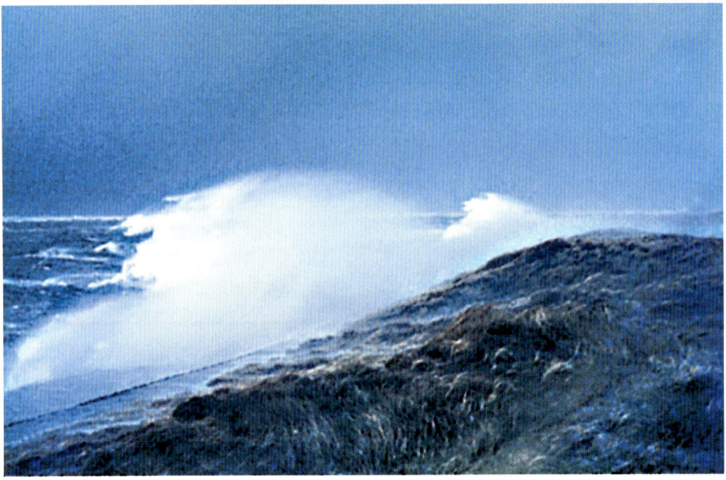

Sturmflut

außergewöhnlichen Schäden. Die erheblichen Investitionen von mehr als zwei Milliarden Euro, die das Land in den Küsten- und Inselschutz investierte, machten sich bezahlt. Die Schäden blieben gering, da die Deiche erheblich erhöht und verbessert worden waren. Das Hafengelände auf Juist wurde überspült. Die Bänke und selbst die Brücke zu den Fähren standen unter Wasser. Auch die Salzwiesen wurden komplett überspült. Hier stand der Scheitel des Hochwassers bis zur Hälfte des Deiches. Die Deichscharten am Flugplatz, am Hafen und vorm Loog wurden geschlossen und mit Sandsäcken verstärkt. Sie haben gehalten. Da das Orkantief aus Nordwesten, der ungünstigsten Windrichtung für die Inseln, kam, wurden die größten Schäden an den Bill-Dünen verzeichnet. Juist wurde hier von allen Inseln am schlimmsten getroffen. Auf einer Länge von 1000 Metern wurde die Dünenkette westlich des Hammersees bis zu einer Tiefe von 28 Metern zerstört.

Interessante Bilder von der Situation auf Juist während des Orkantiefs können auf www.facebook.com/juist.de oder z. B. www.juist-bilderbuch.de gefunden werden.

Entgegen dem Orkantief aus Nordwest wird das Wasser bei starkem Ost- oder Südostwind aus der Deutschen Bucht und dem Wattenmeer herausgedrückt. Selbst bei Flut läuft so wenig Wasser ins Watt, dass der Fährverkehr zum Erliegen kommt. Im Februar 1991 blockierten Ostwind und Eis für zwei Wochen den Schiffsverkehr. Fast 3000 Personen und 45 000 kg Fracht mussten per Flugzeug transportiert werden. Ostwind und Eis legten im Januar 1993 wieder einmal die Schifffahrt für eine Woche lahm. Ca. 3500 Weihnachts- und Neujahrsgäste mussten per Lufttaxi zum Festland transportiert werden. Anfang 2004 wurde die Schifffahrt durch starken Ostwind blockiert. 2009 lief z. B. die Frisia VI bei Niedrigwasser auf Grund und saß so zwölf Stunden lang mit fast 200 Personen an Bord im Watt fest. 2011 lief ebenfalls der Frachter TINA bei starkem Südostwind im Juister Watt auf Grund. Der mit Baumaterial beladene Frachter kam erst vier Tage später wieder frei. Im gleichen Jahr wurde bei einem Unwetter im August am Flugplatz eine Windstärke von 120 km/h gemessen. Im März 2013 wurden aufgrund lang anhaltenden starken Ostwindes vorsichtshalber wieder mehrere Fährverbindungen gestrichen. Der Wintereinbruch zu Beginn der Osterferien in Nordrhein-Westfalen bescherte einigen Gästen aufgrund des Niedrigwassers eine Nacht in Norddeich Mole auf der Frisia II. Heutzutage braucht man in Kenntnis der gegen den Uhrzeigersinn drehenden Luftmassen der Großwettersituation auf der Nordhalbkugel nicht mehr vor den Weissagungen eines Insulaners zu erblassen, wenn er die Nase nach Südwesten in den Wind hält und sagt: „Dat gifft slecht Weer.“ Seine Erfahrung besagt lediglich, dass im Vorfeld eines anrückenden Tiefs mit „schlechtem Wetter“ der Wind immer aus Südwesten weht. Dreht er hingegen auf West, Nordwest oder Nord, so klart es auf und das sogenannte Rückseitenwetter, das so typisch für die Nordsee scheint, bringt klare Luft. Der Gast kann sich auf schöne Tage auf Juist freuen.

Erwähnt sei noch die bei Strahlungswetter auftretende Erscheinung der als „Land- und Seewinde“ bekannten Luftzirkulationen. Dabei ist besonders der Seewind von Bedeutung, weil er keine „stagnierende Hitze“ entstehen lässt, was vor allem an sehr heißen Tagen für die Gäste den Aufenthalt an der See so angenehm macht. Die kräftige Luftbewegung be-

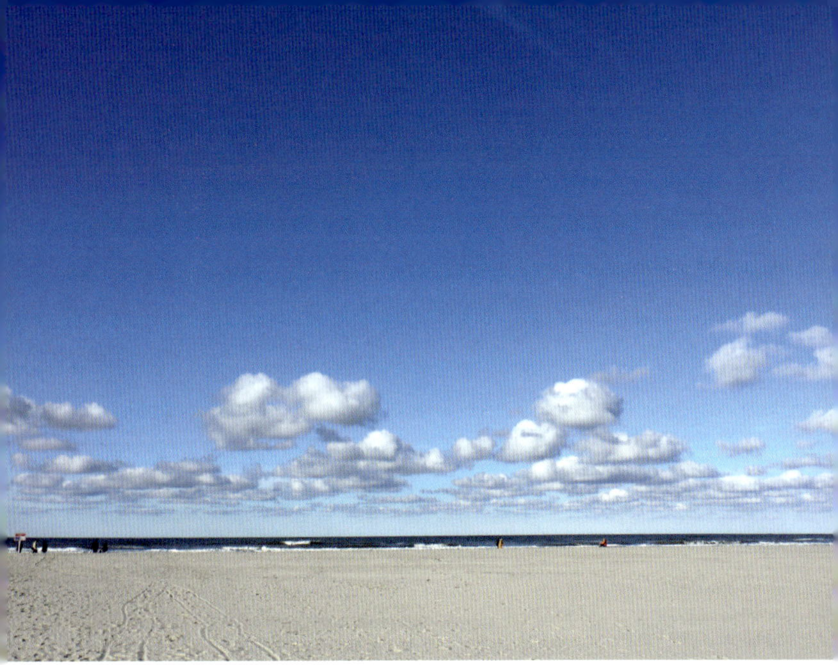

Klare Seeluft

wirkt auch, dass nach einem Regenschauer Strand und Dünen innerhalb kurzer Zeit wieder trocknen. So bleibt die Störung des Badebetriebes durch einen gelegentlichen Schauer gering. Selten interessiert man sich für das Klima und die Windstärken so sehr wie im Urlaub an der Küste. Hier hat man Zeit und ist dem Wind viel häufiger und auch bewusster ausgesetzt als zu Hause im Binnenland. Die Wettervorhersagen sind täglich bei der Kurverwaltung ausgehängt. Die Tabelle auf Seite 72 erklärt, was sich hinter den Angaben der unterschiedlichen Windgeschwindigkeiten verbirgt.

3.4. Sonnenscheindauer und Strahlungsklima

Trotz der überdurchschnittlich hohen Niederschläge scheint die Sonne in Ostfriesland länger als im übrigen Niedersachsen. Die Sonnenscheindauer nimmt von Südosten nach Nordwesten hin zu. Sie beläuft sich auf rund 1650 Stunden Sonnenschein in Aurich. Auf den Inseln scheint sie mehr als 1750 Stunden im Jahr. Im Jahr 2010 konnte Juist einen Rekord vermelden: Mit 1983 Sonnenstunden war die Insel der sonnigste Ort Deutschlands! Die Intensität der Sonnenstrahlung wird, abgesehen von kosmischen Einflüssen, durch die Strahlungsverluste in der Atmosphäre mit ihrem Wasserdampf und ihren Schwebestoffen bestimmt. Nur ein kleiner Teil der direkten und der durch die Atmosphäre zerstreuten Strahlung gelangt auf die Erdoberfläche. Wichtig ist, dass die Seeluft einen weit größeren Reinheitsgrad besitzt als Landluft. Der Wasserdampfgehalt der Seeluft ist zwar größer als in der Binnenlandluft, doch ist der Gehalt an Schwebstoffen weit geringer. Diese Dunststoffe haben eine weit stärker trübende Kraft als der Wasserdampf. Das Strahlungsklima der Inseln ist damit wesentlich ausgeprägter als das festländischer Orte.

3.5. Das Reizklima

An der Küste und auf den Ostfriesischen Inseln herrscht ein ausgesprochen gesundes Reizklima, das nicht zuletzt durch die salz- und jodhaltige Luft hervorgerufen wird. Die heilende Wirkung des Klimas wird durch die abhärtende Wirkung der Winde ergänzt und durch eine intensivere Sonnenstrahlung, aufgrund der staub- und keimfreien Luft, abgerundet.

Die Wirkung des Reizklimas der Insel beruht vor allem auf der klimatischen Umstellung des Organismus. Daher ist die medizinische Wirkung des Klimas besonders groß beim erholungssuchenden Gast aus dem Binnenland. Der eigentliche Reiz vergrößert sich, je mehr das gewohnte klimatische Umfeld, wie z. B. ein Großstadtklima, vom Inselklima abweicht. Das Reizklima beeinflusst besonders zwei menschliche Organe: die äußere Haut und die Atemwege. Die UV-Strahlung führt zu verstärkter Pigmentbildung, die einen Schutzschild der Haut darstellt. Am Strand und vor allem bei windigem Wetter und Brandung enthält die staubfreie Luft besonders große Beimengungen von Mee ressalzen. Diese gelangen mit der Atemluft in die Lungen und führen zu einer Belebung des Mineralstoffwechsels im Körper und zu erhöhtem Gasaustausch in der Lunge. Die feuchte Seeluft wirkt so heilungsfördernd auf die Atemwege und Schleimhäute. Je näher wir am Wasser wandern, desto stärker ist die heilende Wirkung. Mit 31,5 g Salz pro Liter Meereswasser enthält das Juister Salzwasser ideale Voraussetzungen für die Thalassotherapie.

4. Inselrundweg

Einige Hinweise zu Beginn des Inselspazierganges:
Die Insel Juist ist autofrei und eignet sich daher hervorragend für Wanderungen. Auch wenn es viele Nationalpark- und Naturschutz-Areale gibt, die nicht betreten werden dürfen, gibt es doch genügend Wege, um sich viele Tage in immer wieder neuem Umfeld per pedes zu bewegen. Einige Wege gehören dem bestehenden grün markierten Wegenetz an.
Die idealen Jahreszeiten zur Erkundung der Insel zu Fuß sind Frühjahr und Herbst. Von einem Ende der Insel zum anderen sind es 17 km. Den Strand entlang und im Inselinneren wieder zurück ist ein beliebter, aber langer Marsch. Da an den Endpunkten keine Busse verkehren, die einen zurückbringen, und man nur mit viel Glück eine Kutsche erwischt, sollte man sich die Strecke gut einteilen. Ein Rundgang durch den Ort, der Weg zum Hafen oder auch ein Spaziergang zum Strand eignen sich zu einer gemütlichen Nachmittagstour. Ist eine Tour entlang des Strandes geplant, so ist der Blick in den Gezeitenkalender unerlässlich. Dieser ist erhältlich bei der Kurverwaltung, im Strandlooper oder im Internet. Bei Hochwasser gerät man in den weichen Sand, in dem das Gehen auf die Dauer sehr mühsam ist. Bei Ebbe ist der harte Untergrund ideal für Fußmärsche. Daher sollten Sie Ihre Strandwanderung bei ablaufendem Wasser beginnen. Weiterhin empfiehlt es sich, den Strand barfuß zu erobern und die schweren Wanderstiefel oder die muffigen Stadttreter nur für spätere Landgänge parat zu halten.

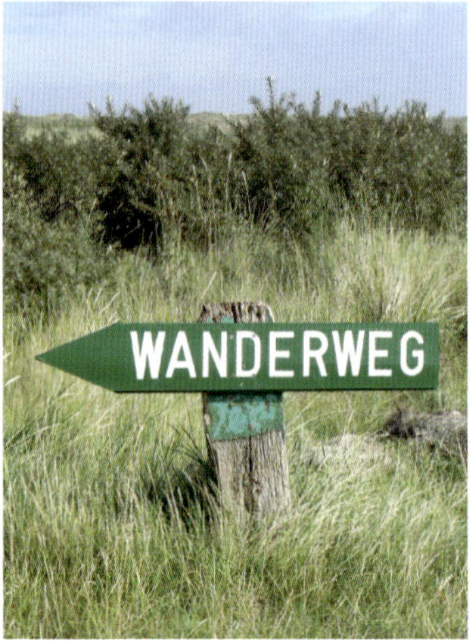

Wenn es Ihnen möglich ist, dann nehmen Sie bei ihrer Inselerkundung ein Fernglas und eine Karte von Juist mit. Sind Sie nicht im Besitz eines Fernglases, so ist es möglich, sich im Nationalpark-Haus Juist, Carl-Stegmann-Straße 5, Tel. 04935/1595 hochwertige Exemplare auszuleihen. Sie werden erkennen, dass die Natur der Insel Juist von besonderer Einzigartigkeit und Schönheit ist.

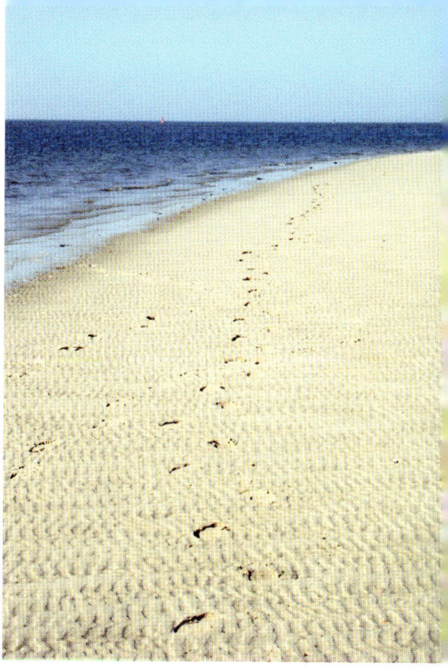

Eine Bitte, bevor es losgeht:

- Benutzen Sie nur die ausgewiesenen Wege. Ein weitläufiges Wegenetz erschließt Ihnen die Natur. Dünen mit intakter Pflanzendecke sind die Lebensversicherung der Insulaner und Gäste gegen Sturmfluten.
- Pflücken Sie keine Pflanzen.
- Vermeiden Sie Lärm.
- Leinen Sie Ihre Hunde an.
- Lassen Sie keinen Abfall zurück.
- Nehmen Sie keine Jungtiere oder Eier mit, auch dann nicht, wenn diese mutterseelenallein zu sein scheinen. Die Elterntiere sind mit Sicherheit in der Nähe und warten nur darauf, dass Sie das Gelände verlassen.
- Bitte füttern Sie keine Möwen. Diese übertragen Krankheiten und gefährden andere Vögel (Salmonellengefahr). Die Ausscheidungen sind ätzend. Möwen haben keine natürlichen Feinde, sind aber Feinde vieler anderer Vögel.
- Gönnen Sie den erschöpften und hungrigen Zug- und Brutvögeln mit ihren Küken absolute Ruhe; also nähern Sie sich ihnen nicht.
- Gehen Sie nie näher als max. 300 m an einen jungen, dem Anschein nach hilflosen Seehund heran. Jede Beunruhigung oder Flucht ohne Mutter zurück in das Meer kann für den kleinen Seehund tödlich sein. Informieren Sie auch andere Gäste, dass sie sich nicht annähern sollen.

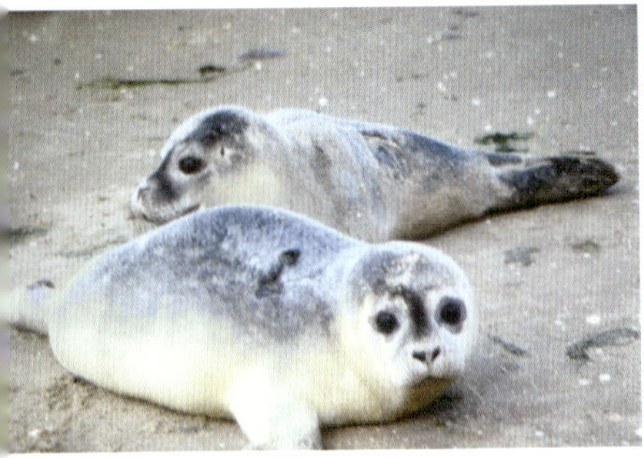

- Finden Sie einen verletzten oder toten Seehund, wenden Sie sich bitte an die Seehundstation in Norden-Norddeich 04931/ 8919. Neun von zehn Jungtieren landen aufgrund menschlichen Fehlverhaltens in Aufzuchtstationen.
- Finden Sie einen verletzten, toten oder verölten Vogel, wenden Sie sich bitte ebenfalls an das Nationalpark-Haus. Bitte bedenken Sie, dass nicht jeder flügellahme Vogel wirklich verletzt sein muss. Sie sind gute Schauspieler, wenn es darum geht, mögliche Feinde vom Nest wegzulocken. Also geben Sie acht bei Ihren nächsten Schritten.
- Lassen Sie nichts zurück außer Fußabdrücken und nehmen Sie nichts mit außer Bildern und unvergesslichen Eindrücken.
- Helfen Sie mit bei der Überwachung der Schutzgebiete. Informieren Sie bitte bei Übergriffen die Naturschutzorgane oder die Polizei.

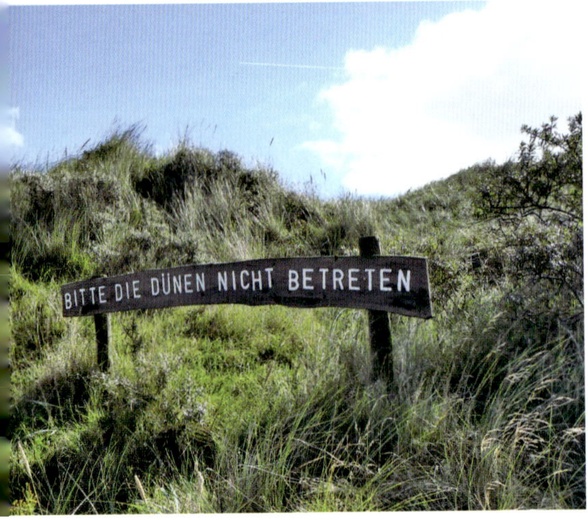

Auf diese Weise leisten auch Sie einen persönlichen Beitrag, dass die schützenswerten Schönheiten der Inselnatur, die Sie jetzt gerade genießen, auch kommenden Generationen erhalten bleiben. Vielen Dank für Ihre Mithilfe!

Und nun viel Spaß bei Ihrem Inselspaziergang!

1. Teil: Spaziergang durch den Ort (ca. 7 km)

Ich möchte Sie auf einen Spaziergang durch den Ort einladen, um Sie auf die Besonderheiten dieser Insel aufmerksam zu machen. Lassen Sie sich ein auf einen interessanten Dorfspaziergang, der Ihnen Erstaunliches und Alltägliches über ihr Urlaubsziel näherbringt. Es lohnt sich!

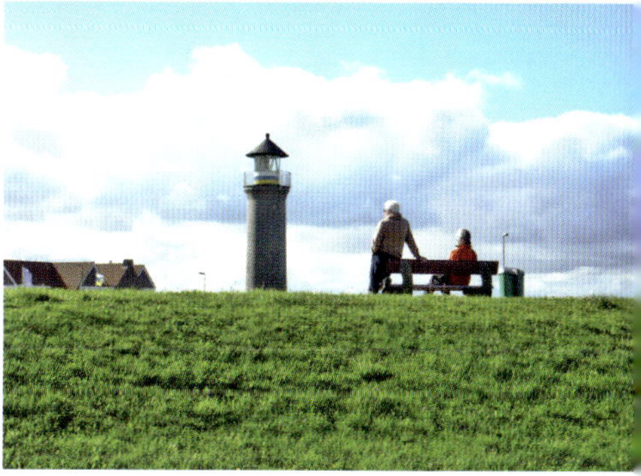

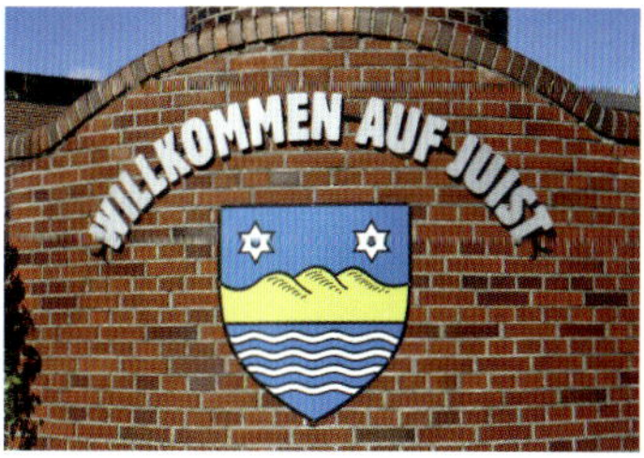

Wir beginnen unseren Spaziergang durch den Ort am modernen Wahrzeichen der Insel, dem im Jahre 2008 gebauten 17 m hohen Seezeichen an der **Seebrücke** ❶, die uns schon bei der Ankunft im Hafen aufgefallen ist. Wir schlendern entlang des **Hafenbeckens** ❷ und laufen zum **Leuchtturm „Memmertfeuer"** ❸. Wenn Sie Glück haben, ist der Turm gerade geöffnet, wenn nicht, dann notieren Sie sich die Öffnungszeiten, um ihn ein anderes Mal zu besteigen, die Aussicht lohnt sich.

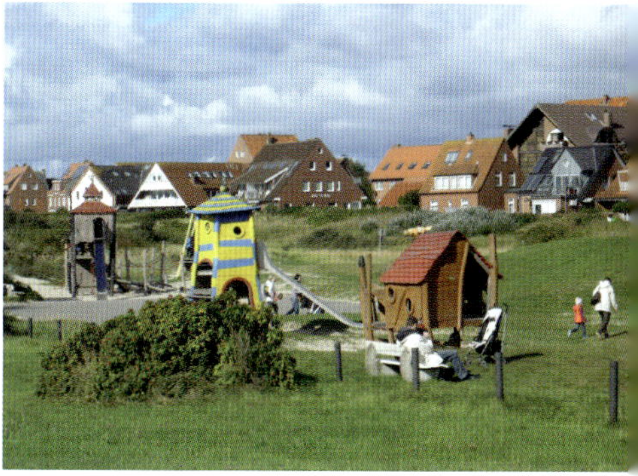

Wir laufen zurück Richtung Dorf und passieren dabei wieder automatisch, wie auch schon bei unserer Ankunft, die Deichscharte des **Süddeiches** ❹. Besonders zu beachten sind der Querschnitt des Dammes, die Schlitze in der Mauer und das Glasmosaik.

Der Bahnhofstraße folgend Richtung Dorf kommen wir sowohl am Spielplatz als auch den Boule-Plätzen vorbei. Nach der Turmuhr an der Gaststätte „Kompass", die uns „Willkommen" heißt, biegen wir links in die Carl-Stegmann-Straße ein. Hier im alten Inselbahnhof befindet

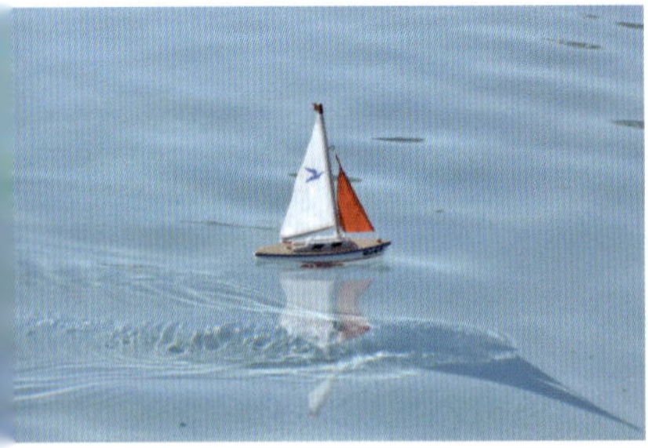

sich das **Nationalpark-Haus Juist** ❺. Schauen Sie einfach mal rein. Die interessante Ausstellung ist kostenlos, Spenden sind jedoch immer gern gesehen. Vergessen Sie nicht, sich auf alle Fälle ein Programm mitzunehmen, um sich über die Termine der nächsten Vorträge und Exkursionen zu informieren.

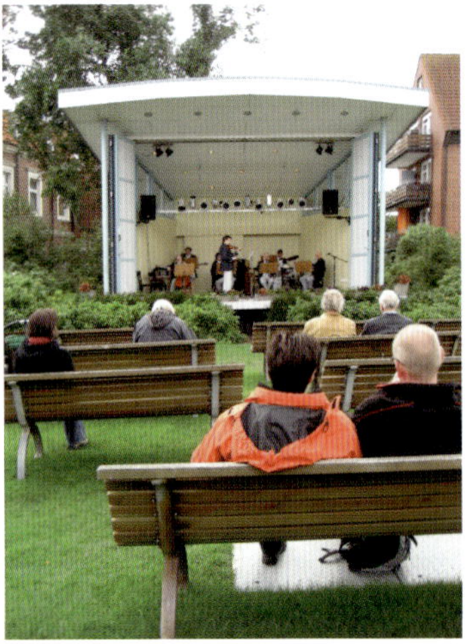

Unser Spaziergang durch den Ort führt uns weiter die Bahnhofstraße entlang, vorbei am 2005 neu gestalteten Kurplatz, dem Kurpavillon und Schiffchenteich. Hier im Ortszentrum ist immer etwas los. Lauschen Sie den regelmäßigen Konzerten des Kurorchesters im Musikpavillon. Der Schiffchenteich ist übrigens eine ernst zu nehmende Sache. Generationen von Kindern haben hier schon ihre Prachtstücke, meistens Marke Eigenbau, zu Wasser gelassen. An der Kreuzung zur Wilhelmstraße blicken wir nach rechts und sehen schon die sechste **evangelische Kirche** ❻ vor uns liegen. Die Straße ist übrigens nach Kaiser Wilhelm II. benannt.

Nach dem Besuch der ev. Kirche laufen wir links an der Kirche mit dem dazugehörigem Friedhof, dann die Mittelstraße entlang, an der Feuerwehr vorbei bis zum Ende der Straße. An der Karl-Wagner-Straße biegen wir links ab. An der Kreuzung zur Dünenstraße sehen wir einen alten Bootsschuppen, in dem das Kutschenmuseum 7 untergebracht ist. Wir folgen der Dünenstraße Richtung Ort zur Herrenstrandstraße / Ecke Herrenpfad bis zur modernen katholischen Kirche 8.

Über diese Straße erreichten früher die männlichen Kurgäste den Badestrand.

Die weiblichen Kurgäste erreichten den Damenstrand über den 600 m entfernten Damenpfad.

Wir betreten die moderne katholische Kirche mit dem interessanten Freskogemälde, den Rundfenstern und den Bodenplatten.

Nach der Besichtigung der Kirche steuern wir den **Janusplatz** 9 an und schlagen den Weg in den Park ein. Hier befindet sich versteckt das bekannte **Lütje Teehuus** 9 in einem der alten Insulanerhäuschen. Schauen Sie doch einfach mal herein.

Wir verlassen den Park Richtung Ort und gelangen so auf die Friesenstraße. Zwischen dem Janusplatz und der Kurverwaltung

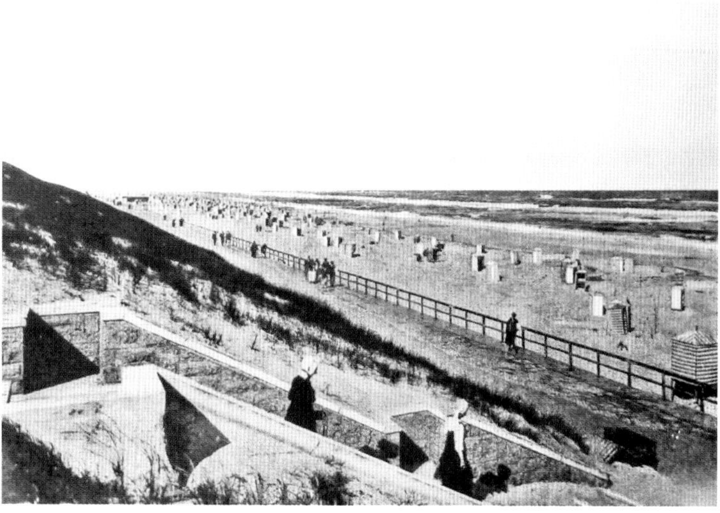

Herrenstrandtreppe um 1920

liegt das **Haus Siebje** ⑩, ebenfalls ein altes Insulanerhaus. Werfen Sie doch mal einen Blick hinein.

Das Nachbargebäude ist das 1899 errichtete Warmbadehaus der Insel, in dem sich heute u. a. das Standesamt und eine Arztpraxis befinden. Danach folgen wir der Friesenstraße, bis wir in der Mitte des Ortes auf das **Rathaus** ⑪ stoßen. Hier ist die Kurverwaltung mit Zimmernachweis und Kurbeitragskasse beheimatet. Es lohnt sich stets ein Besuch und ein Blick auf die vielen Aushänge.

Von hier aus geht es weiter, die Strandstraße entlang, vorbei an Geschäften und Kunstwerkstätten, hinauf auf die Düne, bis hin zur **Strandpromenade** ⑫. Zur Rechten fallen die Skulpturen und zur Linken das **Historische Kurhaus** mit der riesigen Glaskuppel auf. Es wurde erst 1996/97 weitestgehend originalgetreu restauriert. Bevor wir rechts in die durch die weißen Dünen führende Strandpromenade einbiegen, besteigen wir links die Aussichtsplattform, die uns einen wunderbaren Ausblick sowohl über den Ort als auch den Strand und die Nordsee gewährt. Die Strandpromenade lädt danach zum Flanieren ein, wo Sie z. B. in der Strandhalle zum Kaffeetrinken verweilen können.

Weiter geht es entlang der Strandpromenade, vorbei am Meerwassererlebnisbad den Weg hinauf zum **Wasserturm** ⑬ oder zum Haus des Kurgastes. Hier befinden sich zwei schöne **Aussichtspunkte** ⑬, der eine direkt am Fuße des Wasserturms, der andere auf der Dorfseite vor dem Haus des Kurgastes. Haben Sie erst einmal diese Aussichtspunkte entdeckt, werden Sie sicherlich des Öfteren wiederkommen. Versuchen Sie hier stets ein Fernglas und eine Karte, die auch die Nachbarinseln enthält, mitzubringen. Ein Besuch dieser Aussichtspunkte lohnt sich aber auf jeden Fall auch ohne Fernglas und Karte, egal zu welcher Tages- und Jahreszeit.

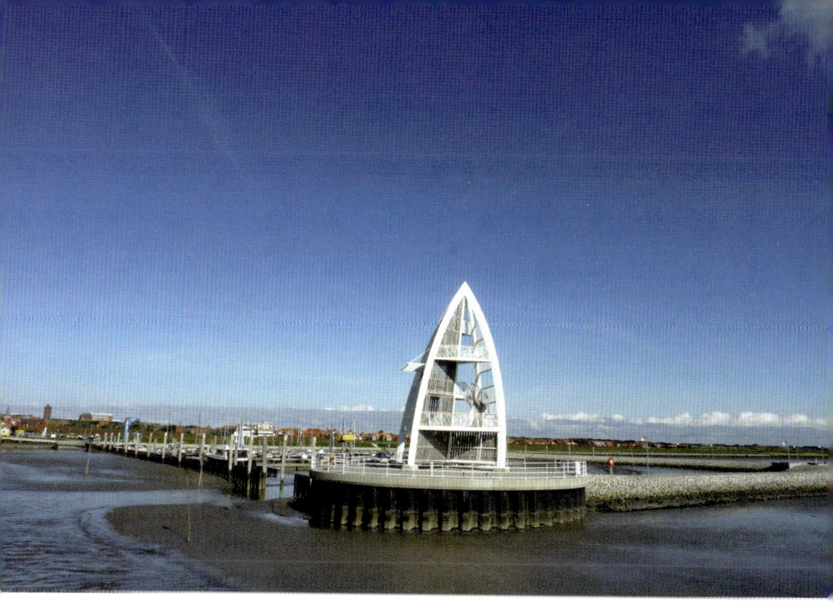

Standort 1: Seezeichen Seebrücke

Der Blick auf Juist während der Fährfahrt hat sich in den letzten Jahren gewandelt. Seit 2008 steht an der Hafeneinfahrt ein 17 m hohes Seezeichen. Es hat die Form einer im Wasser treibenden Boje. Durch sein imposantes Erscheinungsbild ist es mittlerweile zum Wahrzeichen der Insel geworden. Neben dem Seezeichen auf der Seebrücke besitzt die Insel zwei weitere Seezeichen: die Westbake an der Bill und die Ostbake am Kalfamer. Die Kapitäne auf See erkennen die Seezeichen (Baken) und wissen so, wo sie sich vor der Insel befinden. Die Baken sind in den Seekarten eingezeichnet.

Das Seezeichen auf der Mole ist frei zugänglich. Der Fußweg auf der 350 m langen Seebrücke führt entlang des Sportboothafens 2 bis zum Treppenaufgang. Besonders bei der Ankunft und Abfahrt der Schiffe ist das Seezeichen ein beliebter Aussichtspunkt.

Geografische Lage:
53° 40′ 18″ N, 6° 59′ 54″ O

Die Kosten für Seebrücke und Seezeichen von fast sechs Millionen Euro führten unter den Insulanern im Vorfeld zu heftigen Diskussionen. Trotz EU und Landesfördermitteln hatte die Inselgemeinde einen Eigenanteil von 1,2 Millionen Euro aufzubringen. Das Seezeichen und die See-

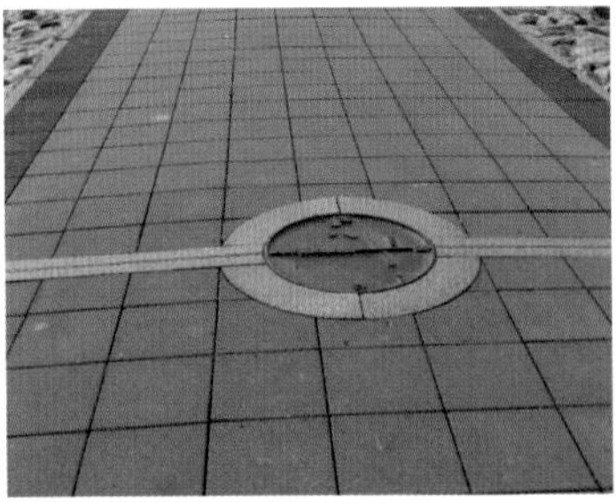

brücke führten allerdings zu einer touristischen Aufwertung des Juister Hafenbereiches. Sie entwickelten sich schnell zum neuen Wahrzeichen der Insel. Den Bewohnern und Juistgästen ist es nun möglich, auf einer Promenade zur Hafeneinfahrt zu flanieren und die Gesamtsituation des Hafenbereiches wie auch die Insel selbst ganz neu wahrzunehmen.
Bei weiterem Interesse an den Seezeichen der Ostfriesischen Inseln schauen Sie im Internet nach unter „Liste der Baken auf den Ostfriesischen Inseln".
Auf dem Weg zum Seezeichen queren wir eine Markierung für den siebten Längengrad, der die Insel in nord-südlicher Richtung quert. Der Juister Heimatverein hat es sich zur Aufgabe gemacht, den Längengrad auf der Insel an verschiedenen Stellen sichtbar zu machen. Messungen haben ergeben, dass dieser sich eigentlich etwas weiter östlich im Watt befindet. Diese kleine Abweichung schmälert allerdings nicht den Symbolcharakter und Informationsgehalt.

Standort 2: Der Juister Hafen

Der Juister Hafen besteht aus mehreren Teilbereichen mit vielfältigen Funktionen und ist immer einen Spaziergang wert.
Neben dem Fährhafen und Frachthafen sind hier auch der Sportboothafen und die Liegeplätze für das Rettungsboot und das Ausflugsboot beheimatet. Zudem befinden sich hier der Müllumschlagplatz, die Abfertigungshalle für den Güterverkehr, eine Servicestelle der Kurverwaltung und das Hafenrestaurant.
Im Juister Fährhafen liegen die Schiffe der Reederei Norden-Frisia. Die Aktiengesellschaft Reederei Norden-Frisia ist seit über 140 Jahren für den Schiffsverkehr zu den Inseln Norderney und Juist zuständig. Informationen zu Tickets und Fahrplänen gibt es unter www.reederei-frisia.de.
Bis 1982 unternahmen die Juister Gäste eine weitaus abenteuerlichere Anreise zu ihrer Lieblings-

insel. Der Schiffsanleger befand sich damals weit draußen im Watt, einige 100 m weiter südwestlich vom heutigen Hafen. Die Gäste stiegen dort um auf die Inselbahn, die durch das Watt, sogar oft scheinbar durch das Was-

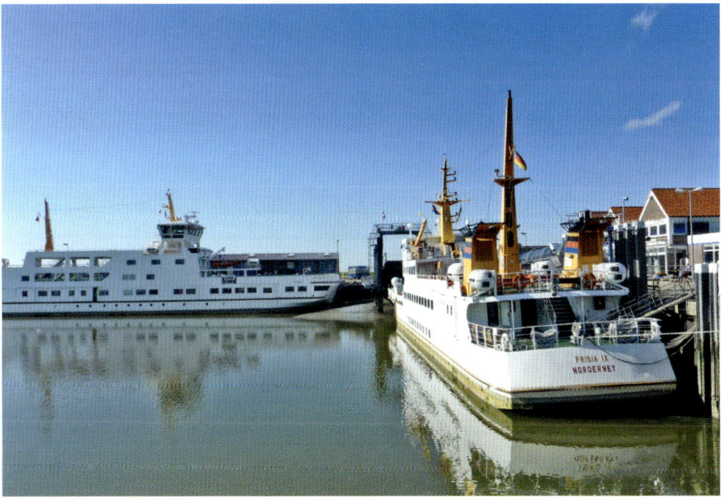

ser zur Insel fuhr. Sie stiegen aus am Inselbahnhof, der heutigen Gaststätte Kompass. Der ehemalige Bahnsteig ist heute noch erkennbar. Aufgrund zunehmender Abnutzungserscheinungen und Instandhaltungskosten wurde der heute umstrittene Beschluss gefasst, einen ortsnahen Hafen zu bauen. Der Schiffsanleger wurde abgebaut und der neue Hafen mit Hafenbetriebsgebäude und angrenzendem Gelände konnte eingeweiht werden.

Die Fähren verkehren tideabhän-

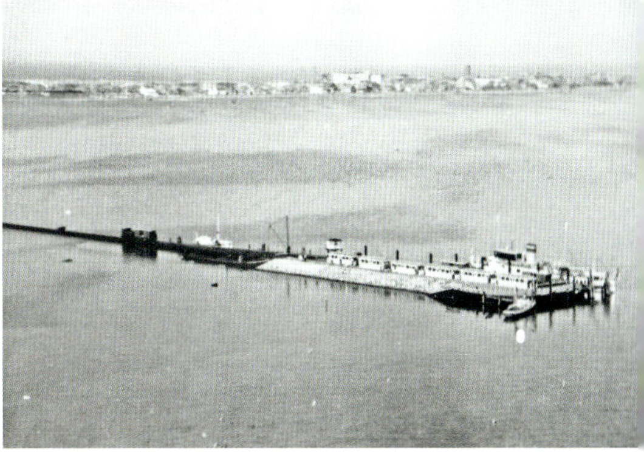

Alte Juister Landungsbrücke
Bild: Alt Juist Verlag Heimatverein Juist e.V.

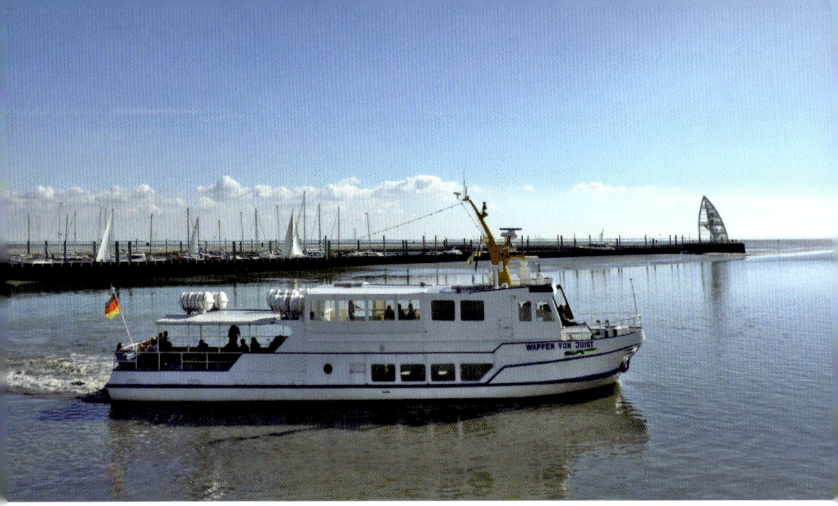

Die „Wappen von Juist“

gig ein- bis zweimal am Tag in Richtung Norddeich Mole. Die Überfahrt dauert in der Regel ca. 90 Minuten, was sich je nach Wasserstand und Windgeschwindigkeiten natürlich ändern kann. Selbst das Wattfahrwasser unterliegt ständigen Veränderungen (s. Standort 18). In den Sommermonaten Juli bis September verkehren die Fähren zweimal täglich zum Festland und zurück. Die Fahrgastschiffe sind Frisia II, VI, IX und X. Die Frisia VII ist ein Landungsschiff und versorgt die Insel mit schweren Gütern. 2001 erhielt das Hafenbetriebsgebäude einen Anbau mit direkter Brückenverbindung zum Fährschiff.

Östlich vom Fähranleger liegt das Ausflugsschiff „Wappen von Juist“. Es bietet regelmäßig interessante Tagesausflüge nach Borkum und Norderney oder Ausflugsfahrten zu den Seehundsbänken, rund um die Vogelinsel Memmert oder Krabbenfangfahrten an. Es ist seit 1974 hier beheimatet und hieß zuvor „La Paloma“. Das 1968 gebaute Ausflugsschiff wird jährlich zur Wintersaison zur Heimatwerft nach Westerende-Kirchloog gebracht, wo es an Land geholt und bis zum Frühjahr eingelagert wird. Pünktlich zur neuen Saison erscheint es wieder im Juister Hafen, um für Gäste die beliebten Ausflugsfahrten anzubieten.

Neben der „Wappen von Juist“ ist das Seenotrettungsboot „Woltera“ der Deutschen Gesellschaft zur Rettung Schiffbrüchiger (DGzRS) hier beheimatet. Es löste 2006 das seit 1993 stationierte

Boot „Juist“ ab. Das Seenotrettungsboot ist 9,5 m lang und kann mit seinen 320 PS ca. 18 Knoten erreichen. Die Besatzung besteht aus ehrenamtlichen Mitarbeitern. Die DGzRS wird ausschließlich durch freiwillige Beiträge und Spenden und ohne staatliche Zuschüsse finanziert. Das Boot liegt direkt gegenüber dem 2002 eingeweihten Otto-Mann-Haus, dem Stationshaus der DGzRS. Die Juister Station feierte 2011 bereits ihr 150- jähriges Bestehen.

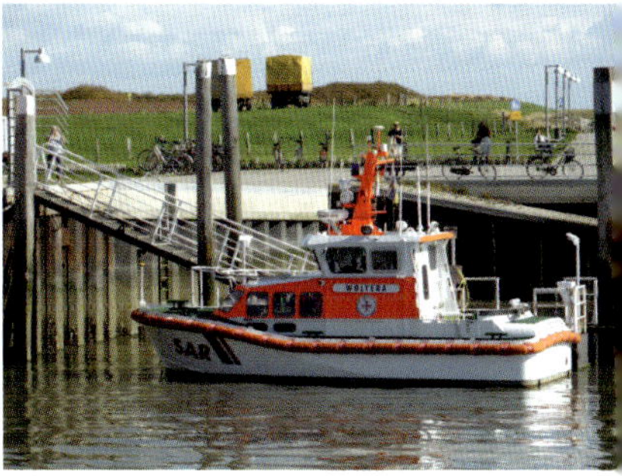

Seenotrettungsboot „Woltera“

Mit der Fertigstellung des neuen Seezeichens entstand 2008 auch ein neuer Sportboothafen, der durch die neue Seebrücke eingefasst wird. Er verfügt über 212 Liegeplätze. Der Segelclub Juist feierte hier 2011 sein 75-jähriges Bestehen. Eine Schwallschutzwand trennt den Sportboothafen vom Fährhafen. Die ursprünglichen Planungen erhofften durch die Abgrenzung zum Watt eine Verringerung des Sedimenteintrags, was die Unterhaltungskosten für die Kommune reduziert hätte. Entgegen den Erwartungen muss der angeschwemmte Schlick leider jährlich mühsam mit dem Spezialbagger „Seekrabbe“ ausgebaggert werden.

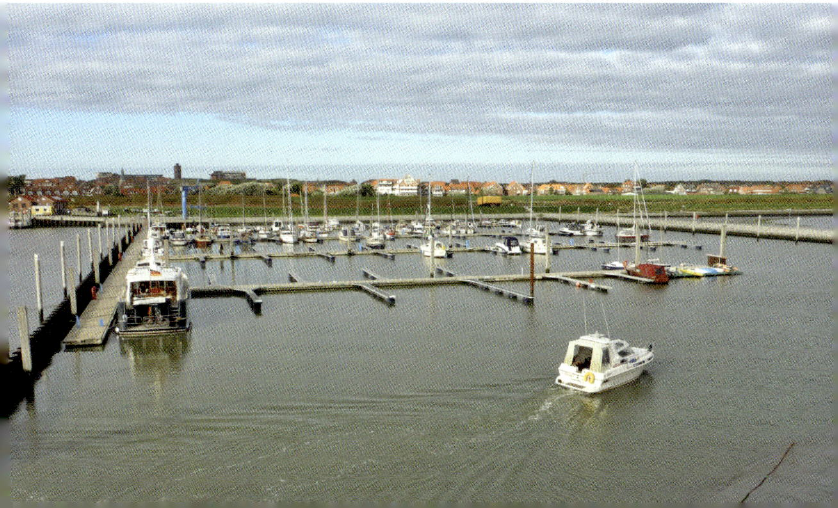

Aufgrund der beengten Fahrwasserverhältnisse im Hafen ist ein Begegnungsverkehr zwischen Berufs- und Sportbootverkehr nicht möglich. Letzterer wird gebeten, dem Fährverkehr Vorfahrt einzuräumen.

Standort ③: Leuchtturm Memmertfeuer

Vom Hafen aus Richtung Ort geht es zum Leuchtturm „Memmertfeuer“, der am 29. 12. 1992 auf Juist eingeweiht wurde.
Im Jahre 1900 wurde erstmals auf der unbewohnten Nachbarinsel Juists, der heutigen Vogelschutzinsel Memmert, ein hölzernes festes Seezeichen errichtet. Ein halbes Jahr später jedoch wurde diese Bake Memmert durch eine hohe Sturmflut wieder zerstört. Noch im gleichen Jahr wurde eine neue Bake errichtet, die allerdings auch nicht lange halten sollte. Die nächste Bake wurde stabiler gebaut. Der Unterbau des neuen Seezeichens wurde aus Eichenpfählen, der Aufbau aus Kiefernkanthölzern errichtet. Dieses Bauwerk hatte 21 Jahre Bestand, bis auch hier der Zahn der Zeit und die Kräfte der Natur die Oberhand gewannen. 1931 wurde dann die vierte Bake für die Insel Memmert errichtet. Das neue Seezeichen wurde abweichend von den drei Vorgängern jetzt

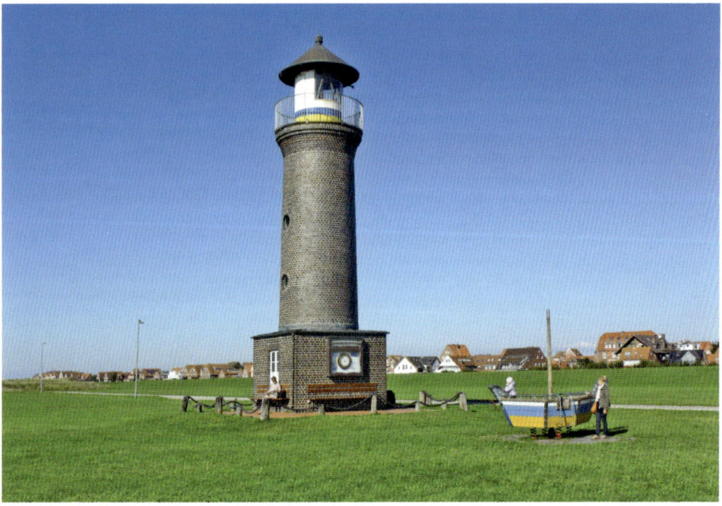

vierseitig und auf niedrige Betonsockel gestellt.
Im Winter 1936/37 ereigneten sich an unserer Küste mehrere schwere Sturmfluten, sodass nicht nur die Randdünen der Insel Memmert fortgerissen, sondern auch das Seezeichen weggespült wurde. Inzwischen war eine andere Entwicklung eingetreten. Man sah von einer erneuten Aufstellung ab und beschloss, zum Zwecke der Fischerei und der Kleinschifffahrt ein Leuchtfeuer zu errichten. So wurde 1932 zunächst probeweise eine Gitterbake mit Gürtellinse in Betrieb genommen. Die Höhe dieser Leuchtbake betrug 14 m und sie wurde mit Ölgas betrieben.
1939 wurden dann die Pläne zum Bau eines steinernen Leuchtturmes mit Laterne und Dach verwirklicht. Die Feuerhöhe betrug 15 m über dem gewöhnlichen Hochwasser. Zum Betrieb der Lichtquelle wurde erstmals elektrischer Strom eingesetzt. Die Bedeutung des Leuchtfeuers auf Memmert als nautisches Hilfsmittel für die gewerbliche Schifffahrt nahm jedoch im Laufe der letzten Jahre immer mehr ab. Die elektronische Ausrüstung der Küstenschiffer und der Fischer wird immer besser und vielseitiger und die Satellitennavigation lässt inzwischen metergenaue Positionsbestimmungen zu. Diese Entwicklung setzt sich auch für den Bereich der Sportboote fort. All diese Tendenzen trugen dazu bei, den Leuchtturm auf Memmert aufzugeben.
Am 14. Juli 1986 erlosch die Lampe auf der Nachbarinsel für immer, das Laternenhaus wurde daraufhin vom Turm abgenommen und nach Emden transportiert. Der Juister Heimatverein bekundete indes Interesse daran, das Laternenhaus nach Juist zu holen, und dokumentierte durch 800 Unterschriften, in nur einer Woche gesammelt, das große Interesse an dem maritimen Wahrzeichen. Dem Wunsch, das Laternenhaus für Juist zu sichern, konnte jedoch nicht entsprochen werden, da das Wasserschifffahrtsamt noch von einer Eigenverwendung ausging.
Erst am 16. August 1989 traf bei der Inselgemeinde ein Schreiben ein, dass nunmehr das Laternenhaus für die Juister zur Verfügung stünde. Ab diesem Zeitpunkt wurde heiß diskutiert, wo das Laternenhaus denn nun welcher Verwendung zukommt. Erwogen wurden eine Verwendung im Ha-

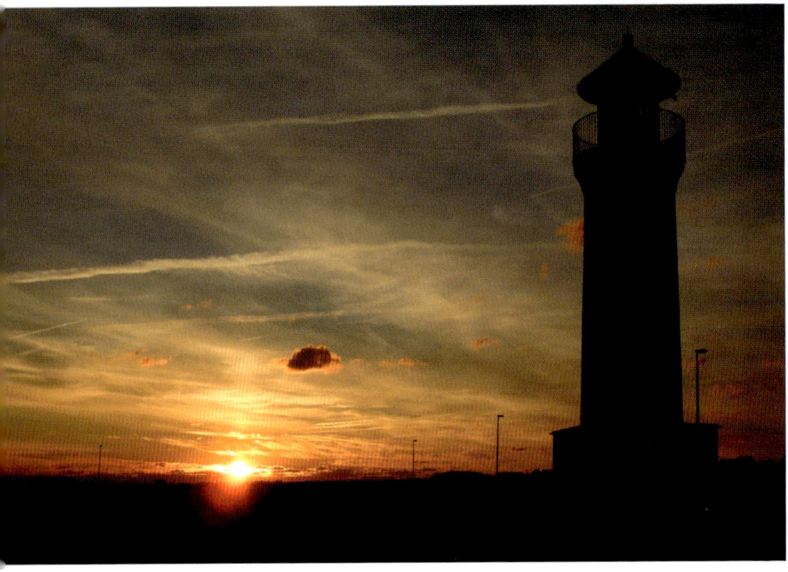

fenbereich, im Küstenmuseum, das allerdings zu wenig Platz aufwies, und eine Verwendung mit Funktion. Beim Niedersächsischen Hafenamt wurde eine Anfrage gestartet, um mit dem Leuchtfeuer eine Richtfeuerstrecke für die Einfahrt zum Juister Hafen zu betreiben. Die Einrichtung einer solchen Richtfeuerstrecke wurde jedoch untersagt. Es wurde klar, dass es nie einen Leuchtturm mit einem Feuer für nautische Zwecke auf Juist geben wird.

Am 20. November 1990 wurde das zweieinhalb Tonnen schwere Lampenhaus durch den Tonnenleger „Norden" am Juister Hafen abgesetzt. Der Juister Heimatverein, der Segelklub Juist e.V. und die Anglergemeinschaft NoPoNiRe AG bildeten eine Patenschaftsgemeinschaft, um die Aufstellung des Memmertfeuers zu fördern. Fest stand zu diesem Zeitpunkt, dass es ein Leuchtfeuer auf Juist geben werde, das sein Licht nicht in Richtung See, sondern auf die Dünen und das Dorf leuchten ließe. Bei folgenden Beratungen stellte sich heraus, dass die Mehrheit der Beteiligten und auch die Inselbewohner einen richtigen Turm für das Lampenhaus wünschten. Sodann fiel eine Entscheidung zugunsten der Errichtung eines Turmes. Dieser konnte dank großzügiger Spenden von Insulanern, Festländern und Gästen fertiggestellt und am 29. Dezember 1992 zum „Lichtanzündfest“ in Betrieb genommen werden. Seitdem erstrahlt das Memmertfeuer im 13-Sekunden-Takt über Juist. Somit verfügt die Insel nun neben den Nachbarinseln Borkum, Norderney und Wangerooge auch über einen Leuchtturm.

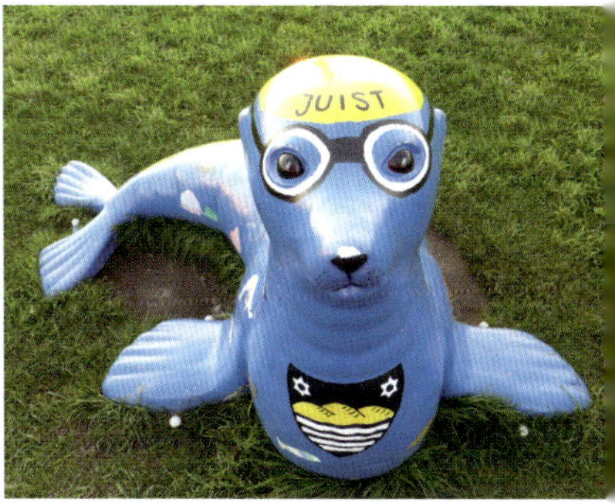

Seerobbe „Billy“ erinnert an das Weltnaturerbe Wattenmeer.

JUIST-STIFTUNG – Eine große Portion Engagement

Im Juister Stadtbild trifft man an vielen Stellen immer wieder auf die Juist-Stiftung. Doch was verbirgt sich dahinter?

Die Juist-Stiftung engagiert sich in Zeiten knapper kommunaler Kassen in vielen Bereichen des Insellebens: Umwelt- und Naturschutz, Gesundheit und Sport, Bildung und Erziehung und vielem mehr. Sie ist gemeinnützig tätig, konfessionell und politisch unabhängig. Seit der Gründung 2006 trägt sie das Gütesiegel des Arbeitskreises Bürgerstiftungen.

Durch Spenden werden Projekte der Insel unterstützt. Neben einigen Dauerprojekten wie z. B. dem Insel-Musikfest, dem Förderkreis der Inselschule, der Pflege der Goldfischteiche und des Kindergartenbusses standen zwei große Projekte auf der Agenda: die Aufstellung von Mehrgenerationen-Fitnessgeräten im Janusplatz An't Dieskant und die „Initiative Memmertfeuer“ zur Renovierung des Leuchtfeuers. Weitere Projekte folgen selbstverständlich.

Wer die Juist-Stiftung unterstützen möchte, findet entsprechende Informationen zu den Projekten und Ansprechpartner unter:
Juist-Stiftung · Postfach 1326 · 26571 Juist
Telefon 04935-1051 · www.juist-stiftung.de.

Der 14 m hohe Leuchtturm kann heutzutage von April bis Oktober zu bestimmten Zeiten bestiegen werden. Er bietet einen beeindruckenden Blick über das Watt und die Insel. Informieren Sie sich über die Öffnungszeiten durch den Aushang am Eingang.
Die Patengemeinschaft NoPoNiRe AG bewirtschaftet und wartet das Bauwerk Memmertfeuer. Nach 20-jährigem Betrieb, in dem Wind und Wetter ihre Spuren hinterlassen haben, standen umfangreiche Sanierungs- und Instandhaltungsarbeiten an. Gemeinsam mit der Juist-Stiftung wurden Gelder gesammelt, um das Leuchtfeuer zu renovieren. 25 000 € wurden der Gemeinde, die Eigentümer ist, übergeben, um die entstehenden Kosten zu decken. Die Glas- und Metallkuppel mit dem Leuchtfeuer wurde im Herbst 2013 vom Turm abgenommen und zur Überholung zum Festland gebracht. In der Wintersaison stand der Turm somit kopflos herum. Seit Frühjahr 2014 erstrahlt der Leuchtturm „Memmertfeuer“ wieder im neuen Glanz, und zwar im 13-Sekunden-Takt.
Zu Füßen des Leuchtfeuers stehen nicht nur Kinderspielgeräte und blau-weiße Strandkörbe der Kurverwaltung, sondern auch ein blauer tierischer Zeitgenosse: 2011 wurden anlässlich des Geburtstages des Weltnaturerbes Wattenmeer 20 solcher Kunststoff-Robben an verschiedenen Orten der Nordseeküste und den Ostfriesischen Inseln aufgestellt, um an das Weltnaturerbe und die Besonderheit des Wattenmeeres zu erinnern. Zunächst war die Robbe noch farblos, doch durch eine Aktion der Juister Schule erhielt sie ihr heutiges Kleid.

Standort 4: Der Süddeich

Vom Hafen aus in Richtung Bahnhof gelangt man zum 1977/78 aufgespülten **Süddeich**.
Der Deich ist ca. zwei Kilometer lang und reicht so auf der südlichen Inselseite von der Flugplatzstraße bis hin zur Billstraße. Er ist über NN 6,20 m hoch und besteht aus Sand, den eine 40 bis 80 cm dicke Klei-(Ton-)

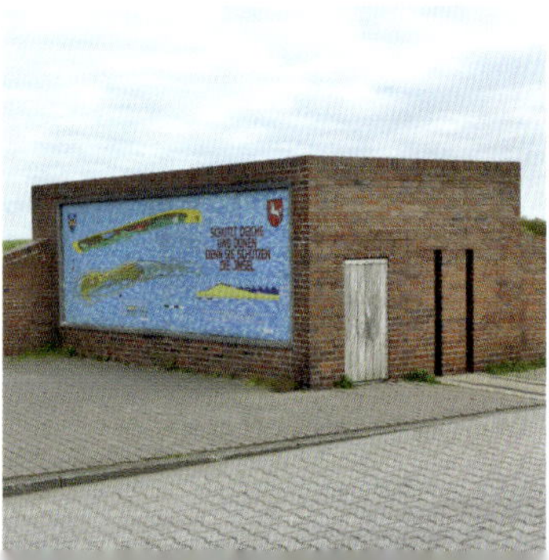

Schicht bedeckt. Auf der Inselinnenseite ist er im Verhältnis 1:3, an der Wattseite im Verhältnis 1:6 geböscht.

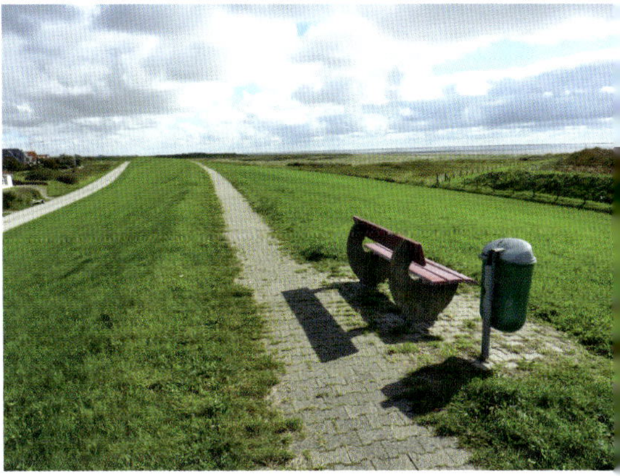

Bei einem Spaziergang auf dem Wanderweg (Deichpromenade) auf der Deichkrone kann man nicht nur das Geschehen im Hafen gut beobachten, sondern bei guter Sicht bis zum Festland sehen. Südlich des Deiches, östlich der Deichscharte befinden sich Spülfelder. 2012 wurde hier Trockenschlick aus dem Norddeicher Hafen eingelagert, um später zum Deichbau verwendet zu werden.

Der Rasen des Deiches muss mehrmals im Jahr gemäht werden, da es auf Juist keine Deichschafe gibt.

Wir passieren die Deichscharte, die den Damm unterbricht. Als Deichscharte bezeichnet man einen gemauerten Einschnitt in den Deichkörper zum Durchführen eines Weges. Schauen Sie sich diese Deichscharte genauer an. Bei Sturmflutgefahr wird der Durchgang durch Dammbalken verschlossen. Dazu dienen die Schlitze in der Mauer. Das Glasmosaik an der Mauer zeigt einen Querschnitt durch den Deich und zwei Karten. Eine Karte zeigt die heutige Insel, die andere die Insel um 1550, 1740 und 1970 mit den Standorten der damaligen Kirchen.

Standort 5: Das Nationalpark-Haus Juist

Ein unbedingtes Muss beim Bummeln durchs Dorf ist der Besuch des Nationalpark-Hauses Juist, Carl-Stegmann-Straße 5, im alten Bahnhof. Das Nationalpark-Haus ist eine Informationseinrichtung für den Nationalpark „Niedersächsisches Wattenmeer“. Träger des Hauses ist der Bund für Umwelt und Naturschutz Deutschland, Landesver-

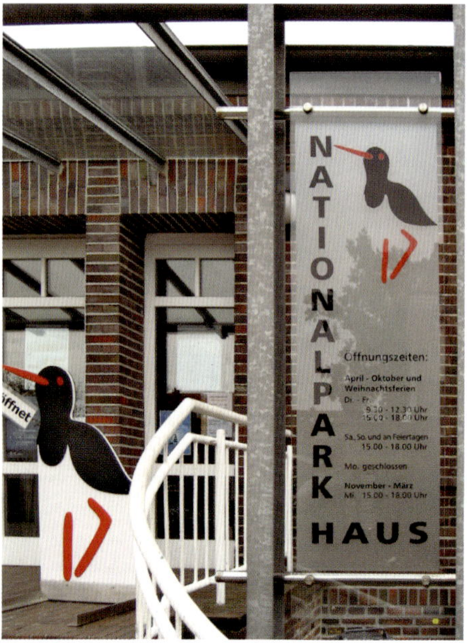

Leben im Watt bewundern. Hier werden regelmäßige Filmvorführungen, Vorträge und Kinderveranstaltungen über das Wattenmeer und darüber hinaus Bestimmungsliteratur und für die ganz jungen Besucher Mal- und Spielmöglichkeiten angeboten. Zudem finden interessante Inselführungen, Strandführungen, naturkundliche Führungen, Salzwiesenführungen, vogelkundliche Führungen bis hin zu Abendspaziergängen,

band Niedersachsen e.V. Pro Jahr kann das Haus über 30 000 Besucher verzeichnen, somit kommt über ein Drittel der jährlichen Juist-Gäste hier zu Besuch. Dieser Erfolg spricht für sich.

Die Ausstellung bietet einen Überblick über den Lebensraum Nordsee und Wattenmeer mit den Bereichen Strand, Dünen, Salzwiesen und Watt. Sie informiert über die Bedeutung, die Gefährdung und den Schutz des einzigartigen Lebensraumes Weltnaturerbe Wattenmeer. Mithilfe von Seewasser-Aquarien, Schautafeln und Modellen lässt sich das

Nachtwanderungen und auch Wattwanderungen statt. Für Schulklassen bietet das Nationalpark-Haus ein spezielles Veranstaltungsangebot. Das Highlight des 1997 völlig überarbeiteten und 2003 erweiterten Nationalpark-Hauses ist das neun Meter lange Zwergwalskelett. Es steht auf einem mit Sand aufgefüllten Fußboden und lässt so das Gefühl von Strand aufkommen.

Hier können auch hochwertige Ferngläser ausgeliehen werden. Damit wird Ihre Naturbeobachtung erst richtig spannend und auch für Fahrten zu den Seehund-

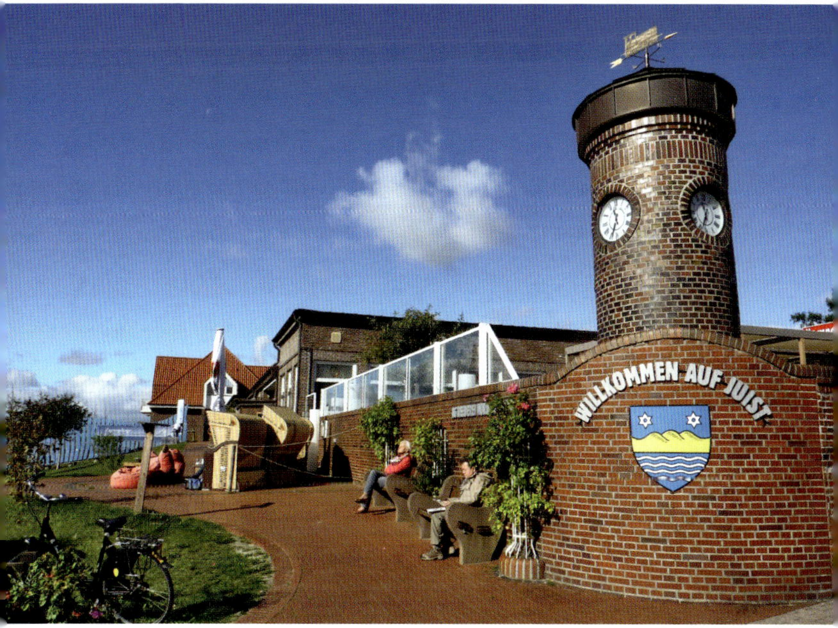

Ehemaliger Bahnsteig an der Gaststätte Kompass

Die Wahrheit über Ebbe und Flut

Wo dat kummt dat dat Ebbe un Floot gift:
Dat ist lang Tied her, dar hett de Herrgott dat Land makt.
Un den annern Dag, dar hett he dat Water makt.
Dat Water is rund um de Welt twüschen dat Land dörgahn
un is ook in Ostfreesland an den Diek kamen.
Dar weer dat Water neeschierig un hett dar'n beten över'n Diek röverkeeken, un op eenmal hett dar een Ostfreesenminschen staan. Holz verdammt, wat hett dat Water sieck verjagt!
Dat is gau wedder trüglopen, ganz wiet van'n Diek weg.
En nu kumt dat Water tweemal an'n Dag un kickt to, off de Ostfreesen noch dar sünd, un büxt denn gau wedder ut.
Un de Lüe, de dat nich weet, de vertellt wi, dat is Ebbe un Floot und de Maand hett dat upp'e Hand.

Gefunden im Nationalpark-Haus

bänken sind Ferngläser optimal geeignet. Das Nationalpark-Haus ist Ihr zentraler Ansprechpartner, wenn es um die Juister Natur geht. Hier gibt es für Groß und Klein jede Menge zu erfahren.

Das Nationalpark-Haus befindet sich ebenso wie die Gaststätte Kompass im Gebäude des ehemaligen Inselbahnhofs. Heutzutage kann man es sich kaum noch vorstellen, dass fast hundert Jahre lang die Juister Inselbahn vom damaligen Schiffsanleger im Watt bis zum „alten Bahnhof“ pendelte. Die Züge wurden zunächst von Pferden, dann von Dieselloks gezogen. Der Bahnsteig ist heute noch zu erkennen. Hier wurden die Gäste von anderen Gästen und Insulanern lange Jahre in einer originellen Zeremonie begrüßt. Fragen Sie einen Einheimischen danach.

Standort 6: Die evangelische Kirche

Die **evangelische Kirche** ist die sechste Kirche der Insel. Sie wurde 1964 aus den Umfassungsmauern der fünften Kirche der Insel errichtet und dabei nach Westen erweitert. Der spitze Glockenturm ist frei stehend. Er wird von den Einheimischen liebevoll „Rakete“ genannt. Seine Spitze krönt ein Schiff als Wetterfahne.

In der Kirche kann man interessante Glas- und Mosaikarbeiten bewundern. Ein großes Mosaik über dem Altar (Petri-Fischzug) ist das Schmuckstück der Kirche. Eine Abschlussklasse der Juister Inselschule erschuf dieses Mosaik in freiwilliger Arbeit unter der Anleitung des Kunstlehrers Herbert Gentzsch. Im

Nationalpark-Haus Juist
Carl-Stegmann-Str. 5 · Tel. 04935-1595
nationalpark-haus@juist.de · www.nationalpark-haus-juist.de

Öffnungszeiten:
April bis Oktober und in den Weihnachtsferien
Dienstag bis Freitag 9:30–12:30 und 15:00–18:00 Uhr
Samstag, Sonntag und an Feiertagen 15:00–18:00 Uhr.
Montags geschlossen.
Im Winter Mittwoch 15–18 Uhr und nach Absprache.
Der Eintritt ist frei, aber mit einer Spende unterstützen Sie die sinnvolle Arbeit.

Eingangsbereich ist eine bemerkenswerte Karte über die Entwicklung der Insel Juist, ihre Zweiteilung und wie sie wieder zusammengeführt wurde, zu finden. Auch ist hier gut zu erkennen, wo die fünf verschiedenen Standorte der Vorgängerkirchen lagen, die aufgrund dramatischer Naturereignisse zerstört und immer wieder neu aufgebaut wurden. Siehe auch das Kapitel „Geschichtlicher Wandel – Von Kirchen und Sturmfluten".

Die Kanzel konnte aus der vierten Kirche der Insel gerettet werden, die einst im Loog stand. Sie trägt die Jahreszahl 1732. Am Aufgang zur Empore sind zwei Rettungsringe angebracht, die von den Kreuzern SMS Mainz und SMS Coeln stammen, die 1914 bei der Schlacht von Helgoland sanken. Von den in dieser Schlacht Gefallenen sind drei Leichen hier angetrieben, die auf dem Friedhof nördlich der Kirche begraben wurden. In dieser Kirche gibt es viel zu

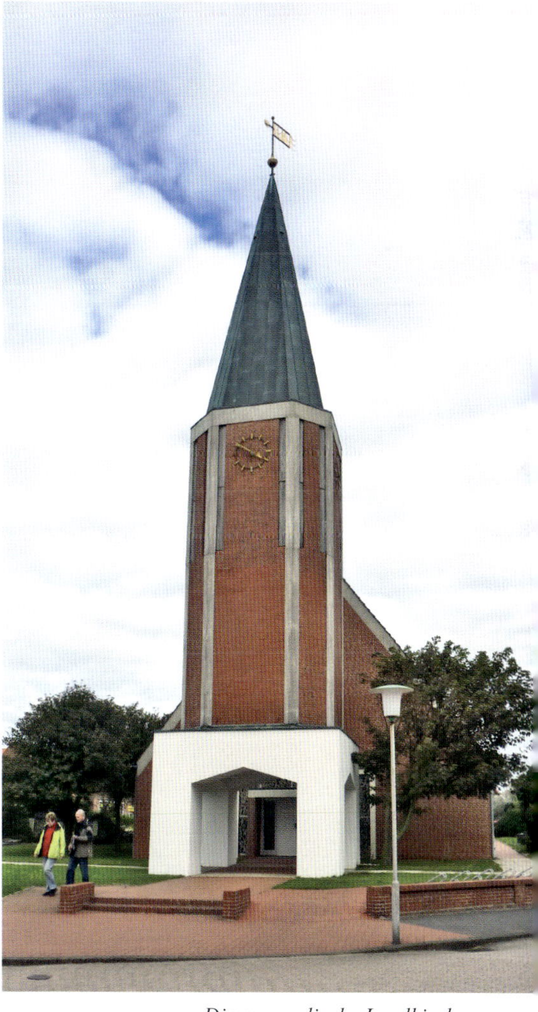

Die evangelische Inselkirche

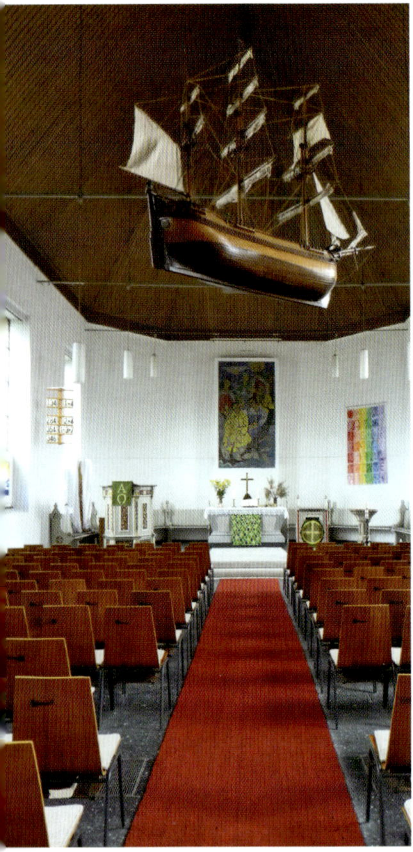

Innenraum der evangelischen Inselkirche

entdecken. Schauen Sie sich die Schiffsmodelle, Kirchenfenster oder Fliesentableaus ruhig genauer an.

Besuchen Sie doch auch einen der Gottesdienste. Die Termine sind draußen angeschlagen.

Standort ⑦: Das Kutschenmuseum

An der Kreuzung Karl-Wagner-Straße / Dünenstraße befindet sich ein „Historischer Rettungsschuppen“. Er wurde 1898 als Doppelstation errichtet. Der Rettungsschuppen war ein festes Stationsgebäude, das zur Aufbewahrung von Seenotrettungsgerät diente. Hier wurden ein Ruderrettungsboot auf Transportwagen, Ersatzteile, Segel, Leinen, Korkwesten für die Rettungsmannschaft, Signalmittel sowie ein Raketenrettungsapparat gelagert.

Bei Einsätzen wurden die Geräte von der Mannschaft mühsam zum Strand und ins Wasser gebracht. Das Ruderrettungsboot war ein offenes Boot. Freiwillige, mit Korkrettungswesten ausgestattete Rettungsmänner ruderten nur mit Hilfe ihrer Muskelkraft durch die Brandung zu den gestrandeten Schiffen, um Schiffbrüchige zu bergen. Bei stürmischer See war dies ein mühsames und sehr gefährliches Unterfangen. Bei günstigen Windverhältnissen wurden Masten aufgestellt, sodass gesegelt werden konnte. 1951 wurde die Rettungsstation im Ostdorf aufgegeben, da seit 1940 ein mo-

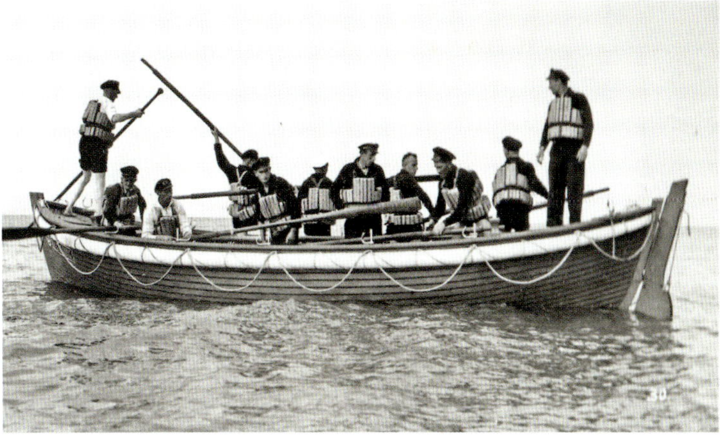

Rettungsboot Magdeburg 1879 *Bild: Alt Juist Verlag Heimatverein Juist e.V.*

dernes Motorrettungsboot am Fähranleger Juist in ständiger Bereitschaft lag. Weitere Seenotstationen, mit Motorrettungsbooten besetzt, gab es zudem auch schon auf den Nachbarinseln Borkum und Norderney.

Heute ist im ehemaligen Rettungsschuppen ein **Kutschenmuseum** untergebracht. Kutschenliebhaber kommen hier auf ihre Kosten. Historische Kutschen vom Schlitten bis zum Landauer und Doppelstockpferdebus sowie Exponate rund ums

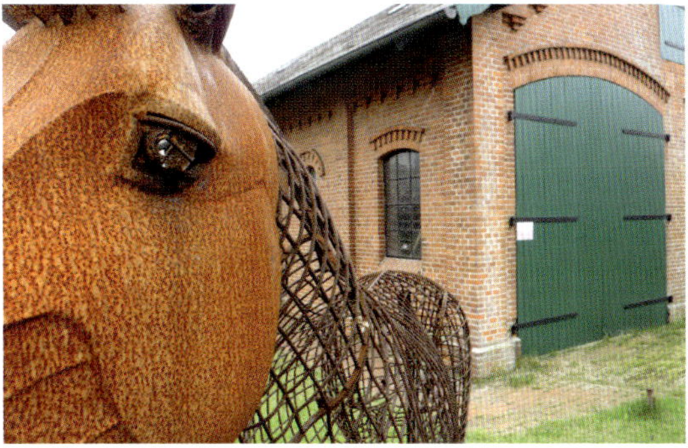

Pferd sind hier zu finden. Die Ausstellung wurde von der Familie Munier eingerichtet, die ein Fuhrunternehmen auf der Insel betreibt. Wer Interesse an einer Besichtigung des Kutschenmuseums hat, kann sich beim Fuhrunternehmen melden. Die Kontaktdaten sind am Eingang angeschlagen.

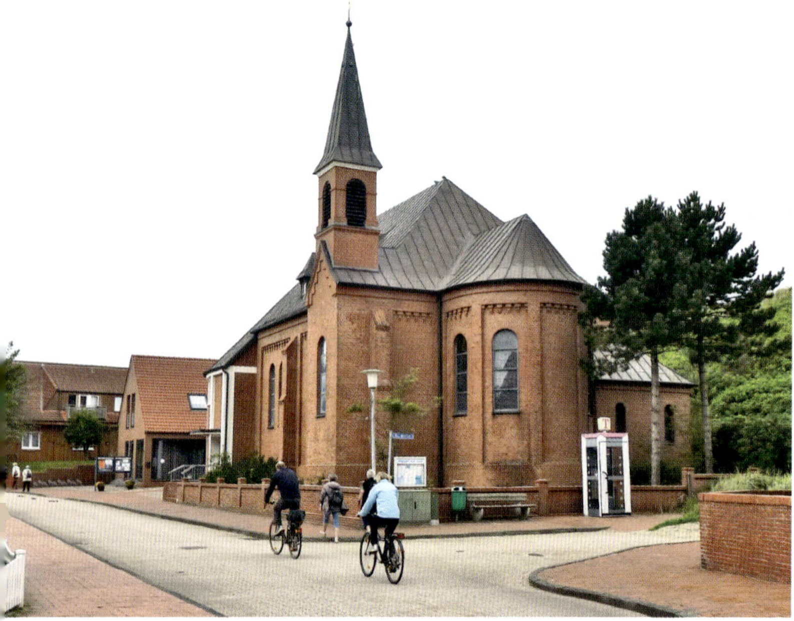

Die katholische Inselkirche

Standort 8: Die katholische Kirche

Die Geschichte der katholischen Kirche auf Juist ist ebenso interessant wie die der sechs evangelischen Kirchen.

Auf einer alten Seekarte aus dem Jahre 1585 ist die vermutlich erste Kirche der Insel Juist zu sehen (Kap.1.2.1.). Der genaue Baubeginn ist nicht bekannt, aber man vermutet ungefähr um 1400. Somit stammt die Kirche noch aus der katholischen Zeit vor der Reformation. Die Insel Juist gehörte damals zum Erzbistum Bremen. Durch eine große Sturmflut wurde diese Kirche zerstört und musste aufgegeben werden. Man kann wahrscheinlich davon ausgehen, dass diese vermutlich erste Kirche der Insel ca. 100 Jahre lang als katholische Kirche und nachfolgend ca. 125 Jahre lang als evangelische Kirche diente.

Somit handelt es sich bei der heutigen katholischen Kirche nicht um die erste, sondern bereits die zweite katholische Kirche der Insel Juist.

Der erste verbriefte katholische Gottesdienst wurde auf Juist 1900 gefeiert. Er wurde durch einen Kurgast, den Pfarrvikar

Borgmann, im damaligen Hotel Rose, dem heutigen Nordsee-Hotel, abgehalten. Die Gemeinde bat sogleich um einen Kurpfarrer und bot ein kostenfreies Grundstück für einen Kirchenneubau an. Mit Hilfe von Gästespenden und Spenden aus dem Bistum Osnabrück konnte so 1911 die römisch-katholische Kirche auf Juist eingeweiht werden. Sie bietet 150 Gläubigen Platz und wurde aufgrund der damaligen vielen Kinderheime den „heiligen Schutzengeln“ geweiht.

Die Kirche wurde im Wilhelminischen Stil errichtet und 1961/62 erweitert. Auf ihrem Turm thront ein Hahn als Windanzeiger. Im Hauptraum befindet sich ein 1911 angefertigtes Freskogemälde, das später übertüncht und 1949 restauriert wurde. Es stellt die Verkündung des Evangeliums durch St. Ludgerus auf Bant dar. Bant war angeblich die große Insel um 800 n. Chr., die die Inseln Borkum, Memmert, Juist und Norderney umfasste und die später in Stücke zerriss. Die Rundfenster im westlichen Anbau weisen auf die sieben Sakramente hin. Schauen Sie sich die Kirchenfenster genauer an und lesen Sie dazu die Beschreibungen an der rechten Wand. Der Altar und der Taufstein bestehen aus Anröchter Grünsandstein. Die Marmorplatten des Fußbodens zeigen Durchschnitte von Fossilien. Vergessen Sie nicht, einen Blick auf die Holzdecke zu werfen. Die Kirche erhielt 2001 einen Anbau. Hier befindet sich heute die kath. Leihbücherei. Die Kirche ist täglich für Gebete und Meditation geöffnet. Besuchen Sie doch mal einen der Gottesdienste. Die Termine sind draußen angeschlagen.

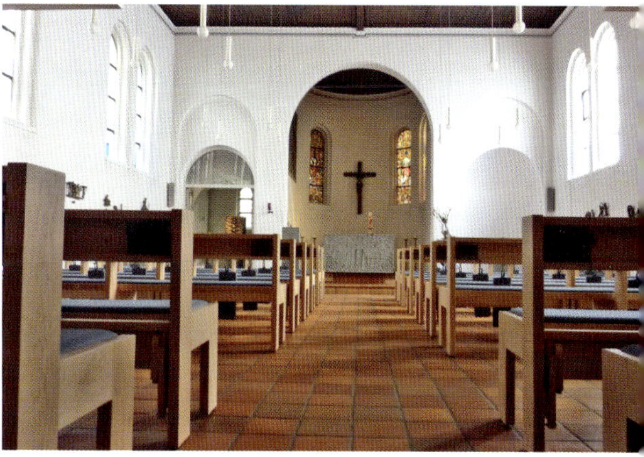

In der katholischen Kirche

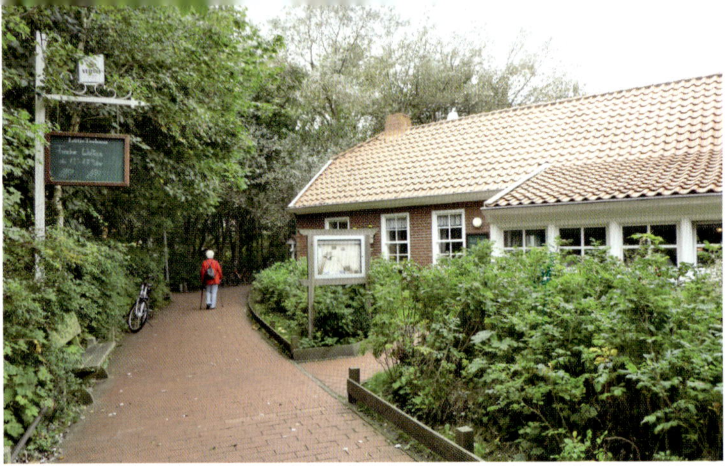

Das Lütje Teehuus

Standort 9: Lütje Teehuus: Juister Gemütlichkeit, versteckt im Januspark

Der Januspark befindet sich im Herzen des Inseldorfes. Beim Betreten des Parks darf ein kurzer Halt im **Lütje Teehuus** nicht fehlen.

Versteckt im Januspark befindet sich das älteste Juister Insulanerhaus, das ehemalige Haus Raß. Es wurde 1802 gebaut und steht heute unter Denkmalschutz. Bis 1930 wohnte hier fast 84 Jahre lang Wilhelmine Marie Focken Raß, auch als Oma Raß bekannt. Sie hinterließ eine Tochter Ehmine, die vielen Juistern als „Miele" bekannt ist. Sie arbeitete ebenso wie ihre Mutter im Sommer als Badefrau am Damenstrand und wohnte bis zu ihrem Tod 1969 in ihrem Elternhaus. Danach zerfiel das Haus, bis es durch das Team von Axel Rippe zum heutigen Lütje Teehuus umgestaltet wurde.

Das Teehaus bietet seinen Gästen ostfriesische Gastlichkeit mit gelebter ostfriesischer Tradition. Ostfriesentee wird original auf Stövchen mit Wölkchensahne und Kluntje serviert. Hier gibt es allerdings viel mehr als nur Tee. Dazu gehört der Klönschnack genauso wie die vielen Köstlichkeiten aus Oma Mieles Küche, wie Pannfisch, Heringsdipp oder frische Waffeln und Kuchen. Nehmen Sie Platz und tauchen Sie ein in die urige Atmosphäre in der Teestube oder auf den Terrassen im Garten und vor dem Haus.

Ostfriesische Teezeremonie

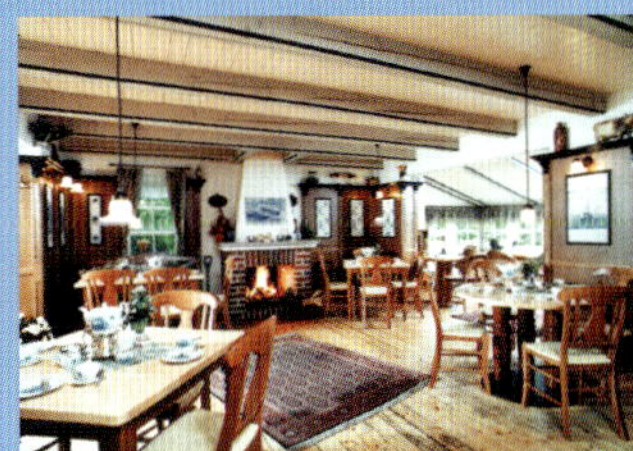

Der Tee wurde in Ostfriesland im 18. Jahrhundert eingeführt; angeblich weil die Insulaner nach Meinung der Geistlichen zu sehr dem Alkohol zugetan waren. Dass Tee nicht gleich Tee ist, ist hinlänglich bekannt. Zu einer ordentlichen Ostfriesischen Teezeremonie bedarf es also zunächst einmal eines guten Ostfriesentees. Ein Exkurs über die Teesorten, Anbaugebiete etc. würde hier wohl zu weit führen, so wollen wir uns nur der eigentlichen Zeremonie widmen. Diese wird sowohl von den Insulanern als auch den Gästen vielfach auf Juist zelebriert. Um sich als Festländer beim nächsten Teegenuss nicht ganz zu blamieren, hier einige Tipps:

Zunächst einmal bedarf es einiger unentbehrlicher Utensilien: Die richtige Teetasse ist flach mit einer großen Öffnung. Sie besteht aus feinem Porzellan und sie ziert die „ostfriesische Rose". Des Weiteren benötigt man ein feines Sahnekännchen, einen Rohmlepel, einen „Kluntjepott" mit „Kluntjezange", eine dickbauchige Kanne. Und was auf gar keinen Fall fehlen darf, ist natürlich das Stövchen mit Teelicht. Eine weitere Zutat stellt den gemeinen Festländer schon eher vor eine schwierige Aufgabe: Man braucht reines, weiches Wasser. Aufgrund der Süßwasserlinse (siehe Seite 61) haben die Juister hier wirklich Glück, sodass sie unbedenklich das Leitungswasser verwenden können. Ist alles beisammen, so kann es losgehen.Also Obacht beim Teegenuss.

Da Tee nicht getrunken wird, um Durst zu löschen, sondern um die gastliche, gemütliche ostfriesische Atmosphäre zu schaffen, lohnt es sich durchaus, die einzelnen Stationen der Ostfriesischen Teezeremonie in Ruhe zu zelebrieren. Die Teekanne sollte zuvor mit heißem Wasser ausgespült sein. Hier wird schon direkt der Unterschied zum Kaffee deutlich. Der Kaffee darf sich setzen, der Tee muss ziehen. Dies sollte er mindestens fünf Minuten auch tun. Die erste Herausforderung ist nun die Handhabung der meist silbernen filigranen Kluntjezange. Mit ihr wird vorsichtig in jede Teetasse ein Stück Kluntje gebracht. Der Tee wird anschließend im nächsten Schritt vorsichtig eingegossen, und zwar maximal bis zur Hälfte. Haben Sie alles richtig gemacht und der Tee war heiß genug, werden Sie sofort durch ein kleines Kluntjekonzert belohnt. Der zerfallende Kandis befindet sich in der Mitte der Tasse. Die nächste Herausforderung liegt nun in der Handhabe des filigranen Rohmlepels, des Sahnelöffels. Mit ihm wird behutsam eine „Wulkje", eine dicke Sahnewolke, um den Kandis gelegt, die sich dann langsam zum Tassenrand ausbreitet. Nun erhält die Teezeremonie etwas Meditatives. Halten Sie inne und nehmen Sie sich die Zeit, das Geschehen in Ihrer Tasse zu verfolgen. Achtung! Vermeiden Sie nun den größten Fauxpas. Mit dem bereitgelegten Löffel wird auf keinen Fall umgerührt! Ostfriesentee wird in drei Schlucken getrunken. Der erste Schluck ist stets sanft, der zweite bitter und der dritte im Abgang zuckersüß. Dieser gesamte Vorgang darf bis zu drei Mal wiederholt werden. Ein Schuss Rum ist zur Teezeremonie selbstverständlich erlaubt. Der Löffel kommt erst ganz zum Schluss zum Zuge. Indem man ihn in die Tasse legt, wird signalisiert, dass die Teezeremonie beendet ist. Zu guter Letzt darf natürlich nicht vergessen werden, das Teelicht auszublasen.

Sollten Sie diese Tipps befolgen, so wird Ihnen die Anerkennung Ihrer Gastgeber als Kenner der Ostfriesischen Teezeremonie gewiss sein. Auch wenn Sie sich den Tee großzügig einschenken, Kluntje und Sahne dazu geben, umrühren und genießen, wird keiner etwas dagegen sagen. Allerdings wird der eine oder andere Ostfriese die Nase rümpfen oder Sie als unwissenden Binnenländer bemitleiden. Also lassen Sie es sich bei einer guten Tasse Ostfriesentee gut gehen.

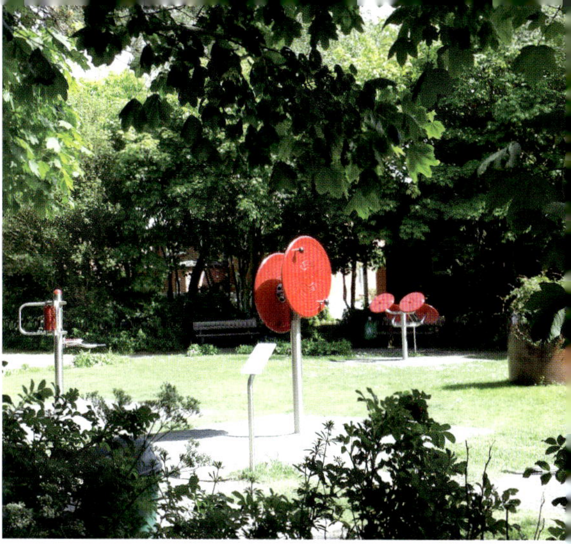

Fitnessgeräte im Januspark *Bild: Inka Extra*

Neben dem Lütje Teehuus befindet sich ebenfalls in einem alten Insulanerhaus die Inselboutique. Beide Häuser vermitteln einen Eindruck des damaligen Lebens auf der Insel.

Der Park ist Pastor Janus gewidmet. Der Juister Pastor hatte gegen Ende des 18. Jahrhunderts als Erster die Idee, aus der Insel ein Nordseeheilbad zu machen. Die sehr reizvolle kleine Grünanlage mit Rosengarten ziert ein 1,50 m hoher Tonbehälter mit 900 Liter Fassungsvermögen. Er wurde im Rheinland in der Stadt Euskirchen gebrannt.

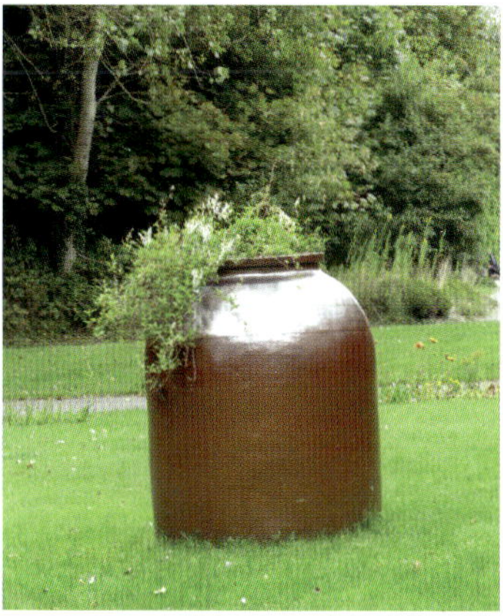

Bevor er hierherkam, stand er in der Trinkkurausgabe. Er war mit Kies gefüllt und diente als Filter. Die Juister nennen ihn liebevoll „Rumtopf".

Auf der Westseite des Parks hin zur Hellerstraße befindet sich seit Herbst 2013 ein kleiner Bewegungsparcours mit sechs Mehrgenerationen-Fitnessgeräten.

Dieser konnte durch die Bemühungen der Juist-Stiftung (Standort 3) realisiert werden. Die TÜV-geprüften Edelstahlgeräte eignen sich für jedermann und zu jeder Jahreszeit. Dabei handelt es sich neben dem Schulter-Trainer um ein Rücken-Massage-Gerät, einen Rücken-, einen Bein-, einen Beweglichkeits- und einen Ganzkörpertrainer. Also nichts wie ran an die Geräte. Viel Spaß.

Standort 10: Haus Siebje

Das **Haus Siebje** ist ebenfalls ein altes Juister Insulanerhaus. Das Baujahr ist nicht genau zu bestimmen, liegt aber wahrscheinlich um 1810. Im damaligen Ostdorf wurden die ersten Häuser bereits um 1760 gebaut. Der Name des Hauses geht zurück auf die letzten Besitzer.

Der Juister Heimatverein hat das völlig heruntergekommene Haus 1984–1986 nach alten Fotos rekonstruiert und neu aufgebaut. Das Dach ist spitz mit holzverbrettertem Giebel. Der Ostgiebel hat eine Luke. Hier wurde früher auf dem Dachboden Strandgut und auch Heu gelagert. Das Dach besitzt keine Regenrinnen, sondern über den Eingängen eine hölzerne „Goet“. Das Holz für die Zimmerdecken stammt von Juister Strandgut: „Die See nimmt und die See gibt“. Der Wiederaufbau des Hauses erfolgte in etlichen Stunden ehrenamtlicher Arbeit des Juister Heimatvereins und von Juister Handwerksbetrieben. Das Haus gehörte der Gemeinde, wurde dann in den Neun-

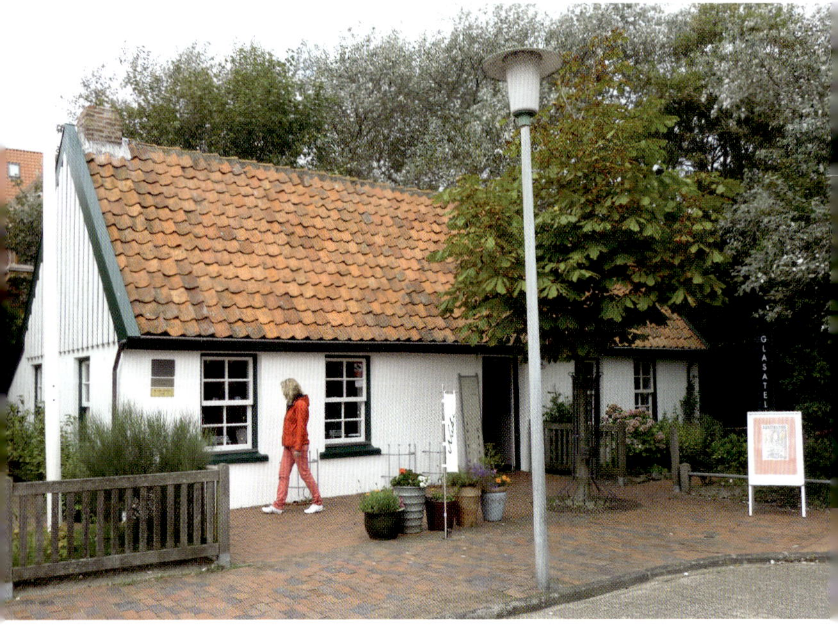

Haus Siebje

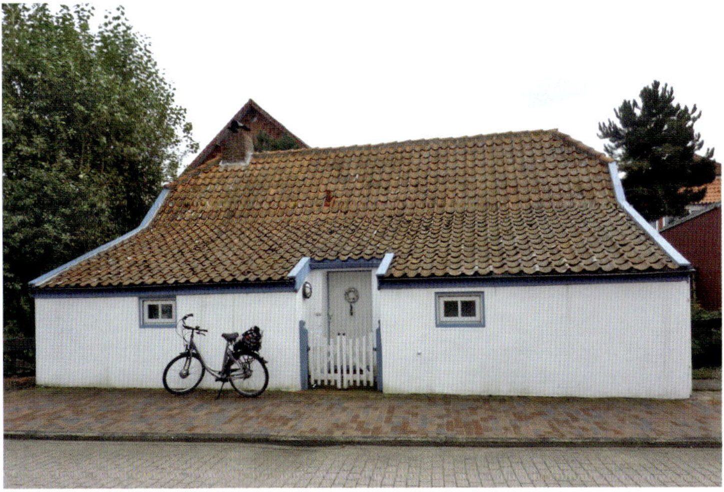

zigerjahren vom Heimatverein erworben. 1986 zog Herr Norbert Axmann in den Westteil des Hauses ein und führte hier mit sehr großem Erfolg zehn Jahre lang eine Meisterwerkstatt für Blechblasinstrumente.

1996 erhielt die Juisterin Anke Wäcken die Schlüssel für die bisherigen Werkstatträume. Die Floristin betrieb dort das Blumengeschäft „Rukel". Der Name kommt aus dem Plattdeutschen und bedeutet so viel wie „Blumenstrauß".

Heute befindet sich im Dachgeschoss des Hauses das Archiv des Juister Heimatvereins. Der Westteil des Erdgeschosses wird jeweils durch einen handwerklichen Betrieb genutzt. In der ehemaligen Küche des Hauses wurde ein Ausstellungsraum errichtet, in dem einheimische und auswärtige Künstler und Kreative ihre Werke präsentieren können. Das Südost-Zimmer beherbergt eine Dauerausstellung, die an den Pädagogen, Dichter und Theatermann Martin Luserke erinnert. Im Ausstellungsraum im nördlichen Teil des Hauses Siebje werden weiterhin, im Sommer alle 14 Tage, sehr interessante Ausstellungen zu den verschiedensten Themen gezeigt. Ein Besuch lohnt sich!

Ein Blick auf das Haus gegenüber erlaubt ebenfalls eine Vorstellung von der damaligen Bauweise der ersten Häuser des Ostdorfes.

Neben Haus Siebje befindet sich das ehemalige, 1899 errichtete Warmbadehaus der Insel. Mit einer Spezialpumpe gelangte damals das Meerwasser von der Nordsee in die Badekabinen. Nach der Eröffnung des Meerwasser-Hallenwellenbades 1970 wurde es geschlossen. Das Haus steht heute unter Denkmalschutz und wird von der Gemeindeverwaltung genutzt. U.a. sind hier auch das Standesamt und eine Arztpraxis zu finden. Davor steht die Skulptur „Badefrau“. Diese Plastik von Karl Ludwig Böke ist eine Leihgabe des Juister Heimatvereins und erinnert an die alte Juister Badetradition. Aufmerksame Juister Stammgäste werden bemerkt haben, dass es sich hierbei bereits um die zweite Skulptur mit kleinen Änderungen handelt, da die erste dem Inselklima nicht standhielt.

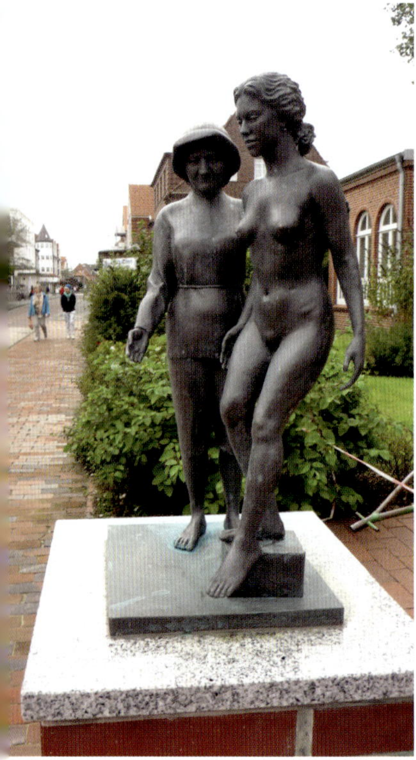

Skulptur „Badefrau“

Standort 11: Das Rathaus

Das zentrale Gebäude des Rathauses wurde 1927/28 erbaut. Hier sind Gemeindeverwaltung und Kurbeitragskasse untergebracht. Der Kur- und Gemeindedirektor hat hier ebenfalls seinen Sitz.

Hier sollten Sie an den Schaltern des Eingangsbereiches in den ersten Tagen ihren Kurbeitrag entrichten.

Ein regelmäßiger Besuch des Rathauses lohnt immer. In den großzügigen Schaukästen finden Sie viele wertvolle Informationen für Ihren Juist-Aufenthalt, von Ausflugstipps und Öffnungszeiten über Veranstaltungen bis hin zum Wetterbericht.

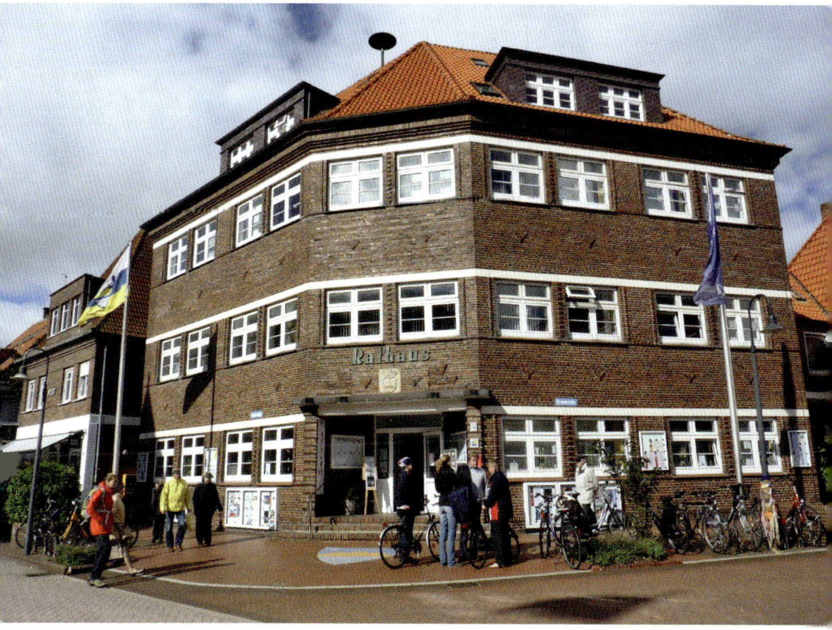

Das Juister Rathaus

Standort 12: Die Strandpromenade

Auf dem Hauptweg zur Strandpromenade, die Strandstraße entlang, kommen wir nicht nur an Souvenir- und Imbiss-Läden vorbei, sondern erblicken auch unscheinbar zu unserer Rechten vor der Düne eine Serie von Skulpturen. Die Bronze-Skulpturen auf den vier Sandstein-Säulen stellen eine Figur dar, die sich auf dem Weg ins Wasser befindet. Sie wurden errichtet auf Initiative der

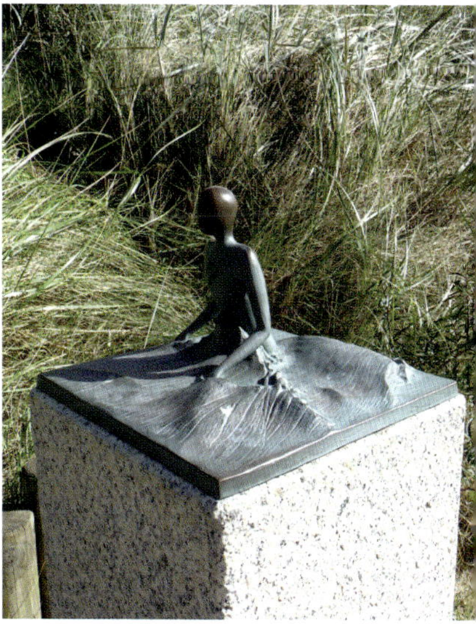

Skulptur auf dem Weg ins Meer

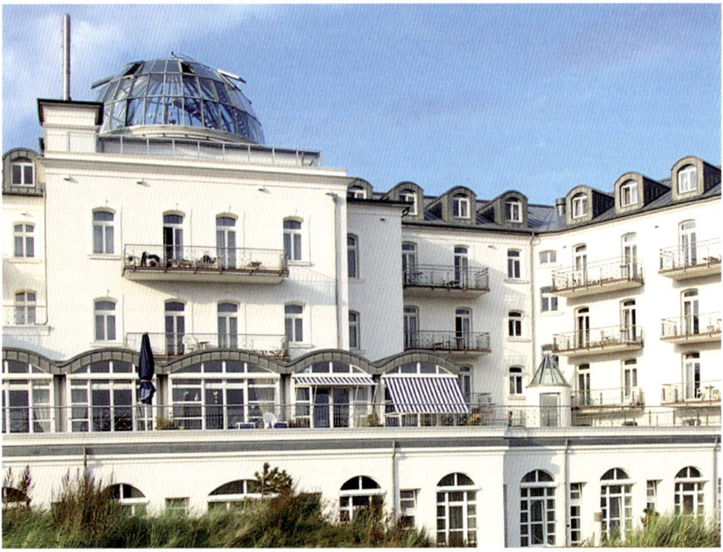

Historisches Kurhaus mit Glaskuppel

Arbeitsgruppe „Kunst auf Juist“, einer Untergruppe des Juister Heimatvereins. Da der Gast die Strandstraße in Erwartung des Anblicks der Nordsee und des Badeerlebnisses emporsteigt, soll er durch die vier Skulpturen künstlerisch auf das Ereignis vorbereitet werden. Die erste Figur zeigt einen eilenden Menschen am Beginn des Weges, die nächste Figur plantscht bereits mit den Füßen im Wasser, bei der nächsten Säule ist die Figur bereits zur Hälfte im Wasser und schließlich ist sie schwimmend ganz in den Wellen. Die Höhe der Säulen ist gegenläufig zum Niveau der aufsteigenden Straße. So erhält der Betrachter das Gefühl, sich selbst zum Wasser zu begeben.

An der **Strandpromenade** angekommen, fällt zunächst das **Historische Kurhaus** mit der riesigen Glaskuppel auf.

Das 1899 eröffnete und nach jahrelangem Leerstand weitestgehend originalgetreu restaurierte Haus konnte im Sommer 1997 seine Neueröffnung feiern. Im Jahre 1912 wurde hier schon König August von Sachsen samt Gefolgschaft beherbergt. Im Kurhaus befinden sich 73 Appartements gehobener Ausstattung, ein an den traditionsreichen

„Weißen Saal“ angrenzendes Restaurant mit Nordseeblick und ein Sauna- und Fitnessbereich. Jeden Mittwoch um 15 Uhr gibt es Gelegenheit, hier einen Blick hinter die Kulissen zu werfen und interessante Details zur Geschichte des Hauses zu erfahren. Der Hoteldirektor persönlich lädt zur Entdeckungstour ein. Das Haus hat eine Quote von über 80 % Stammgastanteil. Die prägnante Kuppel des Hauses wurde übrigens nicht nach den Plänen des Reichstages gebaut, sondern weil die ursprünglichen Pläne des Hauses eine solche bereits vorsahen. Allerdings reichte die damalige Technik noch nicht aus, diese auch zu realisieren.

Mehrere Strandaufgänge ermöglichen den Gästen den ungehinderten Zugang zum Strand. Zur besseren Orientierung sind diese mit maritimen Symbolen gekennzeichnet.

Die Strandpromenade, geschützt durch die hohen Dünen, lädt immer zum Flanieren ein. An einigen Punkten verführen Gastronomiebetriebe zum Genuss von Kaffee und Kuchen oder anderen Köstlichkeiten, mit gleichzeitigem Blick auf die Nordsee. Die Strandpromenade führt mit ihren fast 1,5 km Länge und 15 m Höhe durch die weißen Dünen der Insel. Sie wurde 1936 angelegt, 1949 erweitert und 1972 um weitere 300 m verlängert.

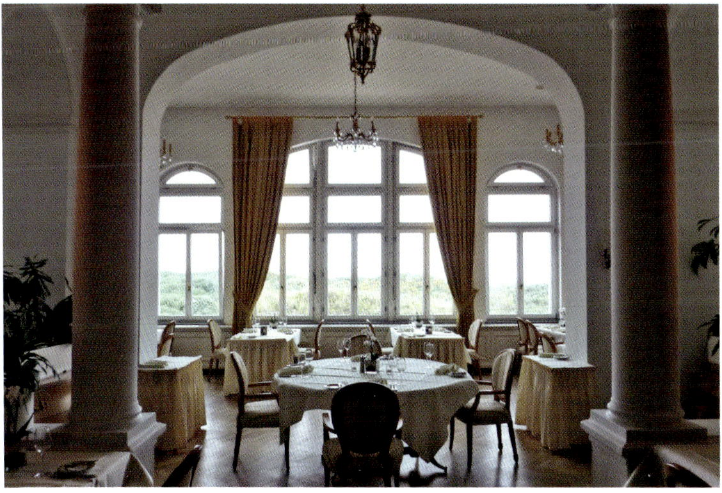

Historisches Kurhaus, der weiße Saal

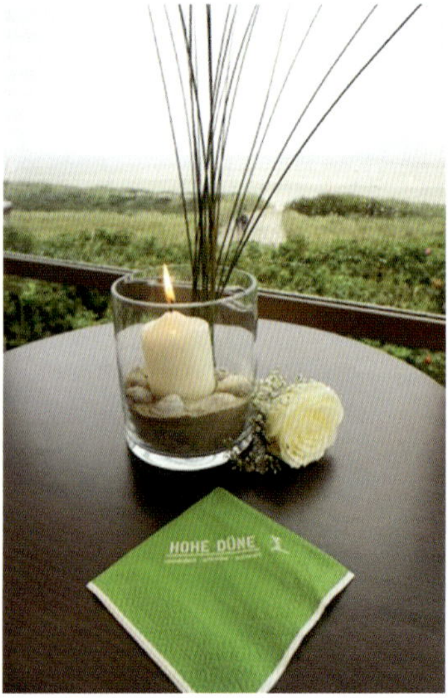

Willkommen an der Strandpromenade

1913 wurde mit dem Bau einer Strandmauer begonnen, die unter der jetzigen Promenade liegt. Sie sollte das Dorf und die Insel vor Abtragungen durch das Meer schützen. Glücklicherweise türmten jedoch Wind und Meer in den folgenden Jahren die hohen, weißen Dünen vor und über der Mauer auf.

In der Strandmauer befindet sich eine prächtige 30-stufige Freitreppe, die nach und nach versandete. Sie befindet sich in der Verlängerung der Strandstraße. Schauen Sie genau hin. Hier lugen noch rechts und links zwei große Sandsteindreiecke aus dem Dünensand, bei denen es sich um den obersten Teil der seitlichen Brüstung der Treppe handelt. (Siehe 2.3.)

Da die Strandpromenade nur an den wenigen Punkten der Gastronomiebetriebe den Blick auf die Nordsee freigibt, hat die Kurverwaltung 2010 den Auftrag zum Bau von drei Aussichtsplattformen gegeben. Alle Plattformen verfügen über barrierefreie Zugänge und ausreichend Sitzgelegenheiten. Die Aussichtsplattformen befinden sich in der Nähe des Strandaufgangs Schoolpad, beim Strandaufgang Strandstraße und beim Strandaufgang Karl-Wagner-Straße. Nun haben Gäste wieder die Möglichkeit, von erhöhter geschützter Position aus sich das „Schauspiel Nordsee" mit Strand anzusehen und auch den Sonnenuntergang zu beobachten.

Beim Blick auf die Nordsee fällt zunächst der herrlich lange und breite Strand der Insel auf. Was allerdings nicht direkt ersichtlich ist, sind die vor dem trockenen Sandstrand liegenden, viele hundert Meter langen Sandbänke, die sogenannten Strandriffe. Manchmal liegen mehrere hintereinander, meist parallel zur Wasserlinie. Sie sind dann durch Priele voneinander getrennt. Beim genauen Hinsehen sind die dem Strand am entferntesten liegenden Strandriffe durch eine Brandung zu erkennen. Diese werden bei deutlicher Ausprägung auch als „Laukatzen" bezeichnet. Zwischen den Sandbänken und dem Strand herrscht meist eine starke Strömung, die man mit dem Auge vom Ufer aus nicht erkennen kann. Sie kann bei Ebbe für badende Gäste sehr gefährlich werden. Aus diesem Grund ist das Hinüberschwimmen zu den Sandbänken nicht erlaubt. Die Badestrände der Insel werden im Sommer zu den Badezeiten von bis zu 15 Rettungsschwimmern betreut, die für die Sicherheit der Gäste sorgen.

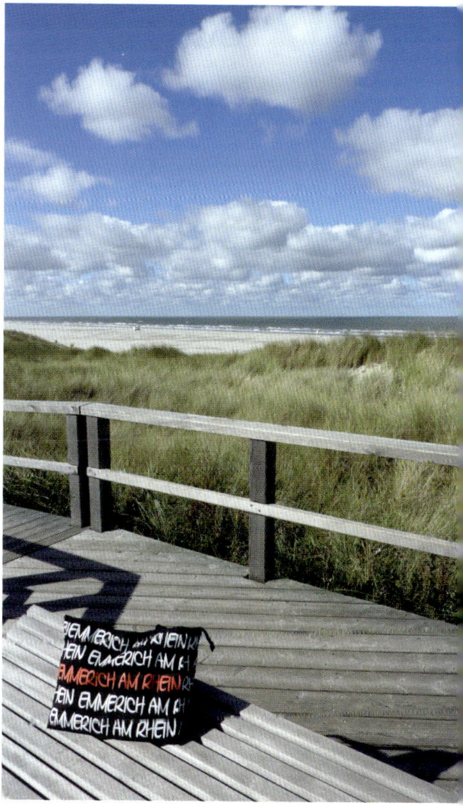

Bei guten Sichtverhältnissen ist es möglich, die etwa 12 km entfernte Schifffahrtsstraße zu sehen. Auf ihr fahren die großen Überseeschiffe, die auf dem Weg von oder nach Hamburg, Bremerhaven, Bremen, Wilhelmshaven, oder zum/vom Nord-Ostsee-Kanal sind. Wenn wir den Blick nach rechts schweifen lassen, erblicken wir die Nachbarinsel Norderney. Der Blick nach links eröffnet den Blick auf Borkum. Auf der Seite www.jnn.de/seite/schiffspositionen können Sie nachschauen, wo sich gerade welche Schiffe auf den Schifffahrtsstraßen befinden. Auch der aktuelle Standort der Fähren wird angezeigt. Zoomen Sie die Karte einmal zurück. Dann ist zu erkennen, wie viele Schiffe sich in diesem Bereich der Nordsee tummeln.

Standort 13: Aussichtspunkte / Wasserturm

Trotz der neuen Aussichtsplattformen der Strandpromenade gibt es auf Juist einen Aussichtspunkt der besonderen Art. Dieser befindet sich auf der Düne, die den **Wasserturm** trägt.

Um einen wunderschönen Weitblick zu erlangen, sollte man sich entweder in der Nähe des Wasserturmes postieren oder am Aussichtspunkt auf der Dorfseite vom Haus des Kurgastes. Von hier aus hat man bei klarem Wetter einen traumhaften Rundblick um die Insel und noch weiter, aber auch auf das Inseldorf.

Am besten nehmen Sie bei einem Besuch der Aussichtspunkte ein Fernglas (Ausleihe im Nationalpark-Haus möglich) und eine Karte mit, die auch die Nachbarinseln und das Festland enthält.

Der 1927 erbaute Wasserturm steht auf der höchsten Erhebung (22 m ü. NN) der Insel. Er dient auch heute noch als Wasserspeicher, gerade in Zeiten mit hohen Verbrauchsraten im Sommer. Das Vorratsbecken zur Wasserversorgung umfasst 250 Kubikmeter. Es dient als Reserve und zum Druckausgleich. Nachts

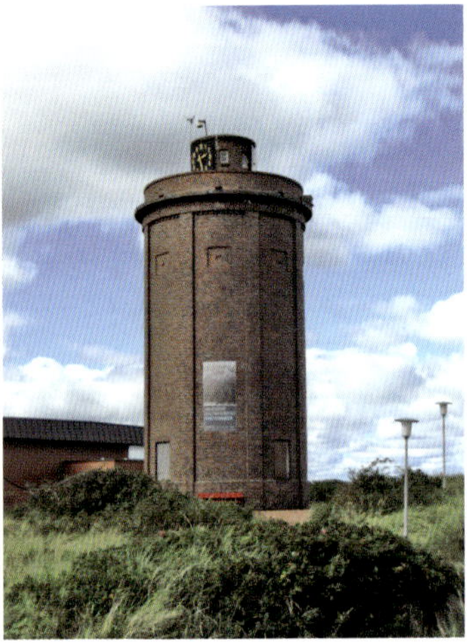

Der Juister Wasserturm: Landmarke, Aussichtspunkt und wertvoller Wasserlieferant

werden die Reinwasserpumpen des Wasserwerks abgeschaltet und das Wasser aus dem Turm strömt ins Netz. Der 16,70 m hohe Turm prägt die Silhouette der Insel und hat sich daher zum Wahrzeichen Juists entwickelt. Der Turm wird von den Juistern aufgrund seiner Form manchmal liebevoll „Doornkaatbuddel“ genannt, nach der damalig bekannten Schnapsmarke.

Von diesem Aussichtspunkt aus wird einem die Form unserer Lieblingsinsel wieder bewusst. Sie erstreckt sich über eine Länge in West-Ost-Richtung von 17 km und einer Breite von 500 m. Der Ort befindet sich fast in der Mitte.

Stehen wir am Fuße des Wasserturms, so erblicken wir im Norden, über die weißen Dünen und die Strandpromenade hinweg, die Nordsee. Schauen wir links am Haus des Kurgastes vorbei, so erkennen wir im Ostnordosten die Insel Norderney. Von diesem Standpunkt aus ist die Nachbarinsel etwa 9,5 km entfernt. Rechts davon thront fast zwei Kilometer entfernt auf einer Düne das Café Wilhelmshöhe. Weiter rechts davon erkennt man in vier Kilometern Entfernung den Tower des Flughafens und 800 m dahinter die Ostbake.

Drehen wir den Blick weiter rechts bis zum Turm der katholischen Kirche, erkennt man in ca. 12 km Entfernung die Mole und das Fährhaus in Norddeich. Bei Sonnenschein kann man die Mole gut am Glitzern der Scheiben der dort parkenden Wagen erkennen. Rechts der Mole erkennt man eine Kirche und den hohen Mast der Telekom der Stadt Norden. Bei ganz klarer Sicht kann in 40 km Entfernung der 227 m hohe und 2 m dicke Antennenmast des Rundfunksenders Aurich ausgemacht werden. Daneben erscheint der viereckige Wasserturm der Ortschaft Gaste bei Norden. Über den Festlandsdeich im Südosten schauen der gewaltige Kirchturm von Osteel und der viereckige „Störtebekerturm“ von Marienhafe in 25 Kilometer Entfernung. Wieder weiter rechts sind die Gittertürme der ehemaligen Emp fangsfunkstelle Norddeich Radio in Utlandshörn zu erkennen. Heute befindet sich hier ein Callcenter der Telekom AG.

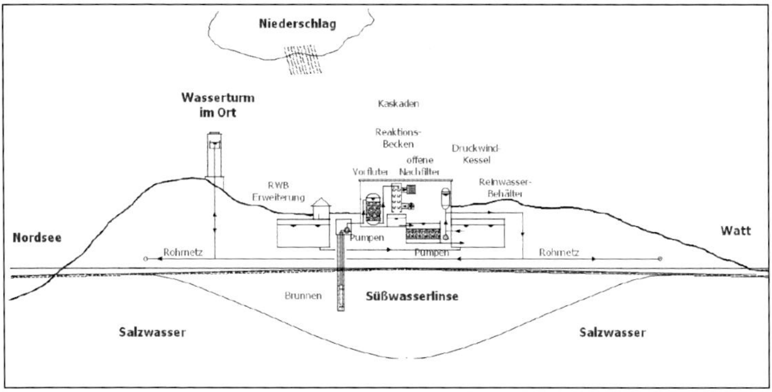

Funktionsschema der lokalen Wasserversorgung *Bild: Inselgemeinde Juist*

Fast im Süden beginnt die Leybucht. In ca. 20 km Entfernung befindet sich Greetsiel. Rechts davon ragt die Kirche von Pilsum empor. Im Südwesten sehen wir die niederländische Küste (30 km) mit dem Hafen von Eemshaven. Hier sind einige Kraftwerke zu erkennen. Die niederländische Küste kann selten klar umrissen erkannt werden. Im Sommer bei hohen Temperaturen können hier interessante Luftspiegelungen wahrgenommen werden. Küstenstreifen mit Deichen und Bäumen sind scheinbar in der Luft schwebend zu erkennen. Sie befinden sich allerdings real noch unter dem Horizont.

Der Blick in Richtung Westdorf ermöglicht die Sicht auf die 12 km entfernte Insel Lütje Hörn. Weiter im Südwesten erkennt man die Dünen der Vogelschutzinsel Memmert. Dahinter ist der Hafen der ca. 20 km entfernten Nachbarinsel Borkum zu erkennen.

Ein Besuch dieses Aussichtspunktes am Wasserturm lohnt sich nicht nur am Tag, sondern auch bei Nacht. Besonders auffällig ist zunächst die Lichterkette der Strandpromenade und des 15,5 km entfernten Leuchtturms Norderney. Er hat als Kennung ein dreimaliges Blinken, fünf Sekunden Pause. Wenden wir den Blick in Richtung Juister Hafen, so erkennen wir das strahlende weiße Licht des „Memmertfeuers“ und des Seezeichens auf der Seebrücke am Jachthafen. Zusätzlich dazu kann ein weiteres Leuchtfeuer erkannt werden. Der große, fast 25 km entfernte Leuchtturm von Borkum blitzt uns im Takt „Blitz – 3 Sekunden Pause – Blitz – 9 Sekunden Pause“ entgegen. Richtung Nordsee können nachts die Lichter der großen Überseeschiffe erkannt werden. Richtung Festland fallen die roten Lichter der Sendemasten und besonders die Lichterreihe von Norddeich auf.

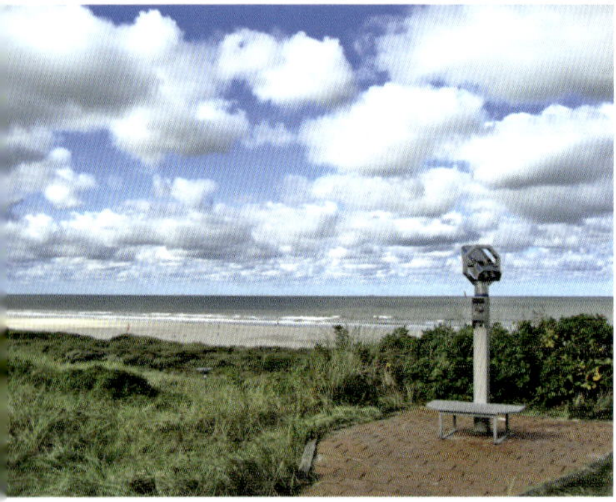

2. Teil: Der östliche Teil der Insel Juist (ca. 15 km)

Die Länge des Rundweges durch den östlichen Teil der Insel beträgt ca. 15 km. Für diese Wanderung sollten Sie etwa 3,5 Stunden plus Pausen einplanen. Und vergessen Sie Ihr Fernglas nicht!

Von der Strandpromenade aus laufen wir einen der vielen Strandaufgänge hinunter zum **Sandstrand** ⓮ und folgen ihm nach rechts in Richtung Osten. Am Strand entlangzulaufen ist nicht nur gesund und erholsam, sondern auch sehr interessant.

Halten Sie die Augen auf, dann bemerken Sie, was Ihnen am Spülsaum so alles begegnet. Auf dem Strandweg vom Dorf zum Ostende der Insel (Kalfamer) haben wir bei guten Sichtverhältnissen ständig die Insel Norderney in der Ferne vor uns. Während der etwa 6,5 km langen Wanderung zum Kalfamer kommen wir an verschiedenen, leider nicht immer gut erkennbaren Strandaufgängen vorbei. Ca. 2 km vom Kurhaus entfernt gelangen wir an den Aufgang zur Wilhelmshöhe, noch ca. 2 km weiter folgt der Aufgang zum Flugplatz und nach einem weiteren Kilometer sind wir schon in der Nähe der Ostbake, des Seezeichens auf den Dünen am Kalfamer. Hier können wir sehr schön die niedrigen, weißen primären Dünen, auch Vordünen genannt, von den höheren, auch weißen, sekundären Dünen unterscheiden. Die primären Dünen liegen vom Wasser aus gesehen vor den sekundären Dünen, werden jedoch meist bei Sturmfluten wieder weggespült. Werden sie nicht weggespült, können sie sich zu sekundären Dünen auftürmen.

Wir queren die Insel vor dem **Kalfamer** ⓯, und zwar östlich

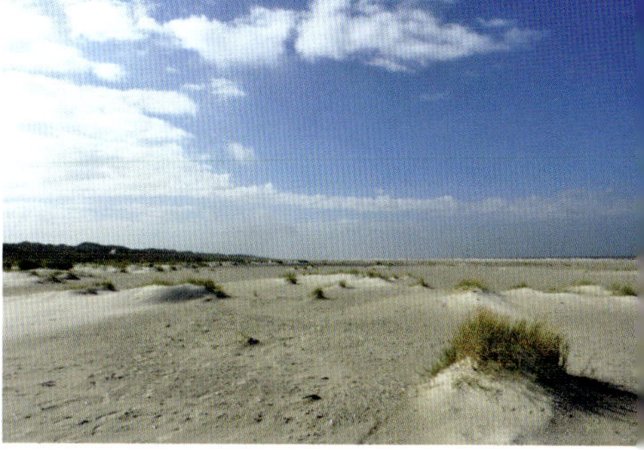

der Ostbake entlang des Dünenfußes in einem Dünental. Wir befinden uns hier in der Ruhezone und dürfen daher die grün markierten Wege nicht verlassen. In den großflächigen Primärdünenfeldern liegen Vogelrast- und Nistgebiete, die durch uns erheblich gestört werden könnten.
Der Weg führt uns zum **„Naturpfad am Ostende"** **15**, der uns nicht nur von einer hölzernen Aussichtsplattform aus mit dem Fernglas einen Blick über den Kalfamer, Watt, Nordsee und Norderney ermöglicht, sondern auch durch Informationstafeln wertvolle Informationen zu Dünen, Salzwiesen, Vogelwelt und Co. gibt. Juists Stammgäste spüren hier am Ostende der Insel besonders stark, wie sich das Gesicht und die Ausmaße der Insel im Laufe der Jahre gewandelt haben.
Wir folgen dem grün gepflockten Weg am Dünenfuß Richtung **Flugplatz** **16**. Der Weg führt uns zwischen Dünen und Salzwiese bzw. Watt. Nach längeren Regenfällen kann es vorkommen, dass der Weg unter Wasser steht. Die orange leuchtenden Tafeln, die in den Dünen stehen, zeigen an, dass hier eine Gasleitung verläuft.

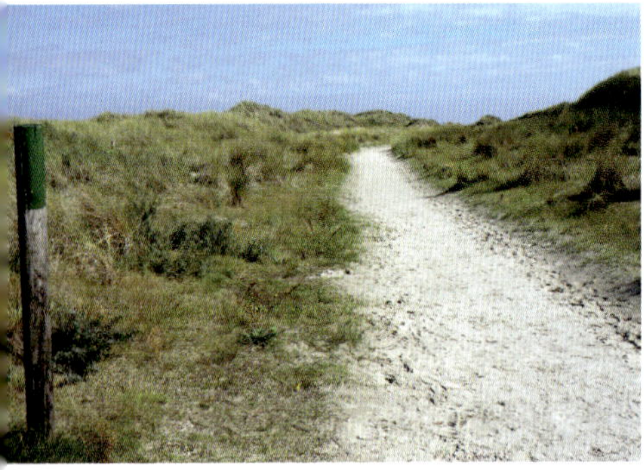

Denken Sie bitte daran, die Wege nicht zu verlassen und nicht in die Dünen zu laufen. Sie schützen unsere Insel.
Wir erblicken das Rollfeld des Flugplatzes und laufen den gepflasterten Weg zwischen Deich und Rollfeldbegrenzung entlang.

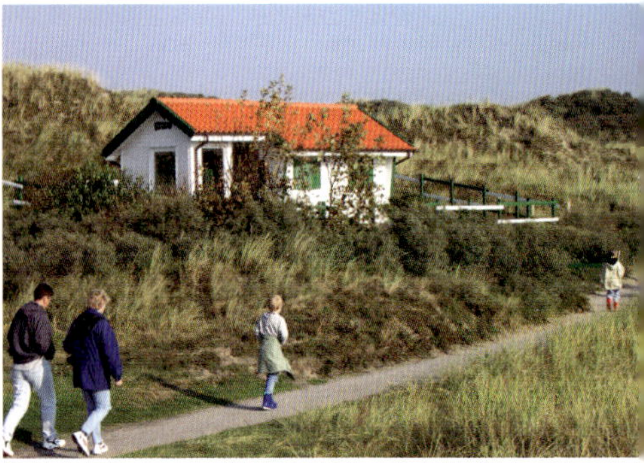

Jagdhütte

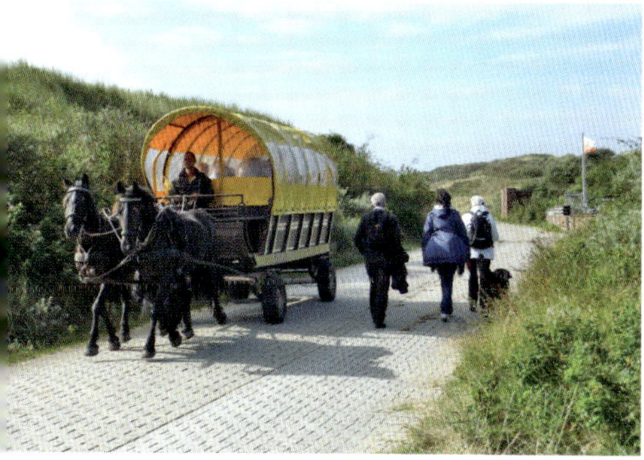

durch eine Deichscharte, die bei Sturmfluten geschlossen wird. Der Deich wurde 1969 errichtet und ist 5,50 m hoch. Wir wandern weiter auf der Fahrstraße zwischen Heller und den hohen Dünen.
Wanderer bevorzugen

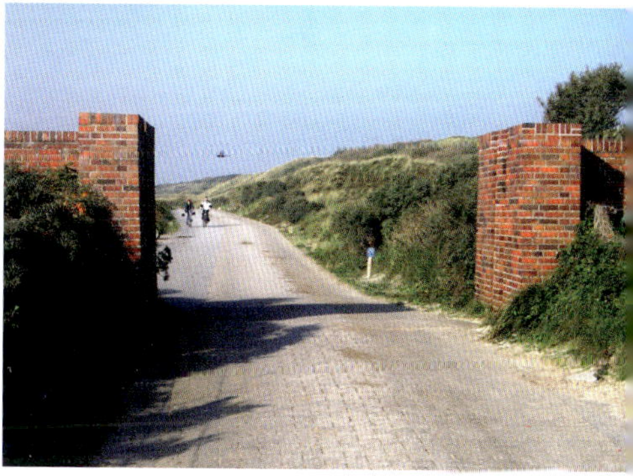

Deichscharte

Das Betreten des Rollfeldes ist nicht gestattet. Wir durchqueren nun das riesige Deichtor. Im Betriebsgebäude befindet sich das Flugplatzrestaurant, das uns zum Verweilen einlädt. Wenn Sie nicht mehr weiterwandern möchten, ist es am Flugplatz möglich, vom Vorplatz aus mit dem „Pferdebus“ zurück ins Dorf zu fahren. Ansonsten laufen wir nun zunächst die Fahrstraße entlang Richtung Dorf. Wer Lust hat, kann einen kurzen Abstecher, vorbei an der Jagdhütte, auf dem Weg Richtung Strand machen. Auf der höchsten Erhebung des Dünenweges hat man eine wunderschöne Aussicht gleichzeitig auf beide Seiten der Insel, das Wattenmeer und die Nordsee. Wir laufen die Fahrstraße entlang Richtung Dorf. Die Straße führt

den parallel zur Straße verlaufenden unbefestigten Weg außerhalb der Ruhezone. Die orange leuchtenden Schilder links auf der Fläche des Gemeindehellers kennzeichnen wieder den Verlauf der Erdgasleitungen.
Der **Heller** **17**, auch **Salzwiese** genannt, macht fast die gesamte Südseite der Insel zum Watt hin aus. Der Heller ist gekennzeichnet durch eine besonders artenreiche und spezialisierte Vogel-

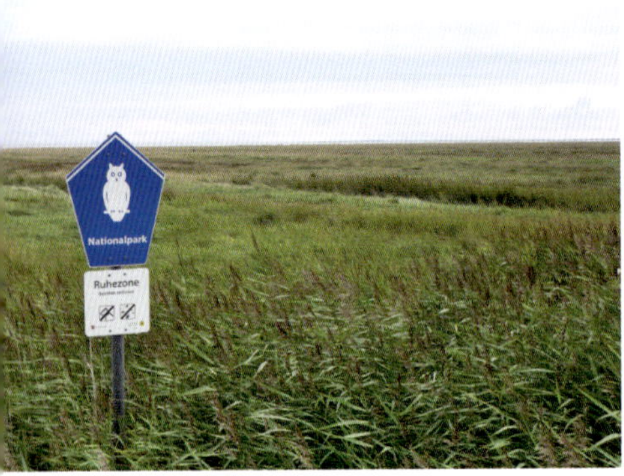

Ruhezone Salzwiese

und Pflanzenwelt. Je nach Bewuchs unterscheidet man die Quellerzone, die Andelgraszone und die Rotschwingelzone.
Rechts begleiten uns die hohen, grauen (tertiären) **Dünen** 18. Auf ca. $^2/_3$ des Weges zum Dorf liegt das Café **Wilhelmshöhe** 18 in den Dünen (Achtung: Dienstag Ruhetag). Es lädt ein zu einer kurzen Rast. Von hier aus hat man nicht nur einen schönen Blick auf die Dünen, sondern kann auch das Geschehen in den Salzwiesen gut beobachten. Zudem lässt der Standort einen Blick auf die Juister **Balje** 18 zu, die wir bei der Herfahrt mit der Fähre passiert haben. Vom Café Wilhelmshöhe aus gehen wir nicht zurück auf die große Fahrstraße, sondern von der Rückseite des Cafés herunter und dann links, Richtung Ort, einen kleinen Wanderweg entlang.
Wir folgen dem gepflasterten Weg durch die grauen Dünen, bis wir zum **Goldfischteich** 19 gelangen.
Der über 100 Jahre alte Teich weist eine interessante Geschichte auf. Hier treffen wir auf den **Otto-Leege-Erlebnispfad** 20, den wir unbedingt in aller Ruhe begehen sollten. Entweder jetzt am Ende unseres Rundganges durch den östlichen Teil der Insel oder aber zu einem anderen Zeitpunkt, um alle Informationen auf den Tafeln in Ruhe zu lesen und die einzelnen Objekte wie Stühle, Klangschale, Windharfe etc. auf uns wirken zu lassen.
Am Ende des Erlebnispfades führt der gepflasterte Weg wieder zurück ins Dorf. Hier können Sie entscheiden, wie Sie sich dem westlichen Teil der Insel Richtung Loog nähern: über die Strandpromenade mit den Aussichtsplattformen, durch den Ort hindurch über die Billstraße oder auf der Deichpromenade auf dem Süddeich. Sie kommen vorbei an den Spülfeldern und umlaufen die Deichscharte.

Standort 14: Der Sandstrand

Auch wenn der Strandkorb eigentlich an der Ostsee erfunden wurde, so ist er doch in vielen Farben, nicht nur am Badestrand, auf der Insel Juist präsent und auch von hier nicht mehr wegzudenken.

Neben dem passiven Strandgenuss im Korb darf allerdings eine ausgiebige Strandwanderung am Juister **Sandstrand** während des Aufenthaltes auf unserer Urlaubsinsel nicht fehlen. Nicht nur, dass es sehr interessant sein kann, etliche Dinge am Spülsaum zu finden, hier die Natur direkt zu spüren, sich mal richtig zu erholen oder sportlich zu betätigen; nein, wir setzen unseren Körper auch noch der heilenden Wirkung des **Reizklimas** (siehe Kapitel 3.5.) aus.

Der feine, weiße Juister Sandstrand ist ca. 17 km lang. Er besitzt keine Buhnen, also keine Bauwerke des Küstenschutzes, und ist zwischen Wilhelmshöhe und Loog als Badestrand ausgewiesen. Somit ist den Badenden und Strandspaziergängern eine ununterbrochene Bewegungsfreiheit garantiert. Von Mai bis September werden die Strandabschnitte in der Höhe des Ortszentrums und im Loog von Rettungsschwimmern überwacht. Die Badezeiten richten sich nach dem natürlichen Rhythmus von Ebbe und Flut. Juist ist berühmt für seine sehr gute Badewasserqualität.

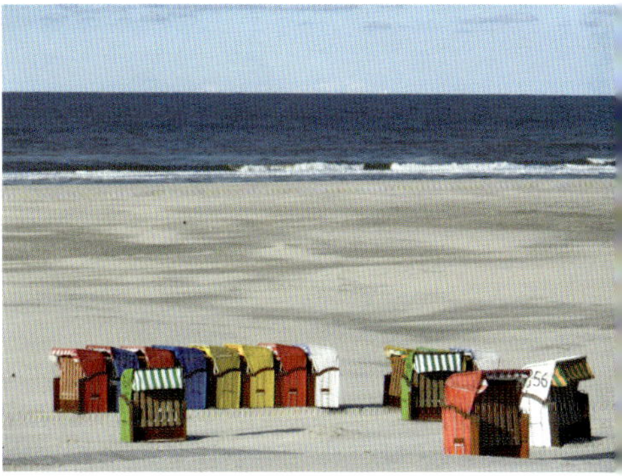

Saisonende?

Die Qualität des Wassers und auch die des Strandes spielt bei Gästen bei der Beurteilung ihres Urlaubszieles eine große Rolle. Beurteilen Sie den Juister Strand unter www.Strandbewertung.de. Nicht vergessen darf man, dass sowohl der saubere Badestrand als auch die Bewachung durch die Rettungsschwimmer nur durch den Kurbeitrag möglich sind.

Am Strand erkennen wir die Flut- oder Hochwassermarken.

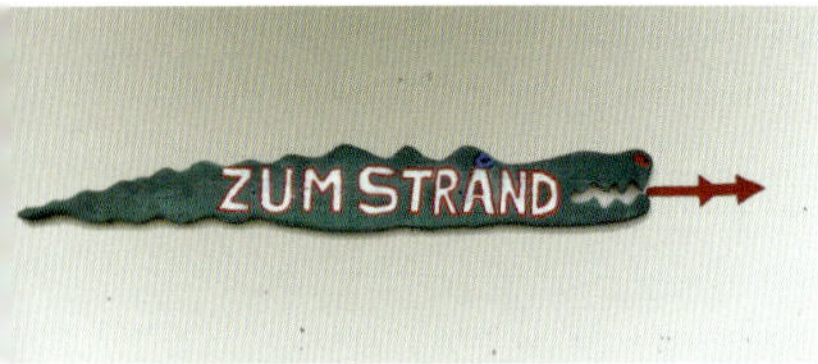

Manchmal verlaufen einige parallel zueinander. Diese Marken bezeichnen die Linien, bis zu denen der Wasserspiegel beim letzten Hochwasser stieg. Die Zone zwischen Hoch- und Niedrigwasser bezeichnet man als Spülsaum. Der **Spülsaum (Flutsaum)**, der uns auf unserer Wanderung stets begleitet, hält etliche interessante Schätze verborgen, die von uns nur gefunden werden müssen.

Je nach Strandabschnitt, Seegang und Wetterlage ändert sich die Fracht aus dem Meer, die angespült wurde. Wir finden hier Algen und (Blasen-)Tang, Holz, Muscheln, Krebspanzer, Schneckenhäuser, Vogelfedern, abgerollte Steine, Korkstücke, Torfbrocken, seltenen Bernstein und vieles mehr an pflanzlichem und tierischem Treibgut. Wer mehr über die vielen Fundstücke erfahren will, sei auf die naturkundliche Führung des Nationalpark-Hauses zum Thema „Was finde ich am Juister Strand?“ hingewiesen.

Ganz unverhofft kann auch schon einmal eine Flasche gefunden werden. Man sollte hineinschauen und sich vergewissern, ob es sich um eine **Flaschenpost** handelt. Vielleicht überrascht der Inhalt ja mit einer interessanten Nachricht mit unbekanntem Absender.

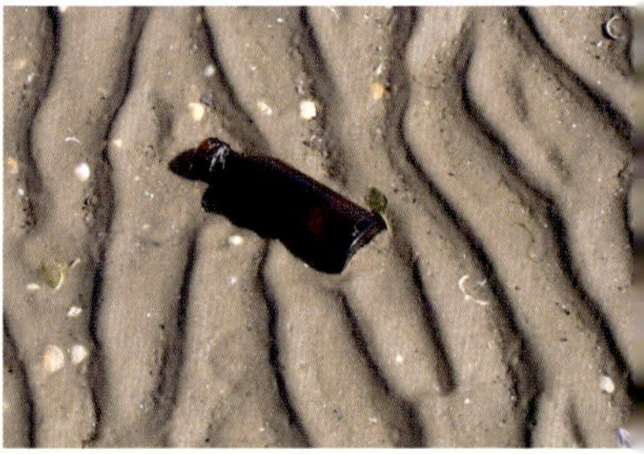

Am Strand ist leider jedoch viel zu oft auch Zivilisationsmüll (siehe Kapitel 2.8.) zu finden. Für Menschen ist er ärgerlich, für Tiere kann er allerdings zum Verhängnis werden. Auf der gesamten Strandlänge vom Kalfamer bis zum Billriff befinden sich Strand-Müll-Boxen. Hier kann der am Strand gesammelte Müll auch von Gästen entsorgt werden. Jeder kann einen sinnvollen Beitrag zur sauberen Insel leisten.

Auf dem Weg zum Kalfamer lassen sich über den Strandprielen, auf den Sandbänken links von uns oder über den Dünen des Öfteren **Seevögel** beobachten.

Wer mehr über die Vögel der Insel Juist erfahren will, sei auf die naturkundliche Führung des Nationalpark-Hauses zum Thema: „Die faszinierende Vogelwelt des Wattenmeeres“ oder auf Standort 27 „Die Juister Vogelwelt“ hingewiesen.

Sehr viele Muscheln liegen am Strand. Ihre Zahl geht in die Milliarden. Unter ihnen überwiegt die Herzmuschel.

In den letzten 120 Jahren sind viele exotische Tier- und Pflanzenarten im Wattenmer hinzugekommen. Sie gelangten erstmals als „blinde Passagiere“ im Ballastwasser oder an der Außenhaut der Übersee-Schiffe hierher. So z. B. die Amerikanische Schwertmuschel oder der Japanische Beerentang. Die große Sandklaffmuschel wurde bereits durch die Wikinger eingeführt. Sie diente wahrscheinlich als Proviant. Die meisten der exotischen Arten haben sich mittlerweile ins

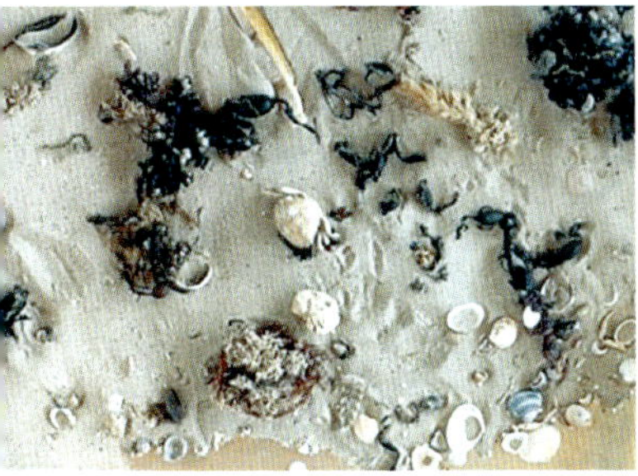

Ökosystem Wattenmeer friedlich integriert.

Die Torfbrocken, die an den Strand angetrieben werden, wurden meist von den Fischkutternetzen von der vor mehreren tausend Jahren in der südlichen Nordsee untergegangenen Landoberfläche losgerissen. Werden diese schuhsohlenähnlichen Stücke gefunden, sind sie meist schon von Bohrmuscheln durchlöchert. Erst in jüngster Zeit wur-

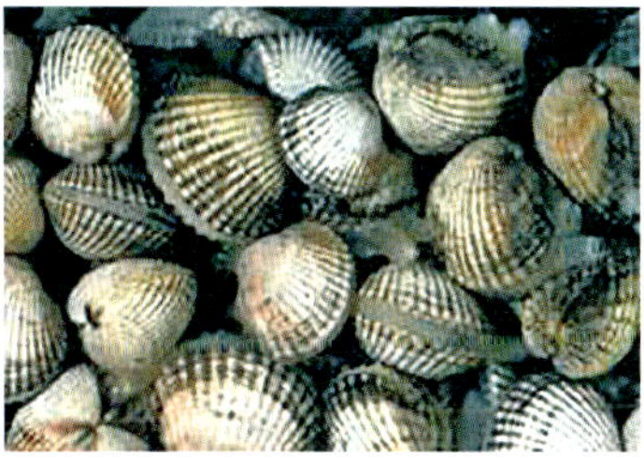

de Basistorf aus Hoch- und Niedermooren mit Birkenstämmen gefunden, die wahrscheinlich 10 000 bis 12 000 Jahre alt sind.

Mit etwas Glück kann auch **Bernstein** gefunden werden. Bernstein ist fossiles Baumharz längst untergegangener Wälder und stammt hier aus Schichten des Untergrundes Ostfrieslands. Diese Schichten laufen aus in den tieferen Stromrinnen und den Seegats. Bei Sturm, sehr unruhiger See, aber auch durch die Tidebewegungen des Wassers wird

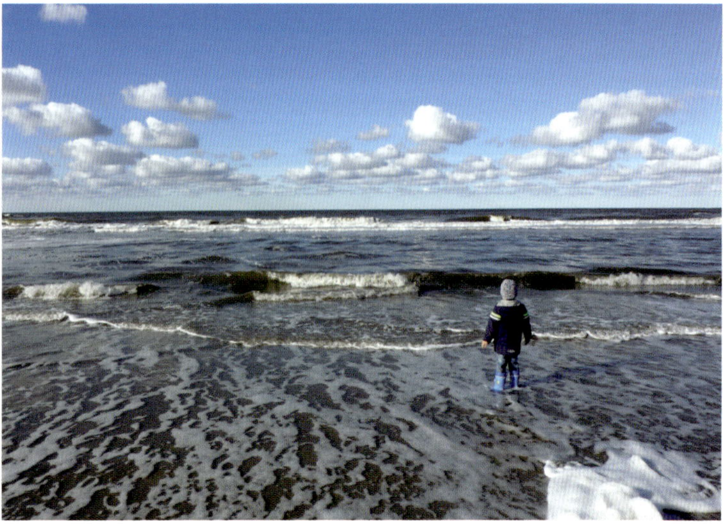

der leichte Bernstein diesen Schichten entrissen und an den Strand gespült.

Neben den üblichen Strandfunden gibt es auch immer wieder kuriose Funde. 2013 wurde ein herrenloser Zweimaster gefunden, im Herbst 2012 auf Höhe des Kalfamers ein toter, 8 m langer Wal. Der Fundort entwickelte sich schnell zum neuen Wanderziel. Es stellte sich allerdings die Frage, was mit dem Tierkadaver zu tun und wer dafür zuständig sei. Die Zuständigkeit klärte sich anhand der genauen Lage des Fundortes. Unterhalb des mittleren Tidehochwassers ist das Land zuständig. Oberhalb des mittleren Tidehochwassers ist der Landkreis bzw. die Inselgemeinde zuständig. Nach einigen Diskussionen einigte man sich darauf, das Tier dort zu belassen und den natürlichen Werdegang zu beobachten und zu dokumentieren.

Die Breite des Sandstrandes variiert selbstverständlich mit den Gezeiten. Oft im Winter oder bei trockenem Wetter mit Wind herrscht am Strand ein sogenanntes Sandwehen in nur wenigen Zentimetern Höhe. Dieses Ereignis hinterlässt den Eindruck dünner Nebelschwaden, die über den Boden ziehen. Die Oberfläche des Sandstrandes erscheint manchmal glatt und manchmal mit verschiedenartigsten Rippeln versehen, die ihre Form sowohl dem Wasser als auch dem Wind verdanken. Stellenweise entstehen winzige parallel zueinander verlaufende Windschliffleisten oder auch Salzsandkrusten.

Betritt man im Sommer oder Herbst abends oder nachts den Strand, so kann es vorkommen, dass man das **Meeresleuchten** wahrnimmt. Von den Aussichtsplattformen an der Strandpromenade aus ist dieses Phänomen nicht zu beobachten. Es bedarf eines Spazierganges zum Flutsaum. Diese außerordentlich eindrucksvolle Erscheinung wird hervorgerufen durch winzige, stecknadelkopfgroße durchsichtige Lebewesen. Dieses sind die Meeresleuchttierchen (*Noctiluca miliaris*), die im Wasser mit kleinsten Gegenständen in Berührung kommen. Das Wasser nimmt dann eine leuchtende silbrige Farbe an.

Standort 15: Kalfamer

Es stellt sich oft die Frage, warum der Kalfamer „Kalfamer" heißt. Aus den Unterlagen im Archiv des Heimatvereins Juist geht hervor, dass eine ganz alte friesische Bezeichnung der Seehunde „Kalf", „Kalber" oder „Kalb" lautet. „Hammer" oder „Hammrich" war die Bezeichnung für geschützte oder seichte Stellen oder niedrig gelegene feuchte Wiesen. Der „Kalf-Hammer" also „Kalfamer" war demnach eine Kälberwiese, also ein Liegeplatz der Seehunde. Die Tiere wissen scheinbar um diese Bezeichnung,

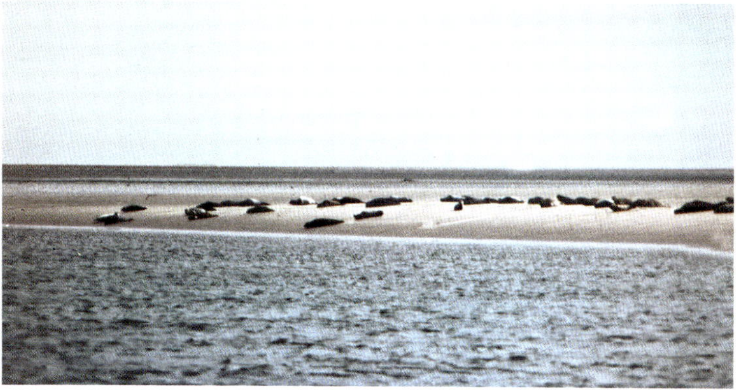

Seehundkolonie am Kalfamer

denn hier liegen oft viele Seehunde und seit einigen Jahren wieder vermehrt Kegelrobben. Sie sind willkommene Rückkehrer. Mitte der 1970er-Jahre wurde die Jagd auf Seehunde in Deutschland eingestellt. Bei der Ankunft oder auch bei der Abreise per Flugzeug oder Fähre können die Tiere aus der Nähe beobachtet werden. Der Seehund ist das Charaktertier des Wattenmeere. Mit seinem katzenförmigen Gesicht, der kurzen Schnauze und seinen großen braunen Augen ist er gegenüber der Kegelrobbe leicht zu erkennen. Kegelrobben werden deutlich größer als Seehunde. Die großen Bullen tragen ein dunkles Fell mit weißen Flecken, die kleineren Weibchen ein helles Kleid mit dunkleren Flecken. Die Schnauze der Kegelrobbe ist im Gegensatz zum Seehund lang gestreckt und kegelförmig.

Für ihre Beutezüge ziehen Seehunde bis zu 50 km weit in die Nordsee. Nach einigen Tagen Jagd kommen sie wieder zurück ins Wattenmeer für eine mehrtägige Ruhepause.

2013 war für die Seehunde ein erfreuliches Rekordjahr. Noch nie wurden seit Beginn der Seehundzählungen so viele Tiere erfasst. Seit dem großen Seehundsterben 2002, dem fast die Hälfte der Bestände zum Opfer fiel, nimmt die Population wieder zu. Die Stabilisierung der Bestände auf bis zu 39 000 Tiere ist eine Erfolgsgeschichte der gemeinsamen Bemühungen der Wattenmeeranrainer Niederlande, Deutschland

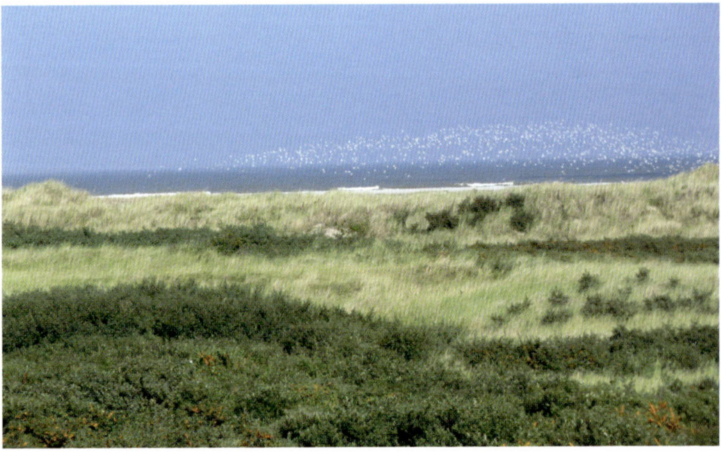

und Dänemark. Der Bestand der Kegelrobben ist weitaus geringer, obwohl auch hier der Bestand an Jungtieren kontinuierlich zunimmt.

Manch ein Gast berichtet unglaublicherweise davon, vor Juist einen Hai gesehen zu haben. Was soll man davon halten? Gesichtet wurde sicherlich eine Rückenflosse, die die Wasseroberfläche durchschnitt. Sie gehörte aber wahrscheinlich einem Schweinswal. Diese bis zu 180 cm großen Tümmler gehören zu den kleinsten Walarten und befinden sich ab und an zur Paarung und Geburt im Wattenmeer.

Der Kalfamer am Ostende ist das jüngste Gebiet der Insel. Ähnlich wie im Westen an der Bill findet man auch hier ausgedehnte Sandflächen. Hier sind sie jedoch erheblich grüner. Die jahrelangen Stammgäste erkennen hier den Wandel der Insel. Die Insel nimmt in diesem Gebiet an Fläche zu. Noch in den 1970er-Jahren wurde der Bereich zwischen Kalfamer und dem alten Ostende regelmäßig überschwemmt. Heute befindet sich hier bereits eine junge Dünenkette. Die Winde aus westlicher Richtung sowie die parallel zur Küste verlaufenden Tideströmungen transportieren Sand von Westen nach Osten. Es entstehen überall neue sogenannte Primärdünen, die sich weiterentwickeln können. Der Strandhafer (siehe Standort 18) ist auch hier der wichtigste Dünenbildner.

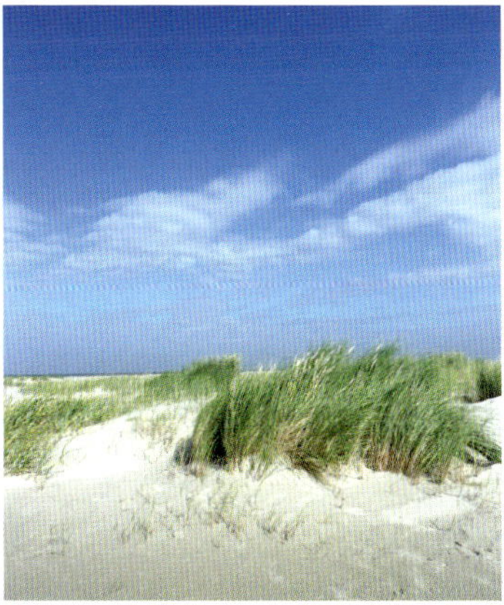

Primärer Dünenbildner am Kalfamer

Es hält sich hartnäckig das Gerücht, dass aufgrund der Befestigung des Westkopfes der Insel Norderney und dem Wachstum am Kalfamer beide Inseln bereits in 300 bis 400 Jahren zusammengewachsen sein werden (vergleiche Kapitel 1.2.2.).

Das Ostende am Kalfamer ist ein wichtiges Vogelrast- und Nistgebiet. Den zwölf informativen Schildern am Naturpfad Ostende und auch auf der Aussichtsplattform können Sie entnehmen, dass hier Tausende von Vögeln

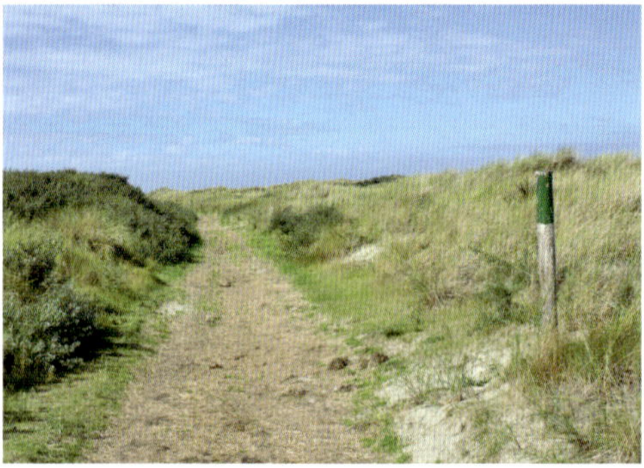

Wanderweg am Kalfamer

Station zum Brüten und Rasten machen. Es ist immer etwas los. Im Winter dient der Kalfamer vielen Vögeln als Winterquartier. Im Frühjahr und Herbst nutzen Tausende Zugvögel das Gebiet zum Rasten und zur Nahrungssuche. Im Sommer befinden sich hier zahlreiche Brutvögel, wie z. B. Silber- und Heringsmöwe, Brandgans und Austernfischer. Deshalb ist während der Brutzeit vom 1. April bis zum 31. Juli der Zutritt zum Kalfamer nicht möglich (Kapitel Juister Vogelwelt (27)). Befinden Sie sich zu dieser Zeit auf Juist, dann queren Sie die Insel bitte direkt östlich der Ostbake entlang des Dünenfußes.

Eine Wanderung durch den Kalfamer ist dann nur auf dem einzigen zugelassenen Weg, dem „Naturpfad am Ostende", gestattet. Der Weg ist durch grüne Holzpfähle markiert. Er befindet sich in der Ruhezone des Nationalparks „Niedersächsisches Wattenmeer" und darf nicht verlassen werden. Wegeführung am Kalfamer: Die Wattseite ist ganzjährig gesperrt. Auf der Strandseite ist nur von August bis März ein Rundweg über Spülsaum und Rettungsweg möglich.

Am Kalfamer erstrecken sich sehr große Muschelfelder mit den unterschiedlichsten, zum Teil ganz besonderen Muscheln und Schnecken. Wenn man etwas

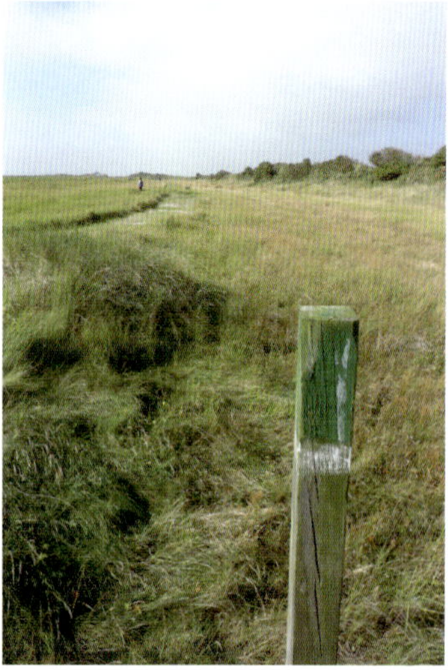

Glück hat, kann man auch den seltenen Bernstein finden. An der Ostspitze Juists angelangt, sind wir der Nachbarinsel Norderney und dem Festland sehr nahe.

Die Entfernung zu Norderney beträgt nun nur noch ungefähr 4 km, das heißt, wir sind unserer Nachbarinsel wesentlich näher als dem Juister Wasserturm. Wir erkennen die Skyline Norderneys, den 40 m hohen Wasserturm und den 55 m hohen Inselleuchtturm, der von uns nur noch ca. 9 km entfernt ist. Mit dem Fernglas erkennen wir die Wetterwarte des Deutschen Wetterdienstes auf der hohen Düne, der „Georgshöhe". Auf einer weiteren Düne steht das Café Marienhöhe, eine Stiftung der Königin Marie von Hannover. Der schlanke, viereckige weiße Schornstein gehört zum Maschinen- und Kesselhaus, das das Schwimmbad und Kurhaus heizt. Auf dem Festland kann man die Gittertürme der Empfangsfunkstelle Uthlandshörn und die Antennen der ehemaligen Sendefunkstelle Osterloog ausmachen. Heute befindet sich hier ein Zentrum für Telekommunikation.

Dazwischen liegt in 7 km Entfernung Norddeich. Etwa vor den Osterlooger Antennen kann man die grüne Leuchtboje „Juister Watt" erkennen.

Zwischen uns und Norderney befindet sich das Norderneyer Seegatt. Unter einem Seegatt versteht man den Durchlass des Wassers zwischen zwei Inseln, also in unserem Fall vom Wattenmeer zur offenen See und umgekehrt. Das

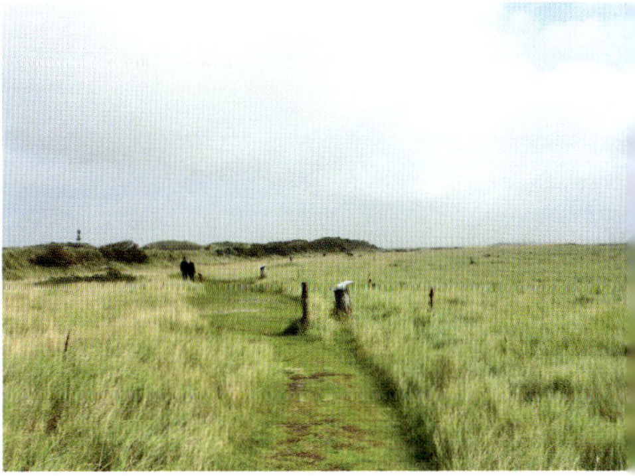

Naturpfad am Ostende

Norderneyer Gatt ist sehr tief. Vor der Nachbarinsel beträgt die Tiefe ca. 14 m, vor unserer nur noch etwa 3 m. Im Gatt liegen mehrere Sandbänke. Es herrscht eine andauernde starke Strömung, die alle sechs Stunden umschlägt. Bei Ebbe werden die riesigen Wassermengen des Wattenmeeres durch die Seegatts geschleust und das Watt fällt trocken. Bei Flut strömen diese gewaltigen Mengen ebenso wieder zurück. Diese sehr starke Strömung kann man mit dem Auge leider nicht sehen, bei einer Überfahrt nach Norderney kann man die Kraft des Wassers durch das „Rollen“ des Schiffes jedoch spüren.

Ein Besuch der Aussichtsplattform am „Naturpfad am Ostende“ ist zu empfehlen. Neben den Informationstafeln bietet sich hier eine herrliche Aussicht. Sowohl mit dem bloßen Auge, dem mitgebrachten Fernglas als auch dem kostenfreien (!) fest installierten Fernglas erschließt sich eine wunderbare Weitsicht auf Nordsee und Wattenmeer, Dünenlandschaft, Nachbarinsel Norderney, Salzwiesen und Seehund- und Vogelkolonien.

Standort 16: Flugplatz

Direkt neben dem Flugplatz erblickt man zunächst die Gebäude der Jugendbildungsstätte Theodor Wuppermann e. V., einer pädagogischen Institution, die ganzjährig Kurse für junge Menschen durchführt. Schwerpunkt des pädagogischen Programms ist der „Fliegerische Unterricht“ in Kombination mit kreativen Kunstprojekten. Das erlebnispädagogische Bildungsangebot ermöglicht starke eigene Erfahrungen und richtet sich an junge Menschen zwischen 14 und 25 Jahren, die sich auf dem Weg zwischen Schule und Beruf befinden: Jugendliche ohne Arbeit, Schüler, Auszubildende und junge Mitarbeiter. Die Bildungsstätte zählt pro Jahr ca. 18 000 Übernachtungen. (Weitere Informationen unter www.perspektive juist.com)

Der Wanderweg führt direkt durch das riesige Deichtor. Es ist das größte Nordwestdeutschlands und wird bei Sturmfluten geschlossen.

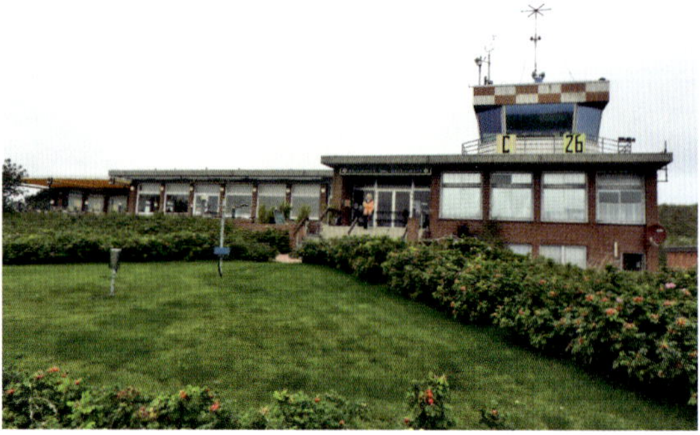

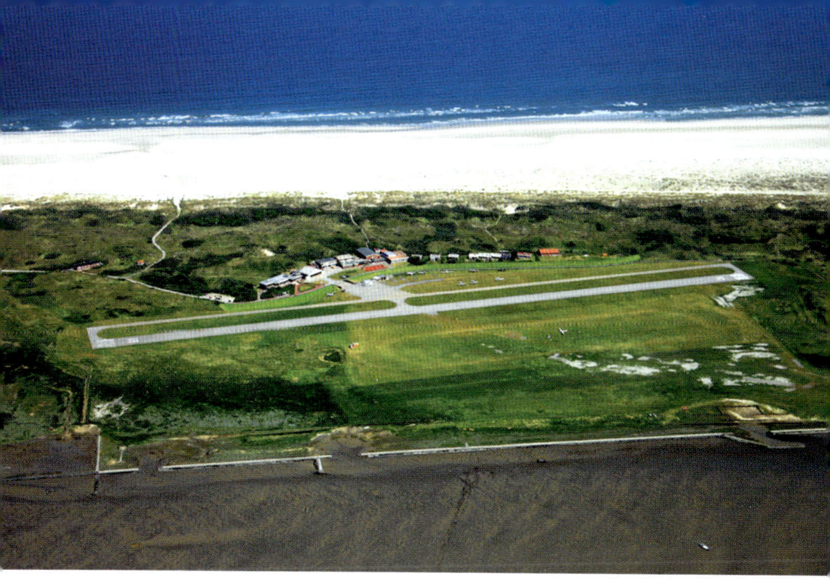

Der Juister Flughafen *Luftbild: Gerhard Launer*

Vor uns liegt das 1976 erbaute Betriebsgebäude des Flugplatzes mit dem Flugplatzrestaurant, das uns zum Verweilen einlädt. Der Flugplatz ist ca. 4 km vom Ort entfernt. Von der Terrasse des Restaurants aus, aber auch vom Innenraum kann man den Flugbetrieb sehr schön beobachten.

Auf dem Gebäude thront der Tower mit Antennen und dem sich im Wind drehenden Schalenkreuz. Der Windsack zeigt den ankommenden Flugzeugen die Windrichtung an.

Die Graspiste des gemeindeeigenen Verkehrslandeplatzes wurde von 1971 bis 1973 zu einer festen Landebahn von 700 m Länge und 15 m Breite ausgebaut und 1990 auf 20 m verbreitert. Von 1974 bis 1977 baute man ein Flugplatzrestaurant mit neuem Tower. Besonders bei schweren Wetterlagen (z. B. Eisgang oder Ostwind) ist der Verkehrslandeplatz Juist ein unentbehrlicher Knotenpunkt auf dem Weg zum und vom Festland. Der aus kleinsten Anfängen entstandene und heute vorbildlich angelegte und leistungsfähige Verkehrslandeplatz zählt zu den am meisten angeflogenen in der Bundesrepublik. Er ist für die tideabhängige Insel Juist ein zweiter wichtiger Verkehrsträger, denn außer dem regelmäßigen Dienst der FLN spielt sich hier im Sommer ein beträchtlicher Privatflugverkehr ab. Das Engagement der Jugendbildungsstätte, die auf dem Juister Platz seit 1956 mit

Segelflugzeugen und Motorseglern fliegt und bis 2001 Inhaberin der Betriebsgenehmigung war, erwies sich für die Insel und ihre Gäste von erheblichem Nutzen.
Auf dem Flugplatz, dem „Verkehrslandeplatz Juist Betriebs GmbH", der heute Inhaber der Betriebsgenehmigung ist, herrscht reges Leben. Der Platz kann etwa 30 000 Starts und Landungen im Jahr verzeichnen. $^{2}/_{3}$ davon sind gewerblich und $^{1}/_{3}$ privat. Damit hat der Juister Flugplatz nach Hannover das größte Aufkommen in Niedersachsen. Sicherlich ist dies auch dem tideabhängigen Schiffsverkehr geschuldet. Für die Gäste werden Rundflüge über Juist sowie zu den Nachbarinseln angeboten. Der Juister Landeplatz ist für Privatmaschinen besonders interessant, da der Weg zum Strand nur ca. 100 m beträgt. Somit landen hier einige Gäste mit einer durchschnittlichen Aufenthaltsdauer von fünf Stunden. Die Fluggesellschaft FLN Frisia-Luftverkehr GmbH in Norddeich betreibt ganzjährig einen Be-

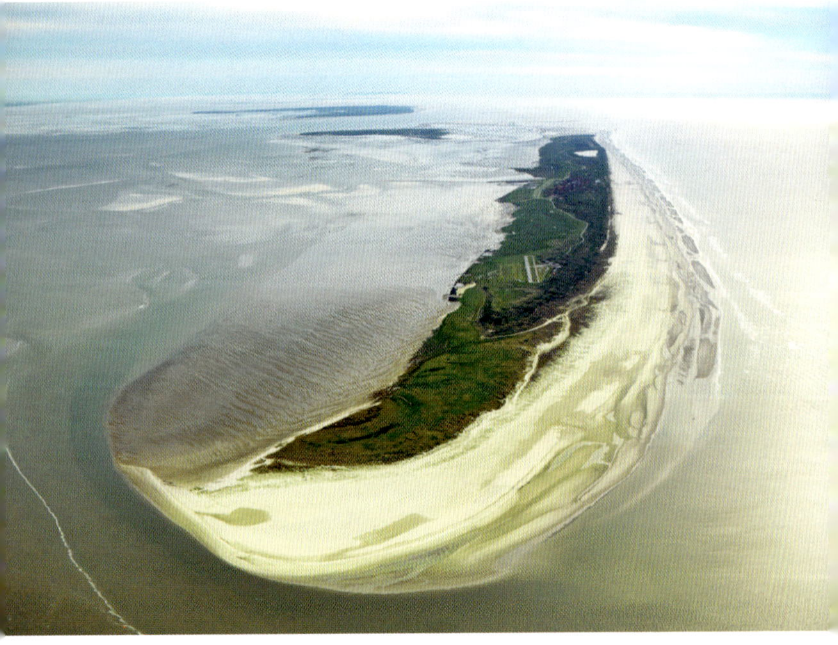

Nordseeinsel Juist *Luftbild: Gerhard Launer*

darfsflugverkehr mit festen Abflugzeiten vom Flugplatz Norden-Norddeich zum Flugplatz Juist. Der einzige Linienflug ab Juist ist die Strecke Juist–Hamburg und wird von den Fluggesellschaften Air Hamburg und Ostfriesische Lufttransport bedient.

Die Luftlinie der Frisia hat jahreszeitlich unterschiedliche Frequenzen. Im Sommer gibt es vor- und nachmittags fünf Flüge, im Winter nur noch zwei. Die Flugzeit beträgt nur rund fünf Minuten.

Der Tower besitzt zwei Webcams, durch die sowohl die Piloten als auch Gäste sich die Sichtweiten aus Ost- und Westrichtung ansehen können. Die Kameras sind auf der Internetseite des Flughafens www.edwj.de zu finden: e = Europa, d = Deutschland, w = Bremen, j = Juist. Zudem findet man hier z. B. die Gebührenordnung und interessante Informationen zur Geschichte des Flugplatzes wie z. B. die Landung eines Zeppelins am Kalfamer 1917. Der Betrieb des Juister Flughafens läuft sichtflugabhängig, d. h. es kann nur geflogen werden, wenn der Pilot den Flugweg auch sehen kann. Daher wird nachts und auch bei Nebel nicht geflogen. Ausnahmen sind Krankentransporte und auch nächtliche Hubschrauberlandungen.

Das Flughafenrestaurant wurde bereits renoviert. Die Sanierung des Towers und ein Ausbau der Jugendbildungsstätte sind in Planung.

Vor dem Flughafengebäude befindet sich eine Wetterstation der meteomedia AG, die 2002 durch Sven Plöger eingeweiht wurde. Die Daten werden verarbeitet und sind zu finden unter www.wetter.info.

Im Foyer des Flughafengebäudes befindet sich eine hervorragende Ausstellung des Luftbildfotografen Gerhard Launer, eines der bekanntesten Luftbildfotografen Deutschlands. Als er seine Leidenschaft für die Fliegerei entdeckte, erwarb er die Lizenzen als Privat- und dann auch als Berufspilot. Die vielfältigen Landschaftstypen über Deutschland nahm Launer zum Anlass, das Geschaute über die Fotografie künstlerisch umzusetzen. Hierzu hat er ein individuelles, ausgeklügeltes System entwickelt, mit dem er zugleich fotografieren und das Flugzeug steuern kann. Die übergroßen faszinierenden Luftbilder im Flughafengebäude zeigen unsere Urlaubsinsel aus verschiedenen Perspektiven sowie

die Nachbarinseln und auch Helgoland.
Für Fans dieser Ausstellung ein Tipp: Weitere Luftbildaufnahmen der Insel Juist und auch der anderen Ostfriesischen Inseln sind in verschiedenen Formaten erhältlich sind bei: Luftbildfotograf Gerhard Launer, www.luftbild-shop.de.

Standort 17: Heller / Salzwiesen

Auf dem Weg zwischen Flughafen und Café Wilhelmshöhe begleiten uns links die riesigen **Salzwiesen** mit ihrem reichen Vogelleben und rechts die Dünen. Die Salzwiesen werden auch Heller (von griech. Salz) genannt. Als Salzwiese versteht man das außerhalb der Deiche auf der Wattseite angeschlickte Grünland, das bei Hochwasser manchmal noch überschwemmt wird. Der Heller macht auf Juist fast die gesamte Südseite der Insel zum Watt hin aus. Es gibt den Bill-Heller, den Loog-Heller und den Gemeinde-Heller auf Höhe der Wilhelmshöhe. Die meisten Heller befinden sich in der Ruhezone. Den Heller durchschneiden viele künstliche, geradlinige und schmale Gräben sowie natürliche, gewundene und breitere Priele. Schon bei mittlerem Hochwasser dringt so Salzwasser ein. Das Gebiet der Salzwiesen zählt heutzutage nicht nur zu den

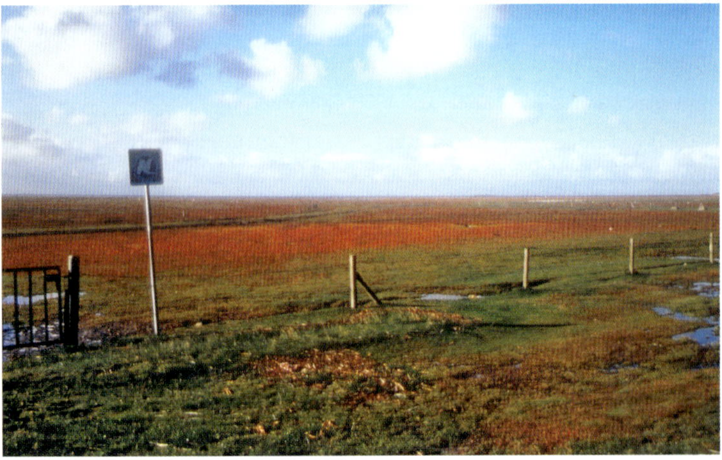

Salzwiese

Ökosystemen mit den geringsten Flächenanteilen, sondern auch zu den am stärksten gefährdeten.
Der Gemeinde-Heller ist hier ca. 600 m breit. 1991 hat man an der Straße eine Regenschutzhütte (Dünenhuk'je) errichtet. Hier können Wanderer rasten und die Salzwiesen beobachten.
Die großen Salzwiesenflächen stellen für viele Vogelarten ein wichtiges Brut- und Rastgebiet dar. Wir sehen und hören hier oft Kiebitze und Rotschenkel. Diese Sumpfvögel brüten in den Wiesen gemeinsam mit Seeschwalben, Austernfischern und Lachmöwen. Der grau gefiederte Rotschenkel gehört zu den bedrohten Tierarten. Er ist ein Watvogel und fällt auf durch seine roten langen Beine und seinen langen Schnabel. Mehr über die Juister Vogelwelt am Standort 27.
Von der Inselmitte aus können auch weitere Tierarten in die Salzwiesen eindringen, wie z. B. Feldmäuse, Feldhasen, Insekten, Spinnen etc.
Die unterschiedlichen Pflanzen, die sich in der Salzwiese angesiedelt haben, werden auch in den höher gelegenen Bereichen noch etliche Mal pro Jahr überflutet. Sie sind an den Rhythmus von Ebbe und Flut angepasst. Hier

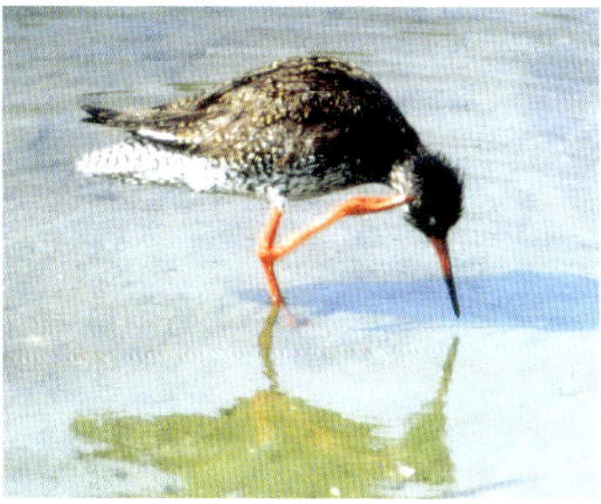

Rotschenkel

sind ca. 45 bis 50 Blütenpflanzenarten zu finden, die sich auf diese Lebensweise spezialisiert haben. Rund 400 der ca. 2000 Tierarten, davon überwiegend Insekten, die in der Wiese leben, sind in ihrer Entwicklung direkt auf die Salzwiesenpflanzen angewiesen.
Alle Pflanzen der Salzwiese haben ein gemeinsames Problem: den Einfluss des Salzes. So haben sie alle jeweils verschiedene Schutzmechanismen dagegen ausgebildet. Der Strandbeifuß z. B. trägt auf seinen Blättern eine Art pelzigen Überzug aus ganz feinen Haaren, der als Verdunstungsschutz dient. Seinen Namen hat er übrigens daher, dass man ihn auch als Einlage im Wanderschuh gegen Ermüdung nutzte. Der Strandwegerich schafft es, sich des Salzes zu entledigen, indem er seine salzhaltigen Blätter einfach abwirft.

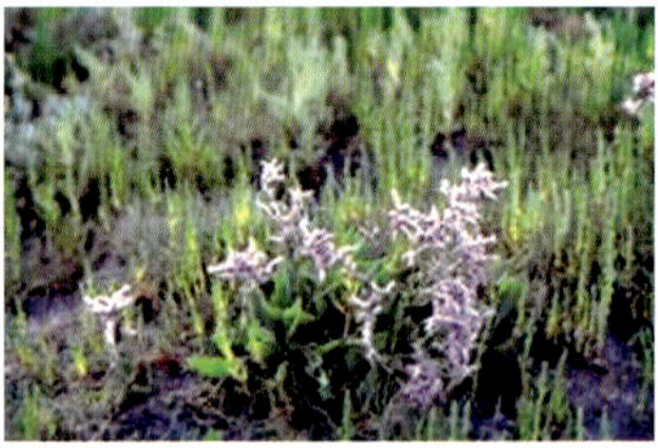

Der Strandflieder

Der Strandflieder mit seiner bläulich-violetten Farbe und den großen, lederartigen Blättern hingegen hat ein weitaus komplizierteres System entwickelt: Er scheidet das Salz durch speziell angelegte Drüsen aus.

Die Salzwiesen, die zur Ruhezone gehören, dürfen ganzjährig nicht betreten werden. Die Salzwiese zwischen Domäne Loog und Hafen gehört zur Zwischenzone und darf vom 1. 4. bis 31. 9. nicht betreten werden. Das Ökosystem Salzwiese ist sehr empfindlich und kann sehr leicht geschädigt werden. Seit dem 17. Jahrhundert sind rund 80 % des Bestandes aufgrund von Eindeichungsmaßnahmen verlorengegangen. Heutzutage werden 50 % der bestehenden Salzwiesen durch Beweidung genutzt. Diese Areale sind kurz gefressen und müssen entwässert werden.

Die Salzwiese wechselt ihr Erscheinungsbild im Wechsel der Jahreszeiten. Im Winter erscheint sie sehr öde. Im Frühjahr kommen viele Farben hinzu. Vom Zartrosa der Strandaster bis zum Dunkelgrün des Andelrasens. Im Spätsommer erwacht ein lila Blü-

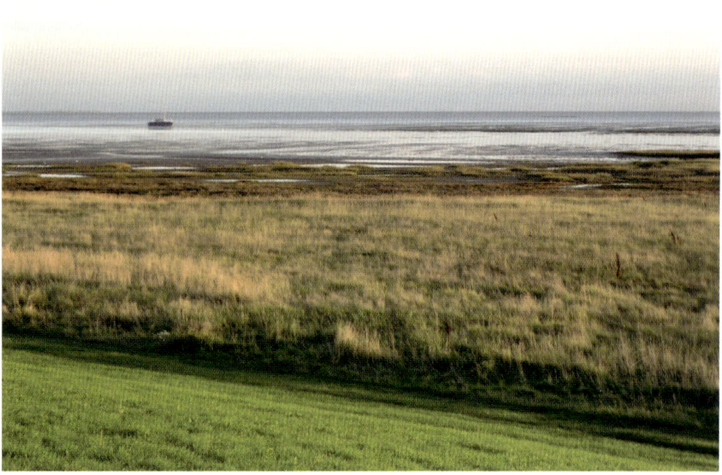

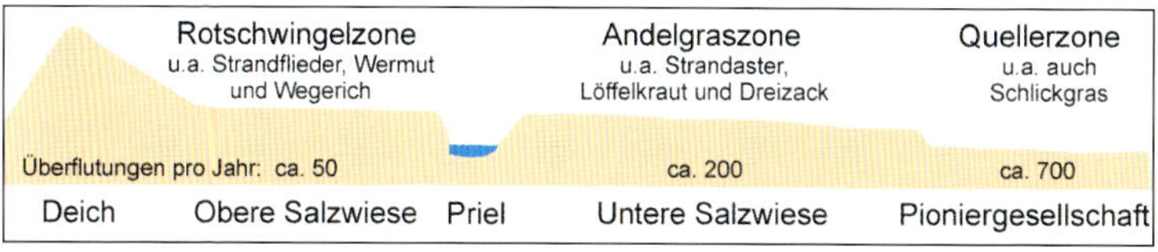

tenmeer aus Strandflieder, bis im Herbst die Strandsode und der Queller ein dunkles Rotbraun hervorzaubern.

Die **Salzwiese** wird in drei verschiedene Zonen unterteilt: **Quellerzone**, **Andelgraszone**, **Rotschwingelzone**.

Die **Quellerzone**, auch als Schlickgraszone bekannt, ist den Gezeiten ständig ausgesetzt und wird so zweimal täglich überflutet. Der Queller ist eine typische Pionierpflanze. Gerät das Wasser bei der Überflutung zum Stillstand, so kommt es zu Ablagerungen. Der Queller erhöht die Ablagerungsgeschwindigkeit. Er ist jedoch nicht wie die anderen Pflanzen der Salzwiese in der Lage, das Salz auszuscheiden. Er gehört zu den Sukkulenten (sehr kleine Schuppenblätter, runder, fleischiger Stamm) und verhindert so die unnötige Verdunstung des Wassers.

Der Queller ist eine einjährige Pflanze. Er speichert das Salz in seinem Körper und stirbt im Spätherbst ab. Die Überwinterung wird durch die Ausbildung von Samen gesichert, die allerdings auch etlichen Vögeln als Nahrung dienen. Eine weitere Pflanze der Quellerzone ist das 1927 aus England eingeführte Schlickgras, welches durch seine hohen, breiten Blätter auffällt. Es ist eine mehrjährige Pflanze, die zweierlei Wurzeln ausbildet: zum einen senkrechte Wurzeln, die der Verankerung dienen, und zum anderen verzweigte Oberflächenwurzeln parallel zur Wattoberfläche. Der Unterschied zum Queller besteht in der Wasserspeicherung. Das Schlickgras kann das aufgenommene Salz wieder aktiv ausscheiden. Es wurde in Deutschland für die Landgewinnung angepflanzt, da man es als geeigneter ansah als den im Herbst absterbenden Queller.

Es folgt die **Andelgraszone**, die auch als untere Salzwiese bezeichnet wird. Sie erscheint eher braun und wird 200 bis 300 Mal pro Jahr überflutet. Das Andelgras (Süßgras) bildet dichten Rasen, in dem sich feine Partikel aus dem Wasser absetzen können. Hat sich der Boden erst einmal über das

Mittelhochwasserniveau erhoben, kann das Gras ungehindert wachsen. Das Andelgras ist somit der wichtigste Marschbildner, dessen Auftreten den Übergang des Watts in die Marsch (Standort 29) bezeichnet. Es ist von unschätzbarem wirtschaftlichem Wert, weil es außer zur Landgewinnung auch als hervorragendes Futtergras dient. Man kann die Blätter des Grases essen. Sie schmecken nicht salzig, da das Salz in den Wurzeln gelagert wird. Die Blätter werden mit Vorliebe von Gänsen gefressen, sie bedienen sich jedoch immer nur der jungen Triebe an den Spitzen. Die Gänse verfolgen ein ausgefeiltes System, um die Pflanzen nicht zu schädigen. Sie besuchen nur alle drei bis fünf Tage ein bestimmtes Salzwiesenareal, um hier zu grasen.

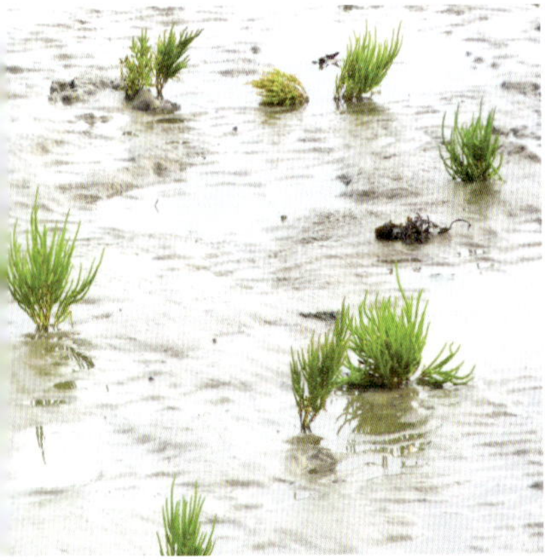

Queller

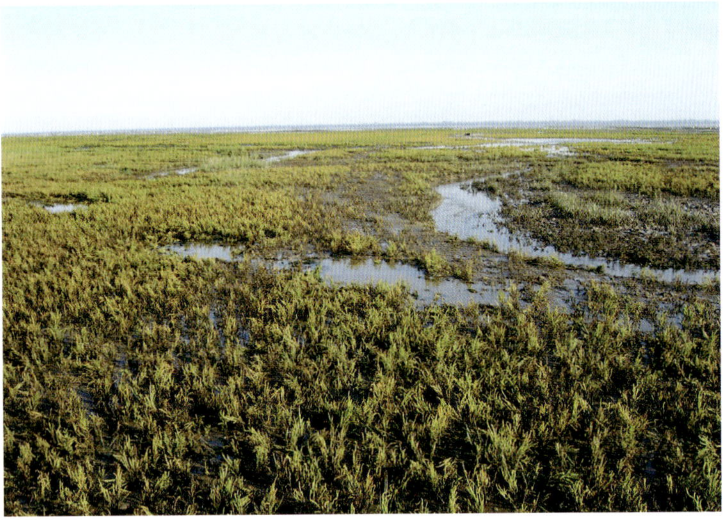

Quellerzone

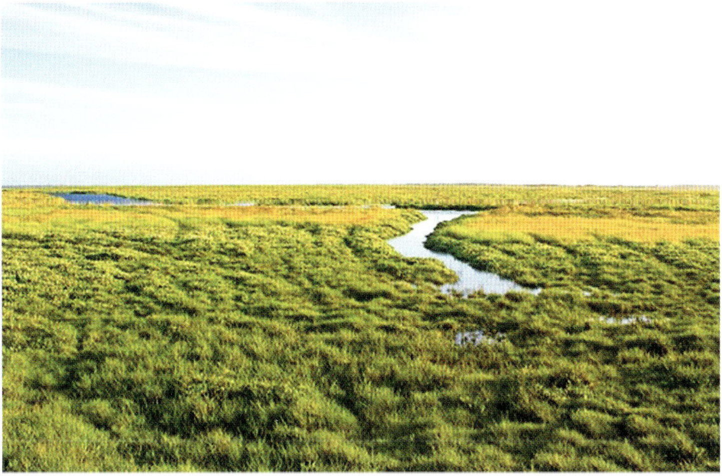

Andelgraszone, die untere Salzwiese

Weitere Charakterpflanzen der Andelgraszone sind das Dänische Löffelkraut und das Milchkraut.

Die **Rotschwingelzone** wird auch als obere Salzwiese bezeichnet. Sie wird nur noch bei Sturmfluten, bis zu 50 Mal pro

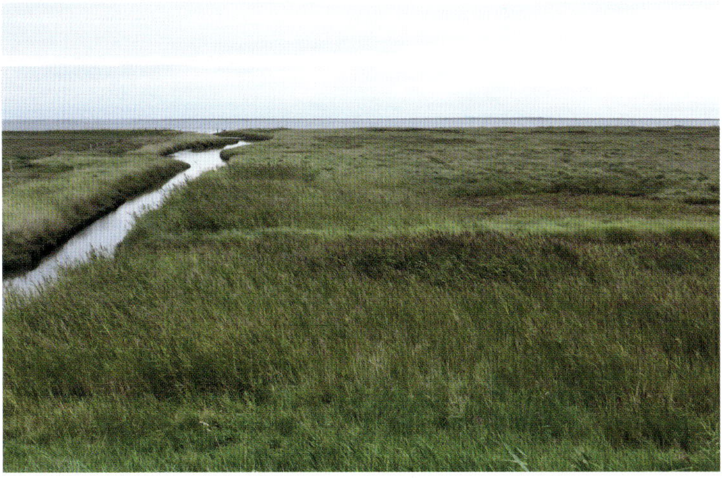

Rotschwingelzone

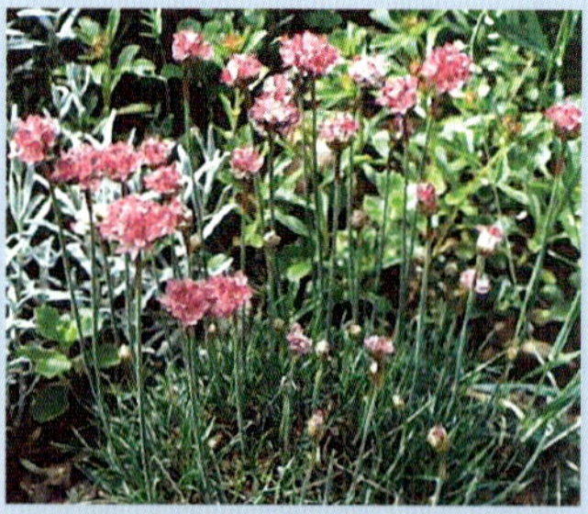

Die **Strandgrasnelke** (*Armeria maritima*) trägt von April bis September rosafarbene Blüten. Der blattlose Stängel bildet das Blütenköpfchen aus. Die Stängelgröße passt sich den Umweltbedingungen an. Die kleinen Blätter der Pflanze befinden sich geschützt auf dem Boden. Dies ist der Bereich, in dem das aufgenommene Meeressalz aktiv ausgeschieden wird. Der Name Nelke ist biologisch unzutreffend, da die Grasnelke keine Nelke, sondern ein Bleiwurzgewächs ist. Heutzutage ist die Strandgrasnelke kurioserweise auch auf den Mittelstreifen von Autobahnen zu finden. Sie hat sich dort den Lebensbedingungen inklusive mehrmals jährlicher Streusalzberieselung angepasst. In früheren Zeiten wurde die Strandgrasnelke als Arzneimittel verwendet. Sie besitzt harntreibende Eigenschaften und bekam daher auch den Namen „Pissnelke".

Jahr, überflutet und beherbergt 75 Pflanzenarten der Roten Liste. Der Rotschwingel ist ebenfalls ein Süßgras und blüht im Sommer rot. Seine im Wind schwingenden Ähren bilden so einen roten Wiesenteppich. Nicht nur für die Watvögel, sondern auch für die Juister Pferde stellt der Rotschwingel eine willkommene Mahlzeit dar. Weitere Charakterpflanzen der oberen Salzwiese sind: Strandbeifuß, Strandflieder und Strandgrasnelke.

Der Strandbeifuß, auch Strandwermut genannt, schimmert leicht silbrig-haarig. Er blüht im August und bildet kleine gelbe Blüten aus. Er zeichnet sich durch auffallend weißliche Stängel aus. Die Blätter riechen leicht nach Wermut und können tatsächlich als Magenbitter verwendet werden, da sie ätherische Öle enthalten. Probieren Sie es einmal aus, reiben Sie die Blätter zwischen den Fingern und riechen sie daran.

Der Strandflieder wird 15 bis 50 cm groß und bildet im Sommer einen blauvioletten, schirmartigen Blütenstand aus. Auf seinen Blättern befindet sich eine Wachsschicht, um die Verdunstung zu minimieren. Auch der Flieder scheidet sein überschüssiges Salz aktiv durch Salzdrüsen aus. Der Strandflieder ist gefährdet und steht auf der roten Liste. Er kann bis zu 40 Jahre alt werden. Allein zehn Insektenarten der Salzwiesen, wie z. B. der Strandfliederrüsselkäfer, haben sich auf Strandflieder spezialisiert, 25 auf die Strandaster.

Wer mehr über die Salzwiesen und ihre Vogel- und Pflanzenwelt erfahren möchte, sei auf die Salzwiesenwanderung des Nationalpark-Hauses Juist hingewiesen.

Standort 18: Dünen / Wilhelmshöhe / Juister Balje

Vom Café Wilhelmshöhe (Achtung: Dienstag Ruhetag) aus erhält man einen wunderschönen Rundblick auf die Umgebung. Man hat nicht nur einen guten Blick auf die Dünen oder das rege Treiben in den Salzwiesen, sondern auch die **Juister Balje** kann von hier aus gut beobachtet werden.

Als **Balje** bezeichnet man größere Tiefenlinien im Watt, die mit kleineren Hohlformen, den Prielen, dann in den Wattflächen gegen die Küsten hin auslaufen. Streng genommen gehört die

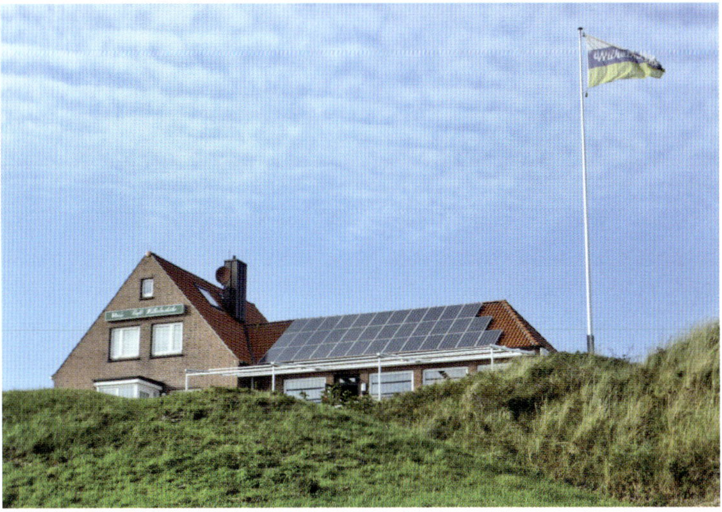

Café Wilhelmshöhe

Juister Balje nicht zur eigentlichen Insel. Sie ermöglicht allerdings mit ihren ausgedehnten Prielen für einige wenige Boote die Fahrt noch während der Ebbe. Die Juister Balje schlängelt sich am Westende der Insel um das Billriff von der offenen See bis hin zur Südseite der Insel. Besonders bei Ebbe kann man das Fahrwasser deutlich erkennen.
Der Urlaub auf Juist beginnt eigentlich schon im Hafen von Norddeich. Bevor wir die Insel erreichen, unternehmen wir bereits eine spannende Schiffsreise. Nach dem Passieren der Norddeicher Hafenausfahrt steuern wir zunächst direkt auf Norderney zu. Wir folgen dem Hauptfahrwasser Juist–Norddeich und befinden uns im sogenannten Buisetief, der gemeinsamen Fahrrinne mit den Fähren nach Norderney. Die Entfernung von Norddeich-Mole nach Juist beträgt nur ca. 7 km Luftlinie. Aufgrund der zu benutzenden Fahrrinne müssen jedoch 17 km zurückgelegt werden. Nach ca. 7 km Fahrt wird das Buisetief auf Höhe des Kalfamers, der östlichsten Spitze der Insel Juist verlassen, um in die Juister Balje hineinzufahren. Da der Ort in der Mitte der Insel liegt, schlängelt sich die Fähre nun im Fahrwasser entlang der Insel bis zum Hafen. Mal ist die Fähre sehr nah an der Insel und mal weiter weg. Früher querte die Fähre auf Höhe des Cafés die flachste Stelle der Juister Balje, die Wilhelmshöher Bucht. Diese war lange u.a. der Grund für die Tideabhängigkeit der Juister Fährschifffahrt. Die Fahrrinne wird nicht ausgebaggert, da sie im Nationalpark Niedersächsisches Wattenmeer liegt und es so zu Strömungsveränderungen kommen könnte, die die Insel schädigten. Zudem würden die Ergebnisse der Baggerarbeiten durch die vorhandenen Strömungen schnell wieder zunichte gemacht. Ein tideunabhängiger Fährverkehr würde weiterhin zu einem nicht gewünschten Aufkommen von Tagestourismus führen. Nachdem die Wilhelmshöher Bucht immer mehr versandete und das Durchkommen der Fähren selbst bei Hochwasser immer schwieriger wurde, musste nach einer Alternative gesucht werden. Man wurde fündig und verließ nun das Juister Wattfahrwasser zugunsten des weiter südlich gelegenen Memmert-Wattfahrwassers. Juister Stammgästen wird die geänderte Route sicherlich aufgefallen sein.

Vielleicht haben Sie bei Ihrem Aufenthalt im Café Wilhelmshöhe ja Glück und es ist gerade Ebbe, sodass nur noch die Juister Balje Wasser führt, oder vielleicht sehen sie gerade die Juister Fähre, wie sie sich dem Memmert-Wattfahrwasser folgend entlang der Insel hin und her schlängelt.

In einem grauen Dünental in der Nähe der Wilhelmshöhe befindet sich eine **Bienenköniginnen-Belegstelle** des Landesverbandes Weser-Ems der Imker. Im Sommer kann man die bunten Holzkästen sehen, die an niedrigen Holzpfählen aufgehängt sind und von Weitem Vogelnistkästen ähneln. In jedem Holzkasten befinden sich zwei Begattungskästchen, in denen je ein Zwergvolk aus etwa 150 bis 250 Arbeitsbienen mit einer unbefruchteten Königin lebt.

Die höchste Erhebung der Insel Juist ist die Düne an der Nordseite des Dorfes, auf der der Wasserturm steht; sie misst 21 m ü.NN. Neben einigen Partien der Salzwiesen sind die **Dünen** die jüngsten Landschaftselemente der Insel. Dünen können sich erst entwickeln, wenn sich auf hochwasserfreien Platen eine spezielle Vegetation entwickelt hat. Dabei wirken in einem komplizier-

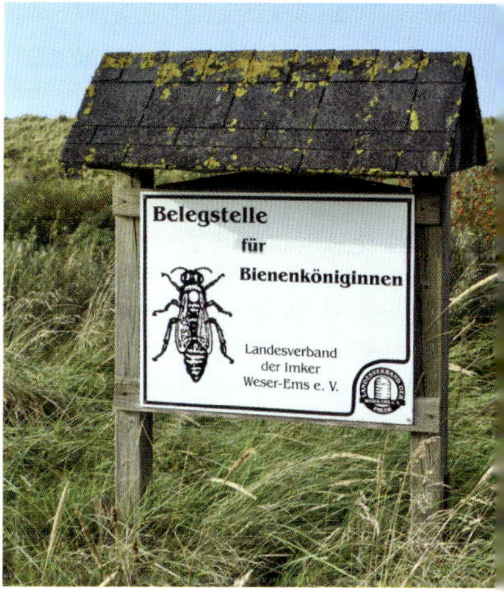

ten Prozess der Antransport von Sand durch Wind und das Festhalten von Sand durch Vegetation zusammen. Kleinstformen von Dünen entwickeln sich im Windschatten von Hindernissen jeglicher Art. Dort entstehen Wirbel, in denen die zum Sandtransport erforderliche Windgeschwindigkeit unterschritten wird, sodass sich ein Teil des vom Wind transportierten Sandes absetzt.

Die Dünen sind das Rückgrat der Inseln, die ihnen Halt geben. Um die enge Wechselwirkung zwischen Vegetation und Dünenentwicklung zu betonen, unterscheidet van Dieren (1934) die verschiedenen Dünentypen nach ihrer Lage, der vorherrschenden Farbe und dem Bewuchs.

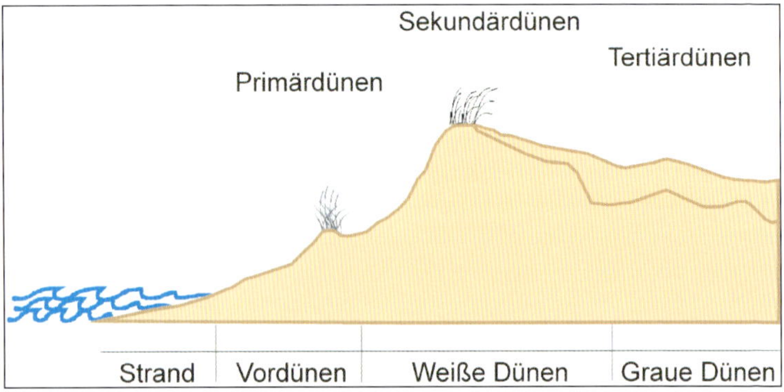

Es gibt: Primärdünen (Vordünen, Queckendünen), Sekundärdünen (Weißdünen, Strandhaferdünen) und Tertiärdünen (Graudünen, Schwarzdünen, Grasdünen).

Als **Primärdünen** oder Vordünen bezeichnet man die niedrigsten, oft nur wenige Dezimeter, maximal zwei bis drei Meter hohen Dünen im oberen Bereich des trockenen Strandes. Sie entstehen dort, wo der angewehte Sand von den vorherrschenden Pflanzen, Dünenquecke oder Strandweizen, festgehalten wird. Neben der dominierenden Dünenquecke

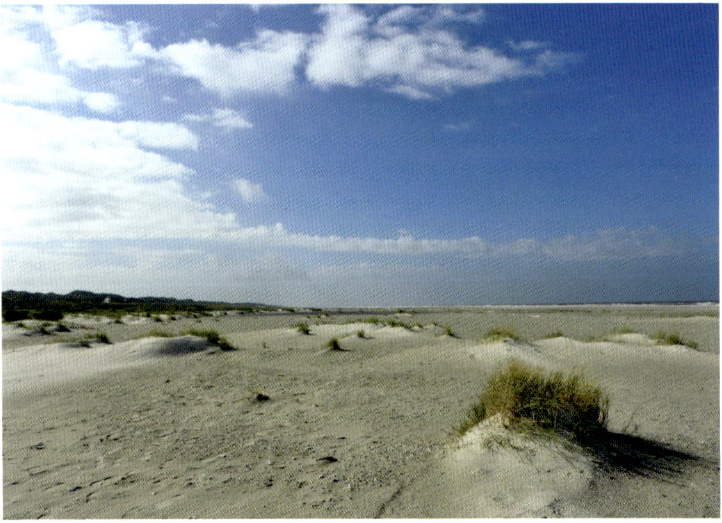

Primärdüne

kommen in diesem Bereich noch andere salztolerante Arten vor, das Kali-Salzkraut, der Meersenf, die Strandmelde und die Keilmelde. Primärdünen liegen im Niveau hoher Sturmfluten und bleiben deren Angriffen ausgesetzt. Sie bilden aber eine Grundlage, auf der weitere Dünenbildner Fuß fassen und so eine weitere Erhöhung einleiten können.

Die wichtigste Pflanze der **Sekundärdünen** oder Weißdünen ist der Strandhafer.

Seine langen dicht stehenden Blätter sind besonders zum Fangen und dauerhaften Fixieren des Flugsandes geeignet. Eine weitere wichtige Pflanze ist der Strandroggen. Er ist widerstandsfähiger gegenüber gelegentlichen Salzwasserüberflutungen. Er ist auf eine ständige Zufuhr frischen Sandes mit Kalk- und gewissen Salzgehalten angewiesen, was zum Höherwachsen der Dünenkörper führt. Der Sand wird sowohl von den oberirdischen Gräsern festgehalten als auch von den Wurzelstöcken durchdrungen und stabilisiert.

Neben den ausgesprochenen Dünenbildnern Strandhafer und Strandroggen kommen auf Sekundärdünen auch der Baltische Helm, die Ackergänsedistel, die Stranddistel, die Strandwinde und die Strandplatterbse vor. Die Sekundärdünen erreichen oft Höhen von über 10 bis 20 m und sind in etwa zu strandparallelen Dünenzügen angeordnet. Die vegetationsfreien, im Sonnenlicht oft blendend hellen Partien führten zu der charakteristischen Bezeichnung Weißdünen.

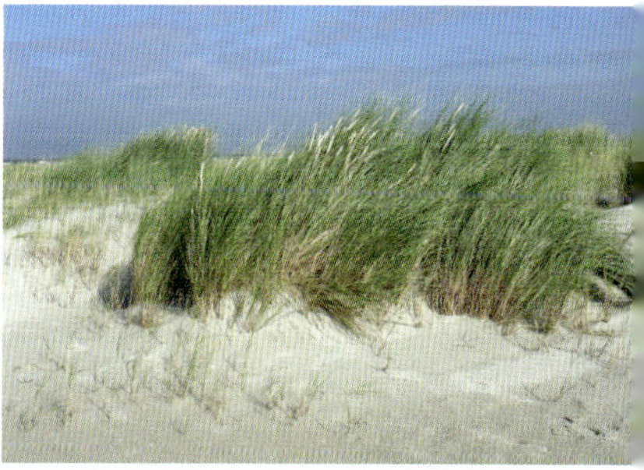

Strandhafer

Bei günstiger Sandversorgung können nacheinander mehrere Wälle von Sekundärdünen aufwachsen, von denen aber jeweils nur der jüngste, seeseits liegende ausreichend mit frischem Sand versorgt wird. Auf der von der Sandzufuhr abgeschnittenen vormaligen Randdüne führt dies zu einer völligen Umgestaltung der Ernährungsbedingungen. Der Boden verarmt, und als Erstes verschwindet daraufhin der Strandroggen. Der Strandhafer bleibt, aber verkümmert. In die-

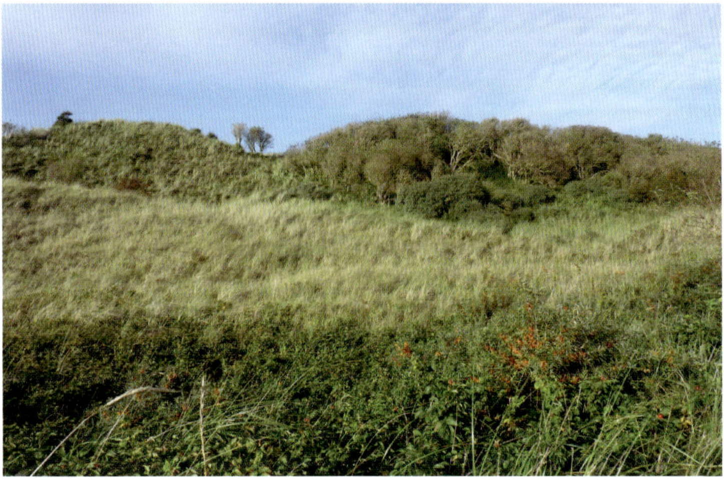

Tertiärdüne

ser Zone vollzieht sich dann der Übergang zur Tertiärdüne.

Der Bereich der **Tertiärdünen** oder Grasdünen ist von der Zufuhr neuer Nährstoffe weitestgehend ausgeschlossen, sodass der Boden zunehmend verarmt und versauert und sich eine dem angepasste Vegetation einstellt. Aufgrund unterschiedlicher Entwicklungsstadien der Vegetation werden in dieser Zone Graudünen und Braundünen unterschieden. Flächenmäßig am weitesten verbreitet sind im Bereich der Graudünen Kleingras- und Buschgesellschaften mit den charakteristischen Vertretern Weißliches Schillergras, Silber-

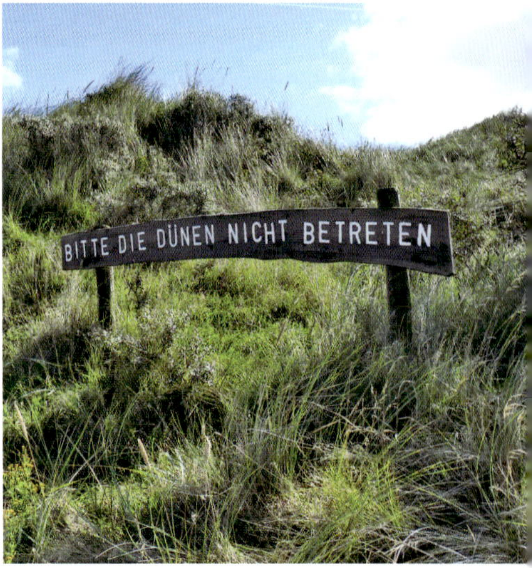

gras, Sandschwingel, Sandsegge und Sand-Lieschgras. Weitere charakteristische Pflanzen besonders in den wellig-kuppigen Dünenlandschaften im Inneren der Insel sind der berühmte Sanddorn (siehe Kasten), die Kriechweide und das Ohrlöffel-Leimkraut. Sobald sich Bestände mit Krähenbeerenheide, Besenheide, Glockenheide oder Flechtenbewuchs einstellen, ist mit der Braundüne ein gewisses Endstadium der Dünenentwicklung erreicht.

Sobald man sich auf Juist auf eine der Aussichtsplattformen stellt und den Blick vom Nordstrand in Richtung Inselinneres gleiten lässt, erkennt man die Entwicklung von der Primär-(Weiß-) bis zur Tertiärdüne (Braundüne).

Die heutigen Dünen, und vor allem der geschlossene Randdünenwall der Inseln, sind sehr stark vom Menschen gestaltet. Durch Winderosion können Sekundär- und Tertiärdünen angegriffen und remobilisiert werden. Durch lokale Verletzungen und geringe Beschädigungen der Vegetationsdecke können sich im Erosionsgebiet sogenannte Windmulden bilden, die sich zu großen Ausblasungswannen erweitern und so die Dünen zerstören können. So dienen die Wegbeschränkungen des Nationalparks nicht allein dem Artenschutz, sondern auch dem Erhalt der Dünen und somit der Insel. Bitte beachten Sie die entsprechende Beschilderung und betreten Sie die Dünen nicht.

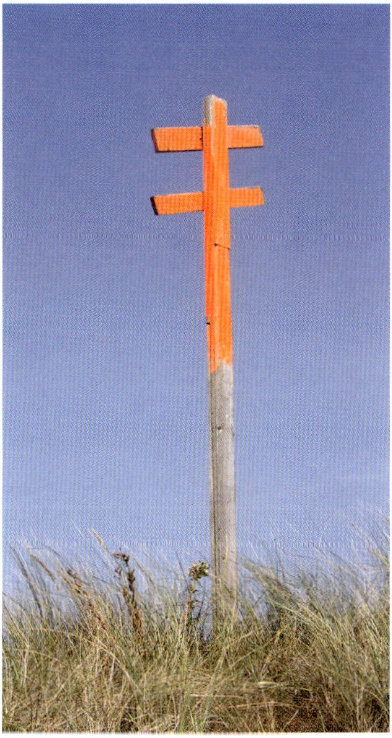

Dünendoppelkreuz

Der gesamte Dünengürtel der Insel besitzt offizielle Übergänge, außerhalb derer man die Dünen nicht betreten darf. Die Übergänge sind mit weit sichtbaren, orangefarbenen Dünendoppelkreuzen markiert.

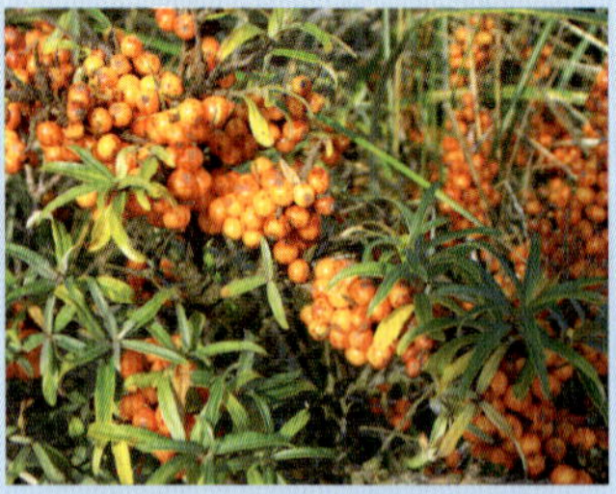

Der **Sanddorn** *(Hippophae rhamnoides)* ist ein Ölweidengewächs mit silbrigen, leicht eingerollten Blättern. Seine orangefarbenen Beeren gehören zu den Vitamin-C-reichsten Früchten und bieten einen unvergleichbaren säuerlich-herben Geschmack. Besonders gut wächst die 1 bis 1,5 m groß werdende Pflanze auf Sandböden. Sie verschafft sich einen guten Halt durch die bis zu 3 m tiefen Wurzeln.

Der Sanddorn steht unter Naturschutz. Im Nationalparkgesetz steht allerdings eigens geschrieben, dass Einheimische eine gewisse Menge ernten dürfen. Die Blätter des Sanddorns fallen im Herbst ab, sodass die Beeren dann an den nackten Zweigen hängen. Die Beerenlese für die Herstellung der charakteristischen Sanddorn-Produkte wie Marmelade, Kuchen oder Hochprozentigem findet nach dem ersten Frost, im Spätherbst, statt. Fragen Sie einmal einen Insulaner danach.

Die Sanddornbüsche kündigen den Wechsel von der Weiß- zur Graudüne an. Daher findet man den Sanddorn auf Juist an vielen verschiedenen Stellen, z. B. am Fuße der Dünen am Naturpfad im Osten, am Hammersee oder windgeschützt auf der Südseite der Dünen am Wäldchen. Er dient dort meist der Dünenbefestigung.

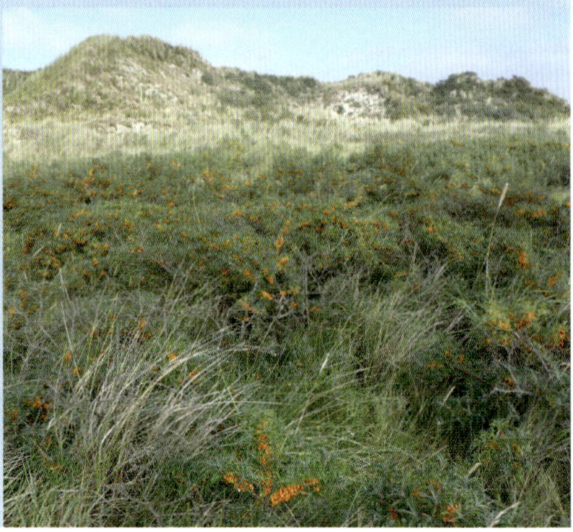

Standort ⑲: Goldfischteich, Landschaftsoase eines Naturschutzpioniers

Der Goldfischteich ist ein kleines, lang gestrecktes, etwa 5 m breites und 1 m tiefes Gewässer mit drei kleinen Inseln inmitten eines Landschaftsschutzgebietes. Auf dem Wasser schwimmen halbzahme Stockenten, zeitweise auch Lachmöwen und Teichhühner. Der Tümpel und das den Teich umgebende Wäldchen sind über 100 Jahre alt und wurden 1903 vom Juister Lehrer Dr. h. c. Otto Leege angelegt, um die selbstständige Einwanderung von Süßwasserpflanzen und -tieren zu studieren. Einige Bänke in diesem Areal laden besonders bei warmem Wetter dazu ein, hier zu verweilen.

Otto Leege, 1882 bis 1907 Lehrer an der Juister Schule, hatte starkes Interesse an diesem großen Dünental im Osten des Dorfes.

Das Dünental war einst fast pflanzenleer und besaß etliche Ausblasungen. Er hielt diese feuchte Niederung für besonders geeignet zur Anlage eines Teiches, um dem öden Gelände ein freundlicheres Aussehen zu geben. Zudem wollte er die Einwanderung von Pflanzen und Tieren beobachten, die ohne menschliches Zutun hierher ihren Weg finden würden.

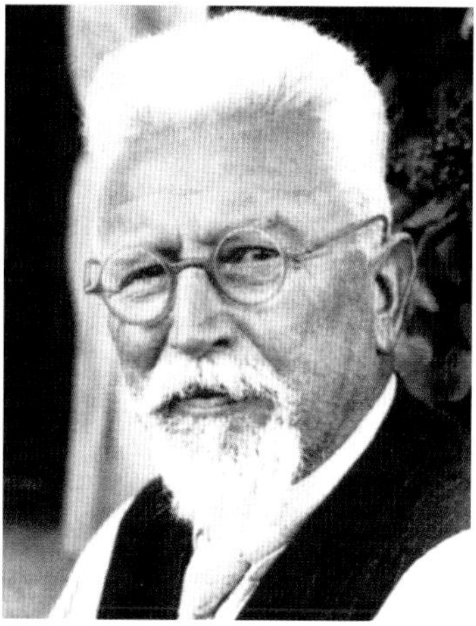

Dr. h.c. Otto Leege 1862–1951

Mit Hilfe einiger Schüler wurde der Teich gegraben, der sich bald mit Regenwasser füllte. Schon nach einiger Zeit stellten sich dort erste Ansiedler ein: Wasserflöhe, Muschelkrebse und andere Kleintiere, hierher verschleppt durch rastende Wasservögel, manche Käferarten, die fliegend das Ziel erreichten, und über dem Spiegel kreuzten farbenprächtige Libellen.

Das umgebende Areal war allerdings noch sehr öde. Es wurde durch Otto Leege mit verschiedenen Weidenstecklingen und Pappeln bepflanzt. Das Gebiet begann zu grünen. Die Grabung des Teiches hatte zur Folge, dass einige Gastwirte sich Eisteiche zulegten, die allerdings durch den Einsatz von elektrischen Kühlgeräten ihre Bedeutung schnell wieder verloren.

Das Gebiet des Goldfischteiches begeisterte die Gäste genauso wie die Einheimischen, sodass eine Sammlung durchgeführt wurde, um dieses Areal weiter zu begrünen. Auch der Teich wurde vergrößert. Es wurden Samen von der Bill geholt und je nach Ansprüchen der Pflanzen ausgesät. Schon nach zwei Jahren stand das bunte Gemisch von Weidenröschen, Tausendgüldenkraut, Grasnelken, Pirola und kleinen Pflanzen des Ginsters in Blüte. Die Anzahl der Pflanzen und Blumen wuchs von Jahr zu Jahr. Zur Bereicherung der Wasserflora trugen rastende und später auch brütende Enten und Watvögel bei. Heute kann hier von einer Endstation der Vegetationsfolge gesprochen werden. Es bestehen verschiedenartige Dünenwäldchen. Diese sind z. B. das Pappel-Eichenwäldchen auf trockenen Braun- und Graudünen oder der Dünen-Birkenwald, der eher in feuchten Braundünentälern zu finden ist. Dr. h.c. Otto Leege hätte diese Entwicklung sicherlich gefreut. Heutzutage wäre eine solche Anpflanzung im Nationalpark allerdings nicht mehr gestattet, da sie die natürliche Entwicklung des Ökosystems zu stark beeinflusst.

Später wurden hier auch Goldfische ausgesetzt. Die Fische vermehrten sich und luden ein, zu beschaulichen Beobachtungen an diesem Teich zu rasten. Die prächtige Umgebung der Goldfischteiche lud sowohl Einheimische als auch Gäste zur Erholung ein. Und das nicht nur im Sommer; auch im Winter wurde das kurvenreiche Areal zum Eislaufen genutzt.

Dann kam jedoch der Zweite Weltkrieg. Bäume und Sträucher mussten dem Barackenbau weichen und weitere Flächen wurden für Geschützstände gebraucht. Aus dem Paradies wurde eine Wildnis.

Der Krieg war zu Ende und ein harter Winter folgte. Auf der Insel war so gut wie kein Brennmaterial vorhanden und wer wollte es den Einheimischen verdenken, wenn sie sich etwas Brennbares besorgten. Es wurde alles Brennbare abgeschlagen. Das

Gebiet um den Goldfischteich war zerstört.
Zum Glück kam Hilfe vom Staat (Domänenfiskus), der in Verbindung mit dem Juister Bürgermeister Bernhard Wilken die Neubepflanzung der entholzten Stätten veranlasste. Es wurden Pappeln, Birken, Zwergkiefern und Holunder gepflanzt. Auch etliche Bänke zum besinnlichen Ausruhen wurden aufgestellt.
Die Betreuung der Teiche obliegt seitdem der Gemeindeverwaltung Juist. Die Teiche werden bewusst in natürlichem Zustand belassen und sind so im Laufe der Zeit natürlich verschilft und zugewachsen. Die Juist-Stiftung nahm sich vor einigen Jahren der Goldfischteiche an, sodass sie heute wieder bewundert werden können. Weitere Bänke zum Ausruhen wurden aufgestellt. Die jährliche Pflege der Goldfischteiche durch die Juist-Stiftung mit Unterstützung von Juister Vereinen ist mittlerweile zur Tradition geworden. Ein Spaziergang, alleine oder auch unter fachkundiger Führung, lohnt immer.
Gäste werden allerdings gebeten, die dort ansässigen halbzahmen Enten nicht zu füttern, da dies die Vermoderung des Teiches weiter beschleunigt.

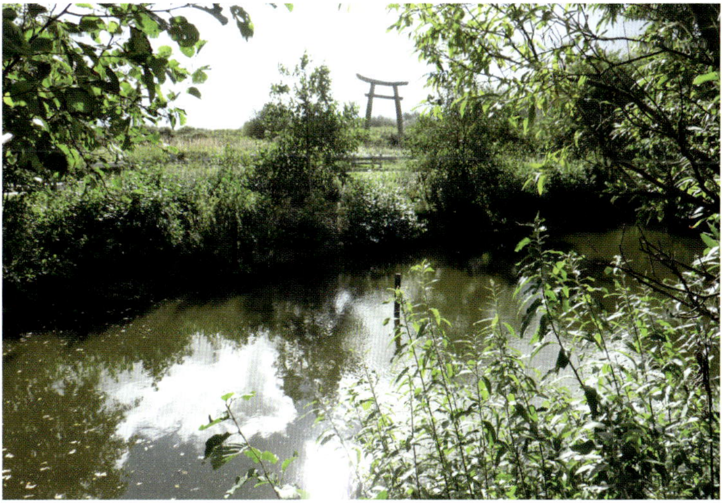

Am Goldfischteich

Standort 20: Otto-Leege-Erlebnispfad

Der **Otto-Leege-Erlebnispfad** ist ein ökologisch-künstlerischer Lehrpfad, der dem Biologen und „Vater" der Vogelinsel Memmert, Otto Leege (1862–1951), gewidmet ist. Der Pfad durchquert alle Zonen der Insel von den Salzwiesen im Süden bis zum Strand im Norden. Er ist ein künstlerisch gestalteter Weg, dessen Ziel es ist, den Gästen, die ihn begehen, die Natur einer Düneninsel mit ihren komplexen ökologischen Zusammenhängen näherzubringen.

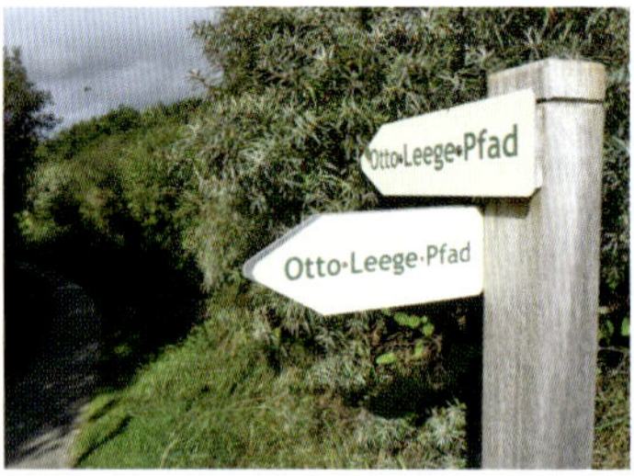

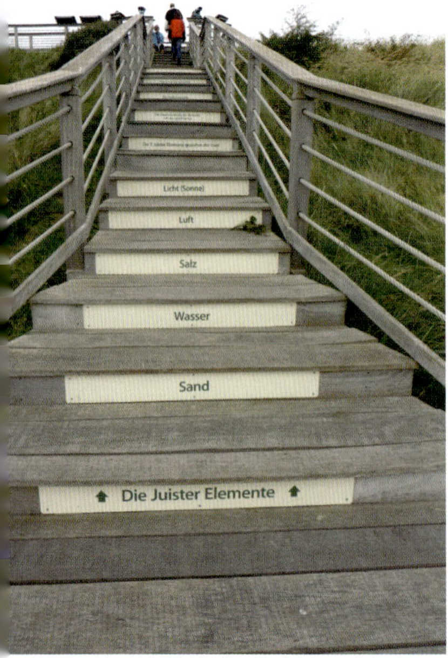

Der Pfad führt zunächst durch die Juister Ostdünen zwischen der Wilhelmshöhe und den Goldfischteichen. Die Aussichtsplattform an der Flugplatzstraße ermöglicht einen Blick auf die Salzwiesen, das Watt und die Festlandsküste.

Die Stufen hinauf sensibilisieren den Betrachter für die fünf Juister Elemente: Sand, Wasser, Salz, Luft und Licht. Der Pfad steht unter zwei Leitmotiven; neben den „Fünf Juister Elementen" heißt es „Wahrnehmen – Empfinden und Erkennen". Auf dem Holzboden der Aussichtsplattform befindet sich eine Weltkarte, die die Zugrouten und wichtigsten Aufenthaltsregionen der Zugvögel darstellt. Fest installierte „Bilderbücher" informieren anschaulich über die unterschiedlichen Vogelarten.

Der breite Holzsteg mit einem Geländer aus Holz und Schiffstau führt ca. 120 m über die Dünenlandschaft zur Jaguar-Straße. Der aufmerksame Betrachter erkennt am Geländer Relieftafeln, die die Entwicklung der Inselmorphologie sehr anschaulich darstellen.

sel transportiert. Es steht für sein Wirken für den Naturschutz, womit ein Tor in die Zukunft geöffnet worden ist. Dies war Voraussetzung zur Anerkennung als Weltnaturerbe Wattenmeer.

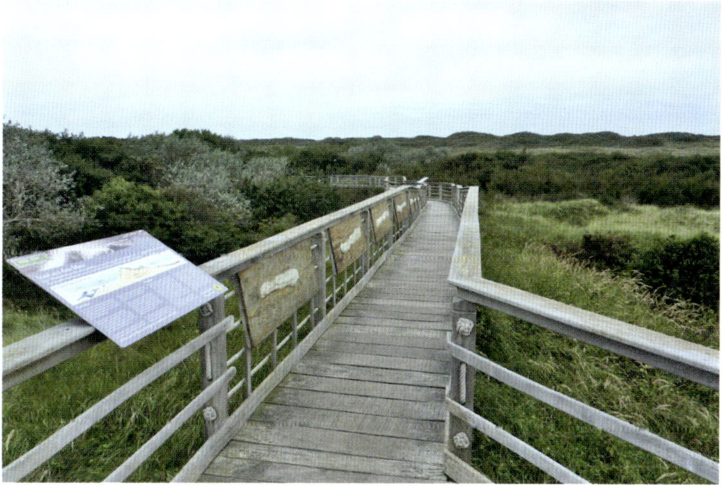

Otto-Leege-Pfad über den Dünen

Am Ende des Holzsteges führt die Jaguar-Straße zum Goldfischteich, dem **Otto-Leege-Tor** und der achteckigen Informations-Hütte, in der das Leben und die Werke des Juister Biologen Dr. Otto Leege dargestellt sind. Das 2009 im Stil eines japanischen Torii aufgestellte Ehrentor ist 5,75 m hoch, 6,45 m breit und wurde aus vier Douglasien aus den Hatter Wäldern gezimmert und anschließend auf die In-

Von dort aus folgt man den Schildern durch eine typische Dünenlandschaft und trifft so auf ganz unterschiedliche Informationstafeln, Kunstinstallationen und Aktionselemente. So fordern z. B. die „Windharfe“ oder „Wasserklangschale“ zum Mitmachen und Miterleben auf.
Die Windharfe ist eine vom Bildhauer Bernd F. K. Bunk entworfene, zwei Meter hohe, drehbare Holzskulptur aus massiver Ei-

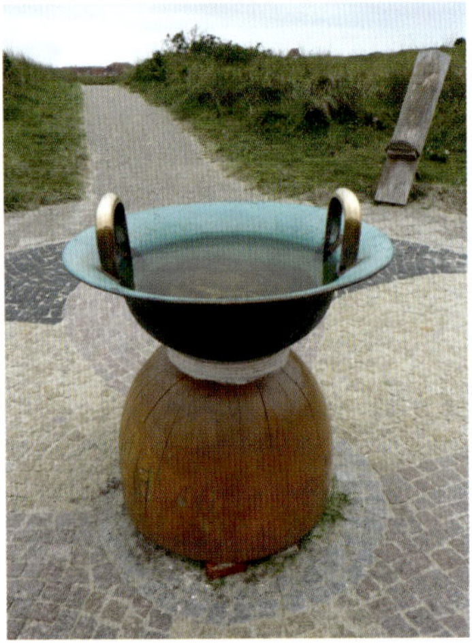

Klangschale am Otto-Leege-Pfad

che. Sie dreht sich von selbst in den Wind, sodass dann die gespannten Metallsaiten Klänge erzeugen. Töne und Lautstärke können vom Besucher durch die drehbare Lagerung der Harfe beeinflusst werden.

Die Wasserklangschale ist eine mit Wasser gefüllte Bronzeschale. Sie besitzt zwei Haltegriffe, über die die Besucher mittels Reibung mit ihren Händen Klänge erzeugen und Wellen über das Wasser jagen können.

Durch die Betätigung einer Schwengelpumpe wird Grundwasser aus der Juister Süßwasserlinse zutage gefördert.

22 Steckstühle am Wegesrand laden zum Sitzen ein.

Weiter führt der Weg bis hinauf zu den nördlichen Randdünen mit Aussichtsplattform. Von hier hat man einen schönen Blick auf die Dünenlandschaft, den Strand, das Café Wilhelmshöhe und den Ort.

Die Idee des Erlebnispfades stammt vom Juister Otto-Leege-Institut, das 2007 einen Internetwettbewerb zur Gestaltung eines Lehrpfades auf Juist ausgeschrieben hat. So konnte dann in Zusammenarbeit mit der Nationalparkverwaltung Niedersächsisches Wattenmeer und der Inselgemeinde Juist die Konzeption der Landschaftsökologin Elke Freese aus Oldenburg realisiert werden. Das Konzept war Grundlage des heutigen Pfades, wurde

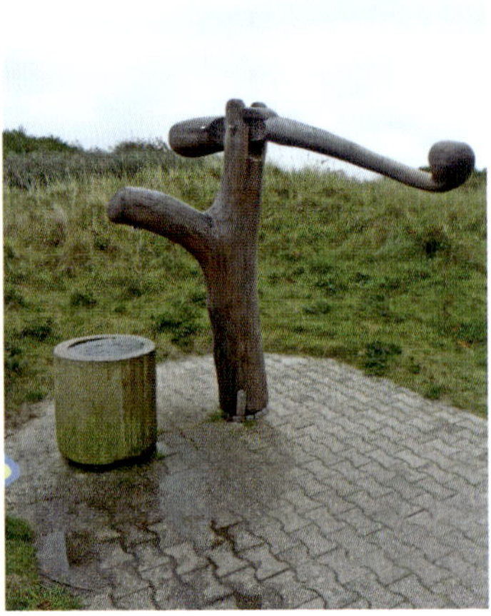

Schwengelpumpe

aber in vielen Punkten abgeändert. Der Pfad ist barrierefrei und kann somit auch von Rollstuhlfahrern oder Familien mit Kinderwagen begangen werden.
Namensgeber des Pfades ist Otto Karl Georg Leege (1862–1951) Pädagoge, Naturforscher, Wegbereiter des Seevogelschutzes an der ostfriesischen Küste und „Vater“ der Vogelschutzinsel Memmert. Der Sohn eines Zollbeamten wurde durch seine Mutter schon früh an die Pflanzen- und Tierwelt herangeführt. Ein Klassenausflug nach Norderney weckte in ihm den Wunsch, Lehrer auf einer der Ostfriesischen Inseln zu werden. So nahm er bereits 1882 eine Lehrerstelle auf Juist an und arbeitete aus finanziellen Gründen nebenher parallel in der Post- und Telegrafenstelle der Insel und als Organist in der Juister Inselkirche. Die Flora und Fauna der Insel faszinierten ihn zunehmend. Das Studium der unbewohnten Nachbarinsel Memmert und die Erkenntnis des Ausmaßes der Zerstörungen durch den Menschen ließen in ihm den Wunsch nach einem Schutz der Insel und generell der Vogelwelt reifen. Seine Ziele verfolgte er bis zu seinem Tod. Sein erstes Buch zur Vogelwelt Ostfriesland ließ ihn zu einem führenden Ornithologen werden. Die Insel Memmert wurde schließlich zur Vogelschutzinsel und zum Naturschutzgebiet erklärt und das Betreten in der Brutsaison verboten. Einer seiner Söhne wurde Inselvogt und einziger menschlicher Bewohner der Insel.

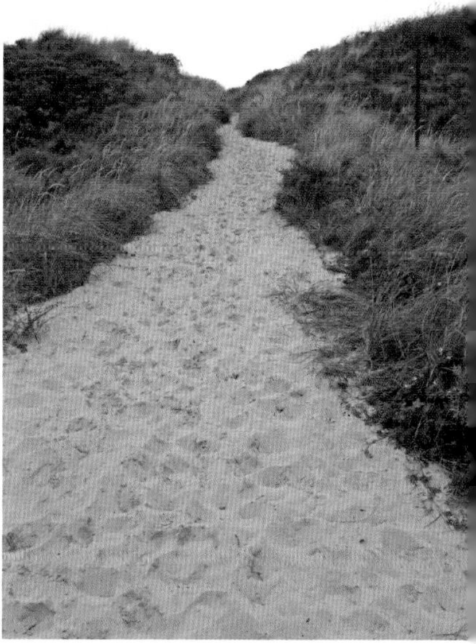

Sandweg zum Aussichtspunkt

Neben der Vogelinsel Memmert widmete er sich dem Naturschutz der Insel Juist. Hier begann er mit ersten intensiven Dünenschutzarbeiten, indem er Dünen gezielt bepflanzte. Zudem wurde der Goldfischteich (Standort 19) von ihm angelegt, um die selbstständige Einwanderung von Süßwasser-

Ausflugstipp: Der Juister Dünenfriedhof

Der kleine beschauliche Juister Dünenfriedhof ist es wert, einen kleinen Abstecher zu unternehmen. Sicherlich mag nicht jeder während seines Urlaubsaufenthaltes einen Friedhof besuchen, diesen sollte man allerdings gesehen haben. An diesem idyllischen Ort gewinnt man einen ersten Eindruck von der insularen Begräbniskultur. Er liegt versteckt in den Dünen, östlich des Dorfes in Richtung Goldfischteich hinter der Flugplatzstraße. Die gepflegte Anlage bietet eine Friedhofskapelle und einige Bänke, die zum Verweilen einladen, um in Ruhe die besinnliche Atmosphäre aufzunehmen. Wenn auf Juist die Uhren langsamer gehen, dann scheint hier die Zeit fast stillzustehen.

Das Dünental wartet hier mit einigen Bäumen auf, sodass sehr schöne, beschattete Plätze gefunden werden können.

Die Einzäunung dient nicht der Abgrenzung des Areals, sondern dem Schutz vor Rehen und Kaninchen.

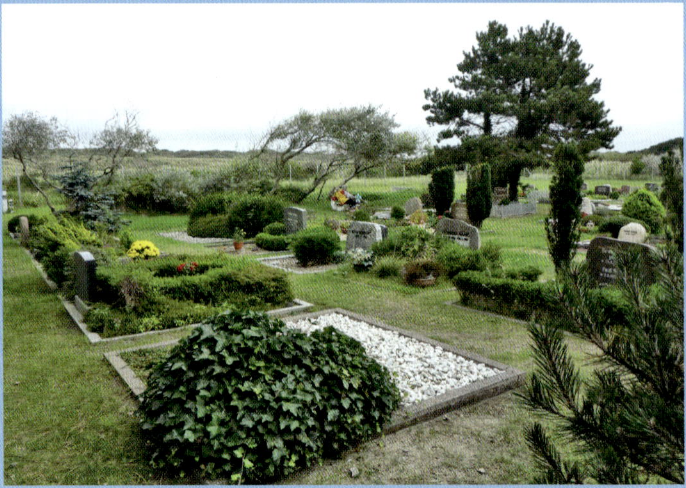

Für all jene, die diesen besonderen Ort ebenfalls als ein Stück Paradies ansehen, sei der Hinweis gestattet, dass der Dünenfriedhof nach einigen Diskussionen nun auch für Juister Gäste freigegeben wurde. Die Verwaltung des Friedhofes befindet sich im Alten Warmbad in der Friesenstraße.

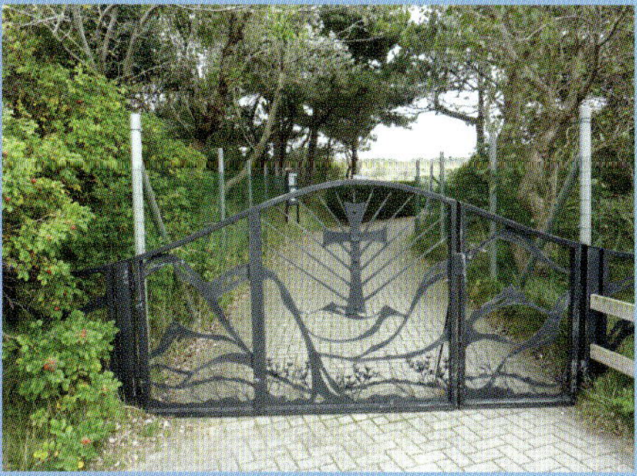

Der aufmerksame Besucher wird neben den Gedenkstätten an der Kapellenmauer hier die Gedenk-Stele der Juist-Stiftung entdeckt haben. Sie besteht aus grauen Granitsäulen, deren mittlere Säule mit einer aus Bronze gegossenen stilisierten Welle versehen ist. Sie dienen dem Gedenken der auf See bestatteten Toten. Die gleiche Stele ist auf beiden Juister Friedhöfen zu finden.

Viele namenlose Tote sind hier ebenfalls bestattet. Es handelt sich meist um Leichen, die während der beiden Weltkriege am Strand angespült wurden.

Ein Ehrengrab des Dünenfriedhofs erinnert an Fritz Hafner. Er war freischaffender Maler auf Juist und hat sich verdient gemacht als Mitbegründer der Schule am Meer und „Vater" des Küstenmuseums im Loog. Besucher werden zur Mitgestaltung seines Grabes aufgefordert, vom Strandspaziergang einige Muscheln mitzubringen und hier abzulegen.

Neben dem 1936 entstandenen kommunalen Dünenfriedhof gibt es auf Juist den Kirchenfriedhof. Dieser entstand bereits 1742 aufgrund der Umsiedlung der Insulaner vom durch Sturmfluten zerstörten

Westteil in den sicheren Osten. Dort errichtete man dann auch daneben 1779 die neue fünfte evangelische Inselkirche. Früher wurden die Insulaner auf der Insel geboren und starben dort auch; meist sogar im gleichen Haus. Heutzutage finden die Geburten oft im Krankenhaus auf dem Festland statt und auch gestorben wird meist dort. Der Verstorbene wird dann per Schiff auf die Insel gebracht und dort am Hafen abgeholt. Auf Juist wurde dafür in den Neunzigerjahren ein historischer Leichenkutschenwagen eigens restauriert und in Dienst gestellt. Die Gäste der Fähren wissen meist nichts davon. Erst wenn sie vollständig die Fähre verlassen haben, wird der Verstorbene in Begleitung von Freunden und Familie zur Kirche oder zur Leichenhalle auf dem Dünenfriedhof gebracht. Der Trauerzug darf dann nicht überholt werden. Gäste sollten bei der Begegnung mit einer Trauergemeinde aus Respekt vor dem Toten das Fotografieren einstellen und den Trauerzug passieren lassen.

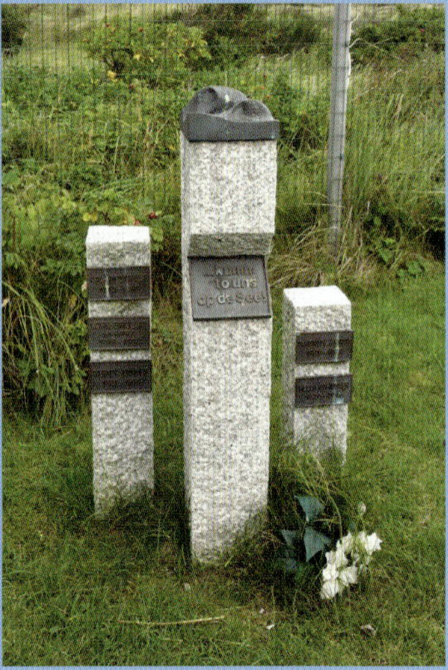

pflanzen und -tieren zu studieren. Aufgrund seiner zahlreichen Publikationen zur Botanik und Pflanzensoziologie, Zoologie und Ornithologie, Geschichte und Geologie erhielt er von der Universität Göttingen die Ehrendoktorwürde. Neben dem Erlebnispfad erinnert die Otto-Leege-Straße an ihn. Auch ist das Otto-Leege-Institut auf Juist beheimatet. Ein Besuch des Otto-Leege-Pfades darf beim Aufenthalt auf der Insel nicht fehlen.

3. Teil: Der westliche Teil der Insel Juist (ca. 17 km)

Der Rundweg um den westlichen Teil der Insel ist ca. 17 km lang. Für diese Wanderung sollten Sie ca. 4,5 Stunden einplanen. Und vergessen Sie nicht, ein Fernglas mitzunehmen.

Wir laufen zunächst auf dem breiten Süddeich (Deichpromenade) oder je nach Wunsch auf der Billstraße ins Nachbardorf Loog. Wenn Sie Lust haben, können Sie direkt am Anfang einen kleinen Abstecher auf dem **Hafenschutzdamm** (21) machen. Haben wir dessen Ende erreicht, laufen wir wieder zurück zum Süddeich und setzen unseren Weg Richtung Loog fort. Entweder links neben dem die Verlängerung des Süddeiches darstellenden Westdorfdeich, zwischen Deich und Heller, oder auf der **Billstraße**.

Der Deich wurde 1921 nach einer schweren Sturmflut gebaut und 1963 bis 1965 auf einheitliche

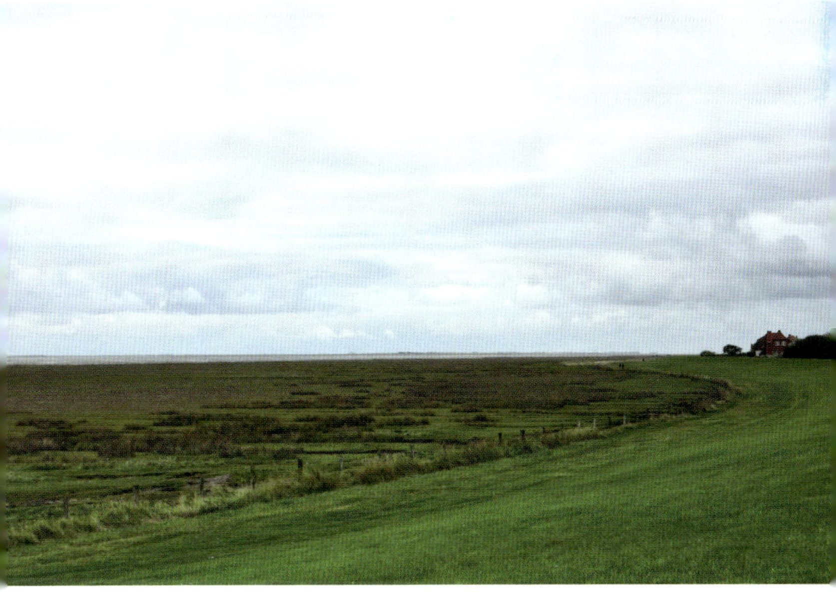

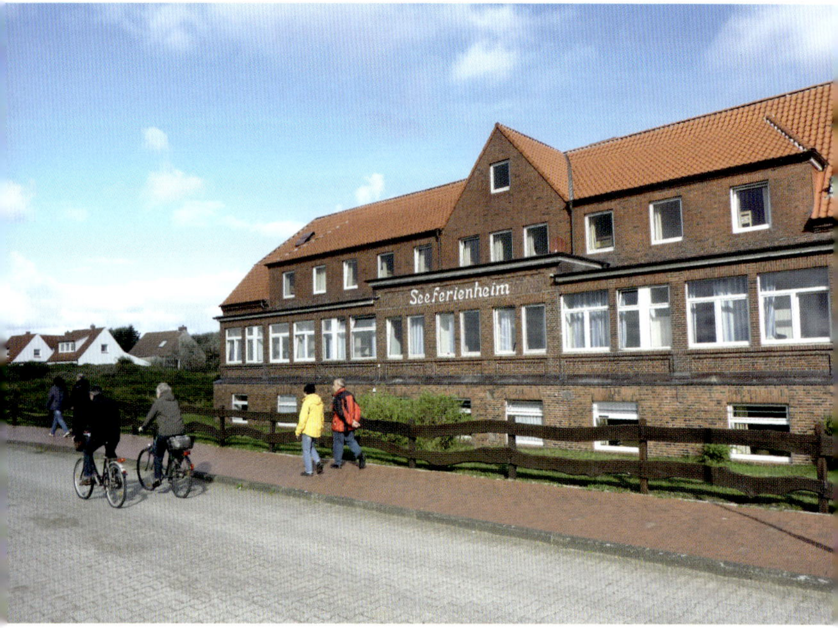

4,80 m erhöht. Bei winterlichen Sturmfluten und besonders bei Südweststurm steigt das Wasser hier bis zur Deichkrone. Bevor wir das Dorf **Loog** erreichen, ca. 500 m hinter dem Seeferienheim, begeben wir uns auf die Billstraße. Rechter Hand erstrecken sich die grauen, tertiären Dünen (auch **18**). Diese Dünen wandern nicht mehr, da sie aufgrund einer geschlossenen Pflanzendecke zur Ruhe gekommen sind. Die vorhandenen Pflanzen reichern den Boden mit Humus an, sodass die oberen Bodenschichten eine graue Färbung erhalten. Bei

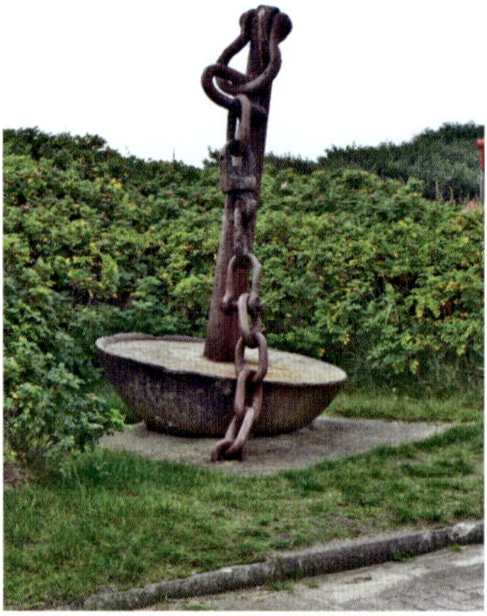

Mooring-Anker im Loog

schlechtem Wetter bietet uns hier eine Schutzhütte einen trockenen Platz. Vor dem Ortsteil Loog entscheiden wir uns für den links von der Billstraße abzweigenden roten Ziegelsteinpfad, den **„Loogster Pad"**. Am Beginn des Pfades wurde ein alter Mooring-Anker eines Feuerschiffs aufgestellt.

Wir lassen den Kinderspielplatz links hinter uns. Auffällig ist der kleine, viereckige Ziegelbau vor dem Loog. Er ist eine Pumpstation des Klärwerks. Rechts am Dünenhang begleiten uns auffallend viele Dünenrosen (*Rosa pimpinellifolia*). Diese blühen im Mai und Juni in Weiß und tragen im Herbst schwarze Hagebutten. Weitere Exemplare finden wir z. B. am Wegesrand südlich der Klangschale des Otto-Leege-Pfades. Wir folgen der Störtebekerstraße nach rechts bis zur Hammerseestraße, der wir nach links folgen. Rechter Hand sehen wir das Haus des Gastes, das Loogster Huus. Informieren Sie sich an den zahlreichen Schautafeln über die nächsten Veranstaltungen, Führungen, Vorträge etc. Es lohnt sich bestimmt. In unmittelbarer Nähe hat 2012 die „Loogster Stuv" eröffnet. Die Gaststätte wartet auf mit viel friesischem Charme und schöner Atmosphäre. Hier lässt sich zum Entspannen einkehren, auf einer der schönen Sonnenterrassen oder aber drinnen beim offenen Kamin.

Der Piratenpad führt uns nun rechts hinauf auf die Aussichtsplattform **Dree Water Utkiek** **22**, die einen einmaligen Ausblick über die Insel bietet. Von hier aus könnten wir eine Abkürzung am Strand entlang Richtung Ort (ca. 2 km) nehmen, dann würden wir allerdings den interessanten Westteil der Insel verpassen. So folgen wir dem Piratenpad hinunter, passieren die Hammersee-Straße bis zum Loogster-Pad. Hier finden wir sowohl die Jugendherberge als auch das berühmte Küstenmuseum. Die Jugendherberge wurde 1955 erbaut und ist gerade im Sommer ständig voll belegt. Für einen Besuch des **Küstenmuseums** **23** sollte man mindestens zwei Stunden einplanen. Überlegen Sie, ob Sie nun das Museum besuchen und trotz des weiteren Rundweges um den Westteil der Insel genügend Zeit dafür haben, oder ob sie einfach weiterwandern und sich an einem anderen Tag ihres Inselaufenthaltes richtig Zeit für das sehr interessante Museum nehmen können.

Wir laufen den Loogster Pad weiter entlang. Er kreuzt die Memmertstraße und führt uns durch die grauen, tertiären Dünen zur **Domäne Loog** 24. Hier befindet sich ein Café mit Restaurant, in dem Sie verweilen können. Betrachten wir den Hof, dann führt uns unser Weg weiter, unmittelbar rechts vor der Domäne Loog in die Dünenlandschaft hinein. Nach ca. 200 m erreichen wir den Eingang zum **Hammersee** 25-Gebiet. Selbstverständlich wird hier kein Eintrittsgeld verlangt.

An allen Eingängen stehen große Tafeln, denen unterschiedliche Wanderwege und wissenswerte Informationen zu entnehmen sind.

Direkt vom Eingang aus haben wir einen wundervollen Blick auf den See. Wir schlagen den Weg links zwischen See und Hammerdünen auf der Südseite des Sees ein und laufen bis zum Aussichtspunkt am westlichen Ende des Sees. Der mit einem Lattenzaun eingefasste **Aussichtspunkt** liegt in der Nähe der **Augustendüne** 25, die sich etwas weiter westlich befindet und nicht betreten werden darf. Es lohnt sich, diesen Aussichtspunkt aufzusuchen. Von hier hat man einen unvergleichbar schönen Blick über die Insel, nach Westen zum Bill bis an die Küste der Niederlande und nach Osten auf den Ort Juist, die vielen Dünen und sogar die Insel Norderney. Von hier lassen sich ebenso zahlreiche Tier- und Pflanzenarten sehr gut beobachten.

Dem Weg folgend, weiter durch die Dünen, erreichen wir nach ca. 300 m einen weiteren Aussichtspunkt, der ebenfalls einen sehr schönen Rundblick ermöglicht. Wir folgen dem Weg durch die Dünenlandschaft und gelangen so in das Juister **Wäldchen** 26. Es befindet sich im großen Naturschutzgebiet **Bill** 28, durch das uns unsere Wanderung schon seit einiger Zeit hindurchführt. Ein hübscher kleiner Weg führt durch den dichten Baumbestand. Halten wir uns an der Wegegabelung rechts, so gelangen wir nach einiger Zeit zu einem weiteren Aussichtspunkt. Auch von hier haben wir einen wunderschönen Rundblick über die Ruhezone und ihre nähere und weitere Umgebung. Verlassen wir den Aussichtspunkt, so erreichen wir vorbei an angepflanzten Rosen und Kiefern das direkt daneben liegende **Naturschutzhaus / Wärterhaus** 26. Während des Sommers

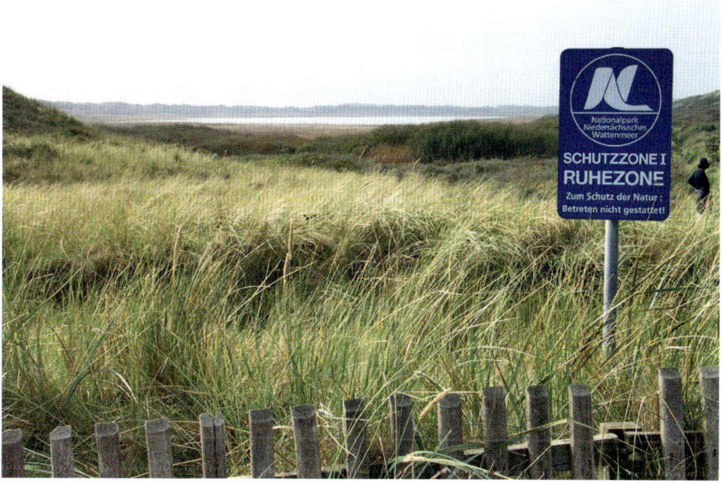

Ruhezone am Hammersee

wohnte hier bis 2003 der Dünenwärter des Bauamtes für Küstenschutz. Er führte gleichzeitig die Aufsicht in der Ruhezone. Heute befindet sich hier eine kleine naturkundliche Ausstellung, die von der Nationalpark-Wacht betreut wird. Vom Wärterhaus zweigen verschiedene sehr schöne Wanderwege ab. Wir entscheiden uns für den ca. 1 km langen Weg zur Domäne Bill Richtung Westen. Vom Wärterhaus aus gesehen biegen wir rechts ab.

Das Wäldchen bietet vielen verschiedenen Vogelarten Nistplätze und Unterschlupf. Wenn wir sehr aufmerksam und leise gehen, können wir einige von ihnen beobachten. Mehr über die **Juister Vogelwelt** erfahren wir am Standort 27. Laufen wir den Dünenweg weiter entlang, so erblicken wir bald die **Domäne Bill** 28 mit der rechts dahinter erkennbaren Westbake. Sie lädt ein zu Kaffee oder Tee sowie Spezialitäten wie Eintopfgerichte und Rosinenstuten aus eigener Küche und Bäckerei. Von hier aus hat man einen wunderschönen Blick auf den **Heller** (auch 17), die benachbarte Vogelschutzinsel Memmert und die Nachbarinsel Borkum, und auch die **Juister Balje** (auch 18) verläuft ganz in der Nähe. Von hier aus gibt es verschiedene Möglichkeiten, weiterzukommen. Möchten Sie schnell zurück ins Dorf, so

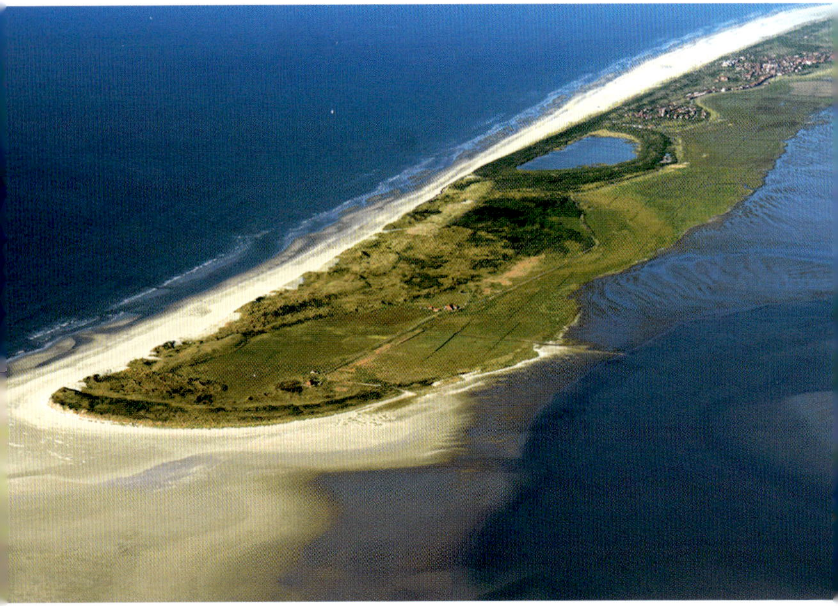

Naturschutzgebiet Bill *Luftbild: Gerhard Launer*

wählen Sie die Fahrstraße, die Sie über Loog auf die Billstraße Richtung Juist führt.
Unmittelbar rechts vor der Domäne, über den Hof, führt ein Weg durch die grauen, tertiären Dünen. Dieser Fußweg ist ca. 500 m lang und führt direkt zum Sandstrand, auf dem Sie dann zurück ins Dorf laufen können. Die schönste Variante ist allerdings, den Weg links neben der Domäne einzuschlagen, um das **Billriff** 29, das Westende der Insel noch kennenzulernen. Der Weg links neben der Domäne führt uns auf den Deich in Richtung Geräteschuppen. Links von uns dehnt sich der Bill-Heller aus, auf der rechten Seite der Bill-**Polder**. Hier wächst Gras, das als Heu eingefahren wird. Kurz vor dem **Geräteschuppen** endet der gepflasterte Fußweg. Früher war das Gebäude ein Rettungsschuppen, der ein Rettungsboot beherbergte. Wir wenden uns nach links und folgen dem Weg auf die hohen, weißen Dünen zu. Am Strand angekommen, halten wir uns rechts und wandern am Fuße der Dünen entlang.

Nach ca. 1 km erreichen wir dann den Sandstrand zum offenen Meer hin, der uns zurück ins Dorf führt. Rechts über die Dünen ragt die **Westbake** empor. Seit 1982 gibt es in der Nähe der Bake eine kleine Silbermöwenkolonie. Uns fallen hier der schmale Strand und die **Abbruchkanten** an den Dünen auf. Sie wurden durch Sturmfluten verursacht. Wir laufen weiter den Strand entlang. Im Winter kann es vorkommen, dass wir Ölklumpen auf dem Sand finden. Diese Ölverschmutzungen werden größtenteils durch die Seeschifffahrt verursacht.

Möchten Sie mehr zu diesen Themen erfahren, so seien Sie wieder auf das Nationalpark-Haus verwiesen. Wir laufen zurück ins Dorf und lassen den Tag bei einem gemütlichen Beisammensein evtl. im **Lütje Teehuus** ⑨ ausklingen.

Standort ㉑: Hafenschutzdamm

Der Hafenschutzdamm bildet den südlichsten Zipfel der Insel. Er ist ca. 800 m lang und wurde 1981 errichtet. Das auffälligste Gebäude

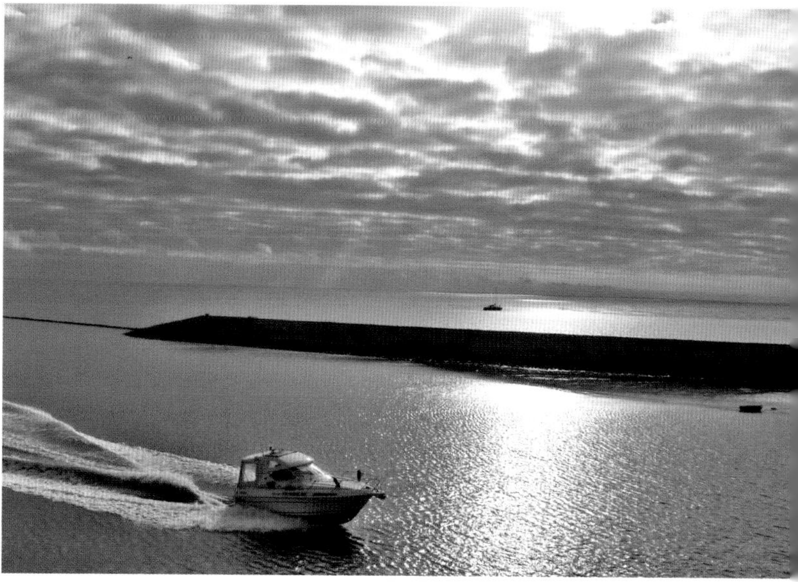

Hafenschutzdamm

im Hafenbereich ist das Hafenbetriebsgebäude der Gemeinde Juist. Hier befinden sich das Hafenrestaurant mit Café, die Frachtgutabfertigung und eine Service-Stelle der Kurverwaltung. Sie können hier also sowohl Ihr Gepäck abgeben als auch Fahrkarten kaufen oder Ihren Kurbeitrag bezahlen. Beim Spaziergang zum Hafenschutzdamm entdecken wir ein zentrales Lagergebäude für verschiedene Juister Unternehmer und die Müllumschlagstation der Insel, die von Gästen in der Regel nicht besucht wird. 1985 wurde die Mülldeponie im Ostheller stillgelegt und hier im Hafen eine Müllpressanlage errichtet. Der auf der Insel anfallende Müll wird hier zusammengepresst, in Container gefüllt, auf ein Schiff verladen und zur Kompostierungsanlage ans Festland gebracht. Die Müllentsorgung wurde 2011 vom Landkreis Aurich übernommen. Dafür wurden eigens durch Pferdekraft betriebene Müllfahrzeuge gebaut. Ein Fahrzeug kann sowohl Bio- als auch Restmüll, durch eine Klappe getrennt, aufnehmen. Ein anderes transportiert die Müllcontainer zum Hafen. Für den Transport wurden vier Pferde angeschafft, die in der Domäne Loog betreut werden.

Wir befinden uns auf dem 5,70 m hohen Hafenschutzdamm, der vom Süddeich aus errichtet wurde. Er ist am Hafen mit einzementierten Sandsteinen befestigt, die vom Piesberg aus Osnabrück stammen. Der Damm setzt sich in einem „Schüttsteindeckwerk“ fort, das parallel zur Hafeneinfahrt verläuft und bei Hochwasser unter dem Wasserspiegel liegt. Von hier hat man einen guten Blick auf die Seebrücke. Das Gelände zwischen dem Süddeich und dem Schutzdamm wurde aufgespült.
Haben Sie das Ende des Hafenschutzdammes erreicht, laufen Sie wieder zurück zum Süddeich und setzen Sie ihren Weg Richtung Loog fort.

Standort 22: Dree-Water-Utkiek

Die Aussichtsplattform Dree-Water-Utkiek ist neben den Aussichtspunkten an der Strandpromenade einer der neuen Aussichtspunkte. Sie wurde im Frühjahr 1998 angelegt durch die Loogster Interessengemeinschaft. Ein Schild am Zaun weist darauf hin. Wie der Name schon sagt, hat man von hier einen ein-

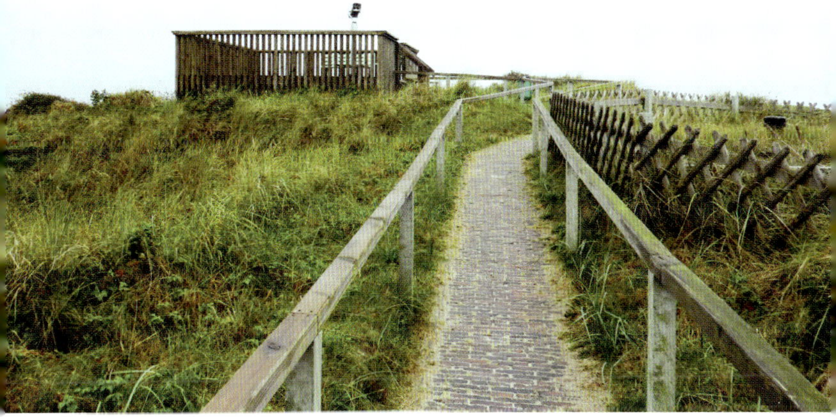

Oben: Dree-Water-Utkiek, die „Kartoffelkiste“

Unten: Blick vom Dree-Water-Utkiek

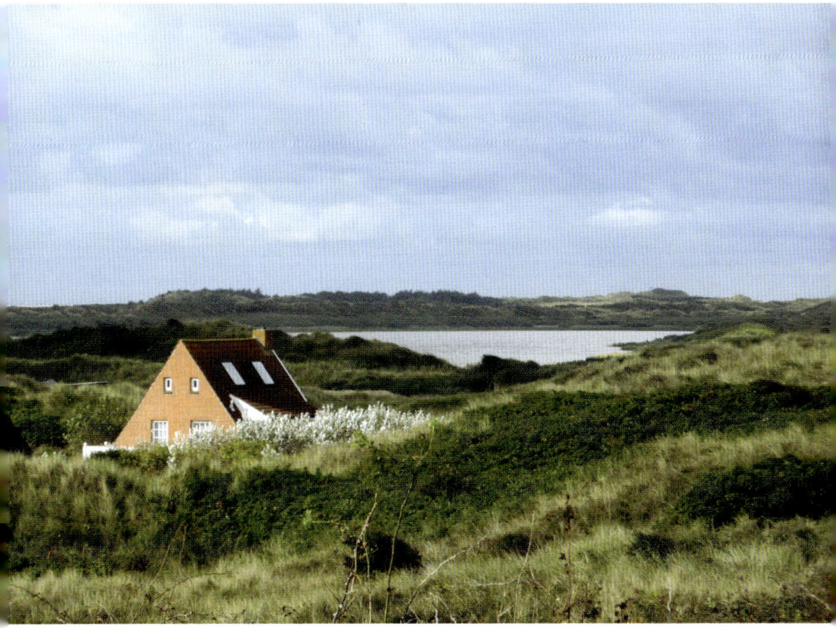

maligen Ausblick auf drei Gewässer: Nordsee, Wattenmeer und Hammersee. Von den Einheimischen wird sie auch liebevoll „Kartoffelkiste" genannt. Sitzbänke laden zum Verweilen ein und ein Fernglas erleichtert die Weitsicht. Der steile Weg hierher entlang des Piratenpad, vorbei am Kindergarten „Schwalbennest" lohnt auf alle Fälle, besonders bei guter Fernsicht.
Die Interessengemeinschaft (IG) Loog besteht seit über 40 Jahren. Sie schreibt eine Erfolgsgeschichte, die geprägt ist von freiwilligem Ehrenamt sowie gemeinsamem Handeln und Zusammenhalt. Ihr Ziel ist es, auf die Entwicklung des Ortsteils Loog Einfluss zu nehmen, sodass Loog sowohl für die Loogster als auch für Gäste attraktiv bleibt. Ihre Gründung erfolgte nach der Erschließung von Grundstücken und der Entstehung von Neubauten für junge Juister Familien in den Sechzigerjahren im Ortsteil Loog. Doch noch in den Siebzigern fehlte es an einiger Infrastruktur wie z. B. gepflasterten Straßen, Bänken und Spielplätzen. Diese Missstände führten dann zur Gründung der Interessengemeinschaft Loog. Noch im Gründungsjahr konnte der Piratenpad gepflastert werden. Später folgten Spielgeräte, Bänke, Straßenbeleuchtung und Bäume. Diverse Loogfeste für Gäste und Einheimische wurden gefeiert und die „Aktion Sauberes Loog" durchgeführt, aus der später die „Aktion Sauberes Juist" hervorging, die noch heute mit großem Erfolg in jedem Frühjahr durchgeführt wird. Schließlich konnte 1998 der „Dree-Water-Utkiek" am Strandaufgang mit vielen ehrenamtlich geleisteten Arbeitsstunden gebaut werden. 2007 wurde eine neue einheitliche Beschilderung installiert und 2009 ein neuer Zugang zum Kurpark angelegt; zudem legte die IG Loog erfolgreich Widerspruch gegen eine maßlose Bebauung auf dem Gelände der Jugendherberge ein. Viele Veranstaltungen und Klönabende fördern den Zusammenhalt und die Attraktivität des Ortsteils für Gäste und Insulaner.

Standort ㉓: Küstenmuseum

Bevor wir das Küstenmuseum erreichen, sehen wir auf der linken Seite die 1955 umgebaute **Jugendherberge**. Diese war früher von 1925 bis 1934 das berühmte Gymnasium „Schule am Meer“. Gerade im Sommer ist sie ständig voll belegt, obwohl sie immerhin 350 Betten besitzt. Am Schiffsmast neben den Gebäuden hissen Jugendgruppen manchmal ihre Fahnen und Wimpel. Im Hof finden wir eine Vogeltränke und eine schwarz-rot-gelb gestrichene Stumpftonne.

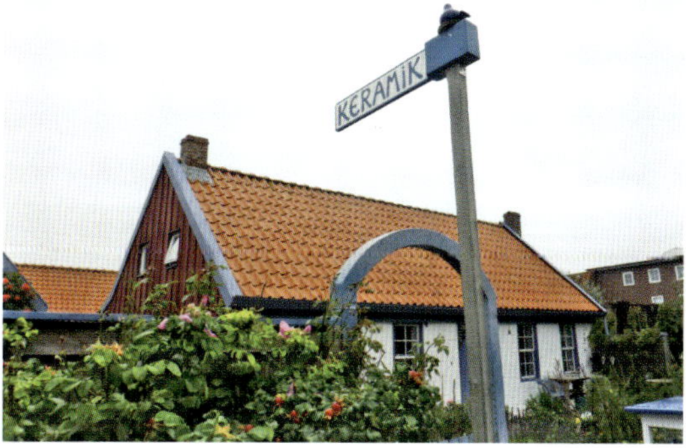

Das kleine Haus rechter Hand zwischen Jugendherberge und Küstenmuseum gehört zu den ältesten Häusern Juists. Es wurde um 1790 erbaut und 1836 vom alten Loog mühsam in den heutigen Ort Loog versetzt. Es war einmal das westlichste Haus der Insel und ist 1998 renoviert worden. Heute befindet sich darin eine **Keramikscheune**. Auch hier lohnt ein Vorbeischauen.

Ein Besuch des Juister Küstenmuseums gehört beim Aufenthalt auf der Insel zum absoluten Muss. Das **Museum** zählt zu den bestbesuchten Museen in Ostfriesland und kann jährlich mit etwa 25 000 Besuchern aufwarten. Planen Sie genügend Zeit ein, um das Museum zu erkunden. Schon vor dem Museum können wir einige Stücke aus der Vergangenheit der Insel Juist bewundern. Der große Anker ist ein Stockanker eines Segelschiffes, der kleinere gehörte einst zu einem Fischkutter. Weiterhin finden wir die Kanone eines englischen Schiffes aus dem 18. Jahrhundert, eine grün-schwarze Wracktonne und eine schwarz-gelbe Untiefenboje.

In elf verschiedenen Themenräumen und einem 2014 erbauten Mehrzweckraum bietet das Museum auf über 500 m² einen faszinierenden Einblick in die unterschiedlichsten Themen der Vergangenheit der Insel, der erdgeschichtlichen Entwicklung vom Ende der letzten Eiszeit bis hin zum Wandel der Insel in den letzten vier Jahrhunderten. Ebenso werden die Inselpflanzen und

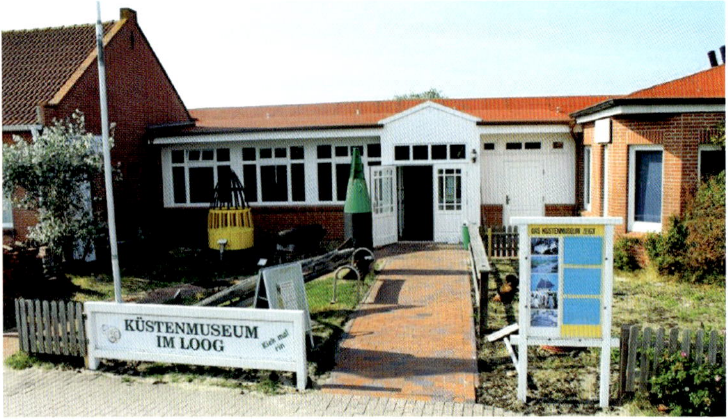

Das Küstenmuseum im Loog *Bild: Jochen Büsing*

Tiere (Meerestiere, Seevögel) hier anschaulich präsentiert. Und auch der Mensch kommt nicht zu kurz. Seine Versuche, dieses feindliche Land zu besiedeln, werden vorgestellt. Durch Bodenfunde aus Wohnhügeln (Warften), Schaubilder und Hausmodelle wird uns ein Eindruck vom Leben der „alten Friesen" vor etwa 2000 Jahren gegeben. Man hat dort eine friesische Fischerstube eingerichtet, mit offenem Herdfeuer und altem Hausrat.

Breiter Raum ist auch der Schifffahrt gewidmet, indem verschiedene Unterthemen behandelt werden. Hier findet man Exponate zur Fischerei, zur Geschichte des Seezeichenwesens mit etlichen nautischen Geräten und Seekarten und Exponate zu den Themen Seenot, Rettungswesen und Strandung.

Des Weiteren sind hier nicht nur Abbildungen alter Schiffe zu finden, sondern auch Modelle historischer Schiffstypen, aber auch moderner Handelsschiffe. Hier lernt man z. B., warum und wie die Geschwindigkeit der Schiffe in Knoten gemessen wurde.

Aber nicht nur die Fischerei und die Schifffahrt waren für die Friesen lebensnotwendig, um auf den Eilanden zu bestehen, sondern auch der Deichbau und der Küstenschutz gegen Sturmfluten waren Voraussetzungen, über die die Ausstellung ebenfalls informiert. Eine weitere Abteilung ist der Geschichte des Seebadens in Deutschland gewidmet.

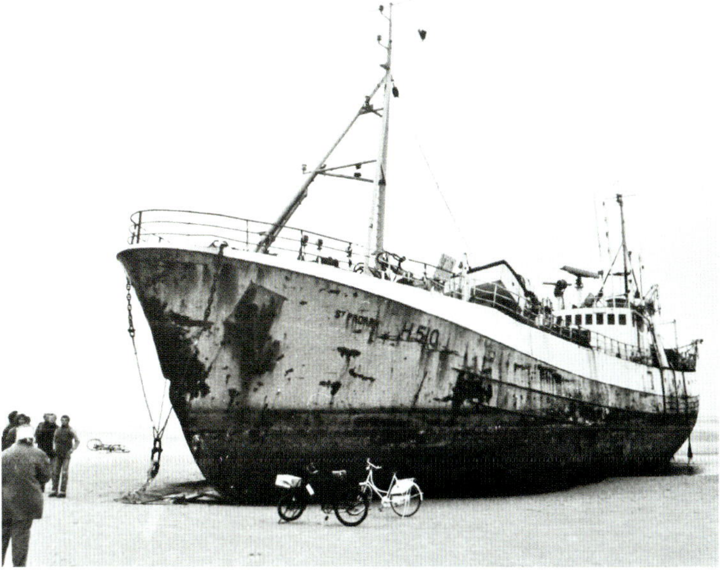

Schip up Strand

Das Küstenmuseum besitzt als einziges Museum in Niedersachsen eine Dokumentation über Erdöl- und Gasbohrungen in der Nordsee. Es gibt einen eigenen Raum, in dem Bilder der verschiedenen Bohrinseln, Originalbohrer, Bohrkerne sowie ein geologisches 4000-Meter-Profil präsentiert werden. Besonders spannend sind die neuesten Exponate zur ersten Offshore-Windanlage alpha ventus, 45 km östlich von Borkum, die 2009 ans Netz ging. Nicht zu vergessen ist die umfangreiche Muschelsammlung.

Zusätzlich werden auch ökologische Probleme der Insel besprochen. Dem Museum angegliedert ist eine Kunstgalerie im Foyer und Lesesaal im Haus des Kurgastes, die das Angebot durch ständig wechselnde Sonderaus-

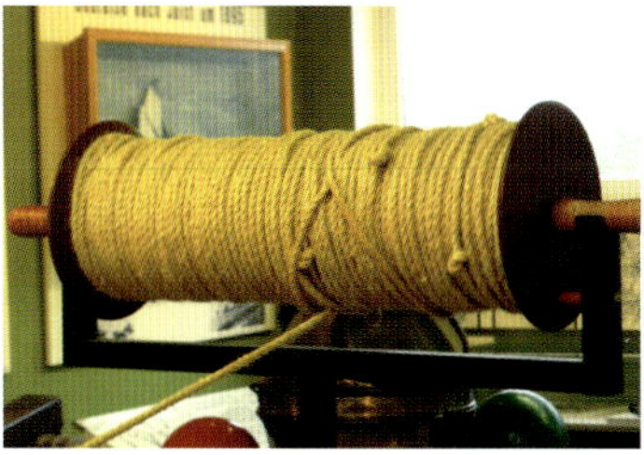

Warum misst man die Schiffsgeschwindigkeit in Knoten?

Küstenmuseum
Loogster Pad 29
Tel. 04935-1488

Öffnungszeiten in der Saison:

Di.–Fr.	9:30–13:00 und 14:30–17:30 Uhr
Sa.	9:30–13:00 Uhr
So.	14:30–17:00 Uhr

Außerhalb der Saison:

Di. u. Sa. 14:30–17:00 Uhr
Sondervereinbarungen sind möglich

Eintrittspreise:

Erwachsene	3,00 €
Kinder u. Jugendliche	1,50 €
Jugendgruppen (Voranmeldung)	1,00 € p. P.
Familienkarte	7,00 €

stellungen mit Kunst und Kunsthandwerk ergänzt und abrundet. Vergessen Sie nicht, für einen Besuch mindestens zwei Stunden einzuplanen!

Standort 24: Domäne Loog

Die Domäne Loog ist staatlich und besteht aus einem Restaurant mit Café und kleiner Terrasse. Sie lädt ein zum Verweilen bei einer Tasse Tee und selbst gebackenem Kuchen. Hier gibt es Mittags- und Abendtisch „à la carte“ mit Hausmannskost.

Der Hof wurde 1928 auf der Grenze zwischen den grauen Dünen und den Salzwiesen gebaut. Er hat die Form eines breiten ostfriesischen Bauernhauses mit einer großen, an der Rückseite angebrachten Toreinfahrt. Bei schönem Wetter kann man auf der Terrasse sitzen. Die Vogelstimmen können von Feldlerchen stammen, die über dem Heller singen. Auch Stare, Rotschenkel und Kiebitze können wir hören, die sich über oder in den Salzwiesen befinden.

Früher konnten hier noch schwarz-bunte Rinder beobachtet werden. Diese konnten allerdings den täglichen Milchbedarf der Inselbewohner und -gäste nicht decken, sodass Milch täglich per Schiff vom Festland bezogen werden muss. Die auf Juist getrunkene Milch stammt aus der Molkerei Norden.

Links hinter der Domäne Loog erheben sich auf der Höhe zwei Betonblöcke auf einer Düne. Die noch aus dem Zweiten Weltkrieg stammenden Blöcke stehen an der Grenze zum Naturschutzgebiet. Es sind die Fundamente eines riesigen „Mammut-Gerätes“,

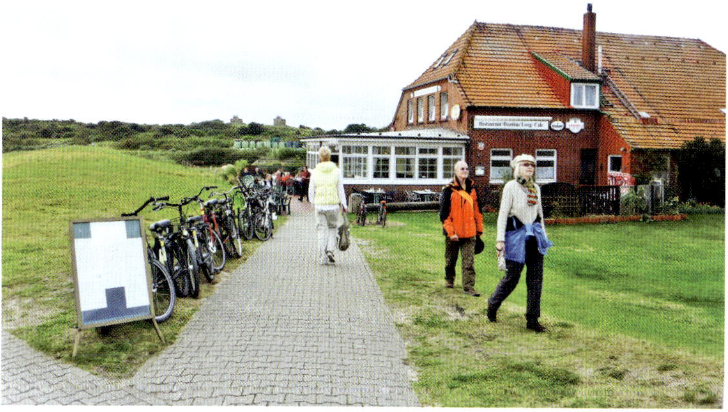

Deutschlands ehemals größtem Radargerät. Es wurde im Sommer 1943 aufgestellt, bestand aus einem Drahtteppich und hatte die Ausmaße 30 x 12 x 3 m. Mit ihm konnte man ca. 350 km weit in Richtung England peilen.

Standort 25: Hammersee / Aussichtspunkt Augustendüne

1651 überrollte die schreckliche Petriflut die Insel Juist und teilte sie in eine West- und eine Osthälfte, genau an der Stelle, an der die Kirche mit dem Dorf und der Gemeindewiese, dem sog. „Hammer", lag. Daher stammt auch der Name des Sees: Hammersee. Es wurden große Teile des Weide- und Ackerlandes zerstört. Viele Insulaner kamen bei dieser Sturmflut ums Leben. In den 70er-Jahren des 19. Jahrhunderts unternahm man einen erfolgreichen Versuch, die Verbindung der beiden Hälften wieder herzustellen. An der Südseite des Durchbruchs schütteten die Insulaner Sand auf und errichteten Sandfangzäune. So entstanden mit der Zeit die Hammerdünen, von denen Ortsfremde heute kaum ahnen, dass es sich bei dieser wunderschönen Dünenlandschaft um eine von Menschenhand geschaffene Anlage handelt. Der Hammer war nun eine große, nach Norden hin offene Bucht geworden. Die Gefahr eines Durchbruchs der neuen Dünenkette durch eine Sturmflut bestand jedoch weiterhin, sodass man sich 1928 entschloss, die Bucht auf der dem offenen Meer hin zugewandten Nordseite abzuriegeln. Dafür wurde eigens ein Feldbahngleis verlegt, um die enormen Sandmassen zu transportieren. So konnte die große Wunde, die die Nordsee fast 300 Jahre zuvor verursacht hatte, geschlossen werden. Während der Bauzeit brach der Deich durch eine Sturmflut, sodass Meerwasser in die Strandbucht einfließen konnte. In der Senke zwischen den Hammerdünen und dem Hammerdeich verblieb das Wasser dieser Sturmflut. Regen und das Grundwasser süßten das ursprünglich salzige Meerwasser in diesem Becken aus. Es entstand der Hammersee, der größte Süßwassersee der Ostfriesischen Inseln.

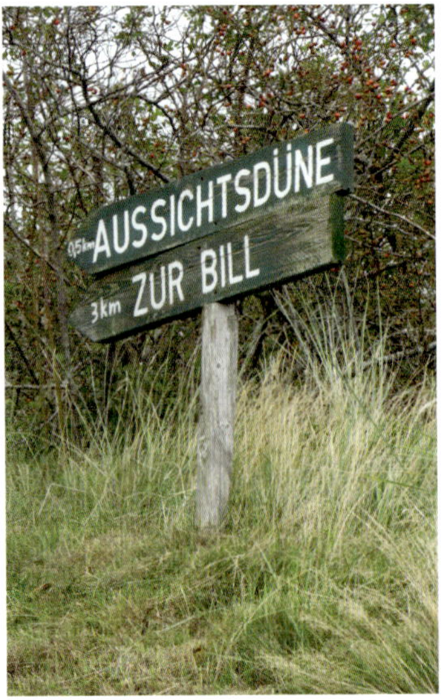

Zur Aussichtsdüne Hammersee

Heute ist der See nicht mehr ganz so groß wie bei seiner Entstehung. Als typischer Flachwassersee ist er einer langsamen Verlandung, von Westen her, ausgesetzt. Mit seiner Fläche von 16 ha (1,2 km Länge, 130 m Breite) besitzt er nur noch eine Tiefe von lediglich 80 bis 100 cm. Diese einmalige Naturlandschaft des Hammersee-Areals mit den angrenzenden Flachmoorflächen liegt in der Ruhezone des Nationalparks, für Wanderer besteht daher ein Wegegebot. Also bitte die Wege nicht verlassen. Auf dem Hammersee darf auch weder die Fischerei noch die Jagd betrieben werden.

Rund um den Hammersee führt ein sandiger Wanderweg (ca. 1,5 Std.), der sich durch die Dünen schlängelt.

Die Hammerdünen sind inzwischen gealtert, zur Ruhe gekommen und zu grauen, tertiären Dünen geworden. Der Weg wird gerne von Wanderern genommen, da er manchmal sehr schmal und na-

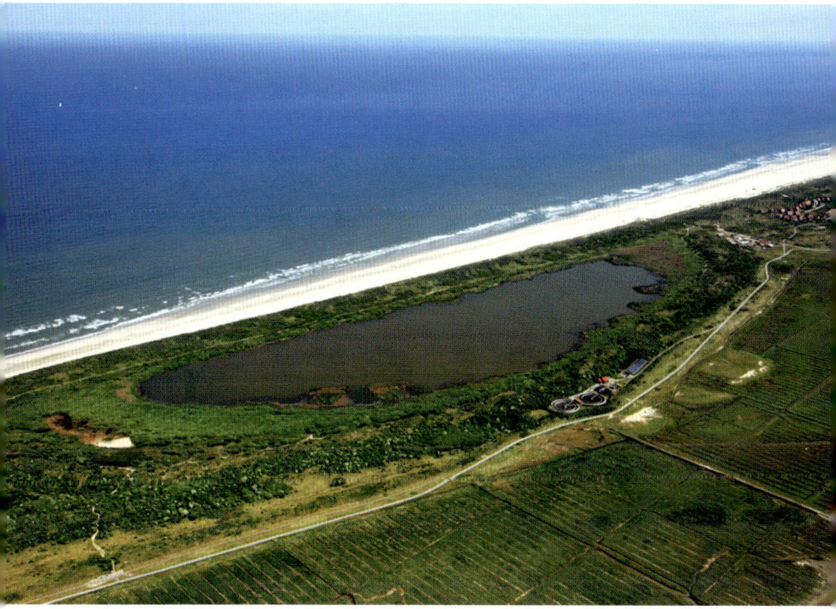

Der Hammersee *Bild: Gerhard Launer*

türlich auf sandigem Untergrund verläuft und sich naturnah durch dichtes Strauchwerk hindurchschlängelt. Am Wegesrand finden wir unter anderem auch Sanddorn und Holundersträuche. Gerade auf der Südseite des Sees wächst das Rundblättrige Wintergrün (*Pirola rotundifolia*). Es steht unter Naturschutz und wird fälschlicherweise „Dünenmaiglöckchen“ genannt, obwohl es nicht im Mai, sondern von Juli bis September blüht. Wer es sehen möchte, halte nach runden Blättern und rosaweißen Blüten, zu lockeren Trauben geordnet, Ausschau.

Auf der anderen Seite des Sees erstreckt sich in einer Länge von 1600 m zur offenen See hin in fast schnurgerader Richtung der Hammerdeich. Nach seiner Errichtung wehten nach und nach Sandmassen darauf und davor, sodass seine ursprüngliche Form nur noch zu erahnen ist. Der gesamte Höhenzug auf der Nordseite des Hammersees besteht heute aus weißen, sekundären, größtenteils jedoch aus grauen, tertiären Dünen.

Der Wasserspiegel des Hammersees ist der gleiche wie der Grundwasserspiegel in den Dünen der Insel. Die Süßwasserschicht im See und in den Dünen ruht auf einer im Untergrund befindlichen schwereren Schicht aus Brackwasser (Gemisch aus Süß- und Salzwasser, Regen- und Meerwasser). Bei der Betrachtung des Sees fällt auf, dass das Ufer mit mannshohem Gras, dem sogenannten Schilf (*Phragmites australis*) bewachsen ist. Im Spätsommer trägt es an der Spitze eine lange, dunkelrote Rispe. Auf dem Festland wächst das Schilf noch höher als hier. Die von vielen Leuten geliebten Reetdächer („Stroh"-dächer) bestehen zumeist aus Schilf. Es vermehrt sich hauptsächlich durch seinen im Bodenschlamm kriechenden Wurzelstock. Neben dem gemeinen Schilfgras wächst hier auch der breitblättrige Rohrkolben. Das Schilfgras wächst bis zu vier Meter hoch und kann im Frühjahr eine Wuchsgeschwindigkeit von 4 cm pro Tag erreichen. Das Schilfgras bietet für viele Tiere sowohl Nahrung als auch Schutz. Das Gebiet stellt ein Eldorado für Vögel dar. Auf dem See rasten oft Hunderte von Wasservögeln, darunter verschiedene Enten- und Möwenarten, aber auch Rohrdommeln, Wasserrallen, Haubentaucher und Rohrsänger. Jedoch nicht nur Vögel, sondern auch an-

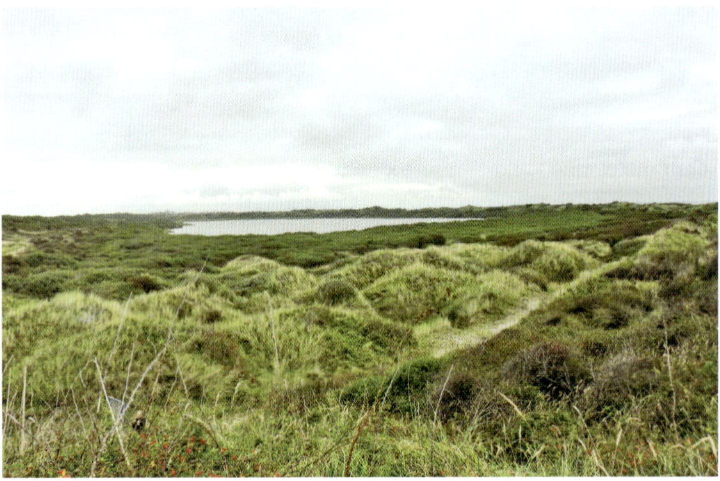

Blick vom Aussichtspunkt auf den Hammersee

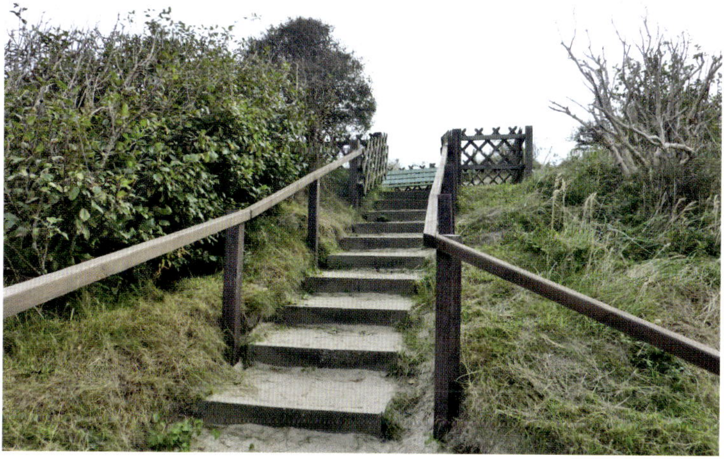

Hinauf zum Aussichtspunkt Augustendüne, dem „Hexentanzplatz“

dere Tiere werden von der Vielfalt des Hammerseeareals angezogen. Oft kann man gerade an warmen Frühlingsabenden die Rufe der Kreuzkrote horen. Die sonst graugefärbte Kröte kennzeichnet ein schmaler, längs über den Rücken verlaufender Strich. Das Schilf bietet eine Kinderstube für Kröten, Frösche und Fische. Auch Bisame können am Hammersee gefunden werden. Sie ernähren sich von Schilfrohr. Im Herbst schichten sie aus Röhricht bis zu einen Meter hohe Kegelburgen auf, in denen sie dann auch den Winter verbringen.

Ein Spaziergang rund um den Hammersee lohnt sich auf alle Fälle. Nicht auslassen sollte man dabei die Aussichtspunkte in den Augustendünen. Sie werden auch als „Hexentanzplatz“ bezeichnet und bieten sowohl Sitzplätze für eine Rast als auch einen schönen Ausblick auf Hammersee, Dünen, Watt bzw. Nordsee. Die eigentliche Augustendüne darf nicht betreten werden.

Standort 26: Wäldchen / Bill

Das Naturschutzgebiet Bill beginnt gleich hinter dem Ortsteil Loog und umfasst das gesamte westliche Ende der Insel Juist.

Aufgrund seiner ausgeprägten runden Form am Westende stammt der Begriff „Bill“ angeblich vom friesischen Wort für „Gesäßbacke“. Die Weihnachtsflut von 1717 zerstörte das einst hier gelegene Billdorf, sodass die Bill lange Zeit entvölkert war. Der Juister Lehrer und Naturschutzpionier Otto Leege erkannte gegen Ende des 19. Jahrhunderts die natürliche Schönheit und die Wichtigkeit des Gebietes für die Pflanzen- und Tierwelt. Auf Leeges Betreiben hin erklärte man die Bill bereits 1899 zum Naturschutzgebiet.

Seiner Initiative ist es zu verdanken, dass in der Bill 50 000 Baumsämlinge angepflanzt wurden, in den Niederungen meist Erlen und in höheren Gebieten Berg- und Schwarzkiefer. Alle Anpflanzungen wurden dokumentiert und wissenschaftlich begleitet. So entstand das heute von vielen Gästen geliebte **Wäldchen**. Es bildete sich in den feuchten Tälern der Grau- und Buschdünen ein von Teichen und Sümpfen durchzogener Wald, der zahlreichen Vogelarten ein ideales Revier bietet. Otto Leege experimentierte mit verschiedenen Anpflanzungsmethoden und Baumarten. So musste er z. B. eine Aufforstung mit Balsampappeln aufgeben, da sie zu

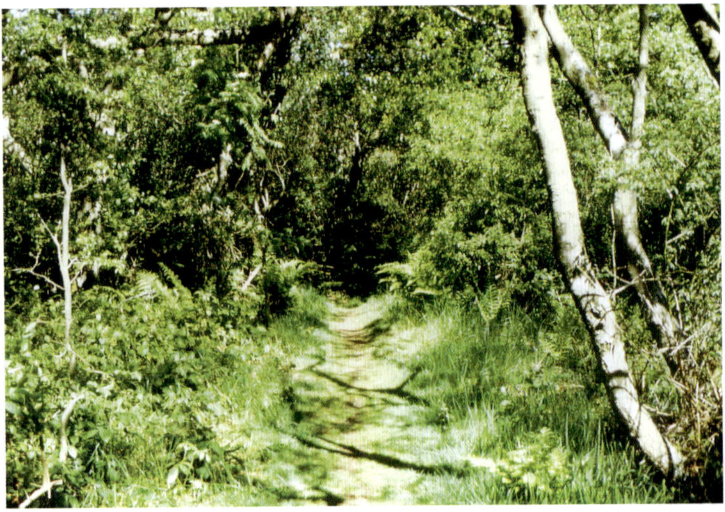

Weg durch das Wäldchen

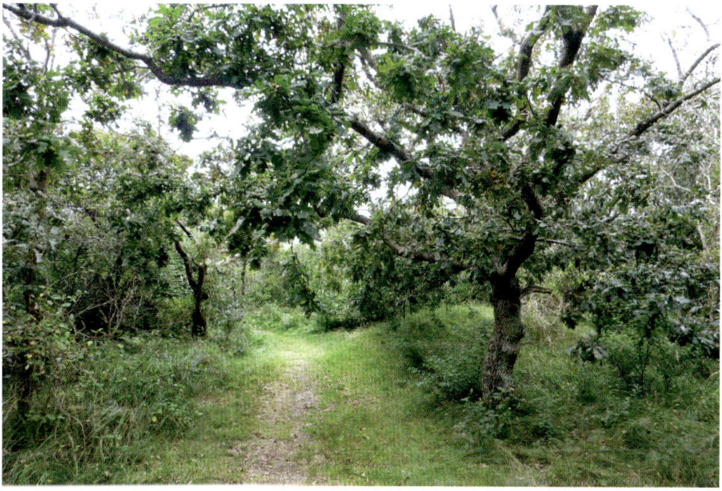

Wäldchen mit über 100-jähriger Eiche

windempfindlich war. 1924 wurde Leege pensioniert. Er zog in das Wärterhaus ein, um das Schutzgebiet vor Einheimischen und Kurgästen zu bewahren. Er befürchtete Störungen der Tierwelt und Pflanzenplünderungen. Das Gebiet des Wäldchens gehört seit 1986 zur Ruhezone des Nationalparks. Aufforstungen finden nicht mehr statt und Totholz wird nicht entfernt. Die Tier- und Pflanzenwelt dankt es.

Im Wäldchen entdecken wir heute Schwarzerlen und Karpatenbirken. Dass die Bäume hier alle krumm und schief stehen, hat nichts mit Unordnung oder Verwüstung zu tun, sondern ist eine Folge des starken Windes. Dies ist auch der Grund für die geringe Größe der Bäume. Auf der Windseite (Luv, Westseite) gleichen die Bäume eher Reisigbesen, da die oberen Zweige der niedrigen Bäume aufgrund des Windes ab gestorben sind. Betrachten wir den Rand des Wäldchens, fällt auf, dass die Höhe der Bäume unter dem Einfluss der starken Winde von West nach Ost ansteigt. Der sogenannte Windschliff wird durch den stetigen Wind aus Nordwest verursacht, sodass die meisten Bäume nach Südosten hin abgeschliffen und umgebogen werden. Dies ist besonders gut an den Weißdornsträuchern, Kiefern und auch Holundersträuchern zu sehen. Der Sanddorn wächst hier nur noch im Windschatten der Dünen, auf der Südseite. Festländer sind natürlich, was die Größe und Statur der Bäume betrifft, sehr verwöhnt, da sie dort Wälder mit Bäumen bis 30 m Höhe und mehr kennen. Oft tragen Laubbäume am Rand des Wäldchens zur Seeseite hin keine Blätter, da der Seewind für sie zu viele Salze mit sich bringt.

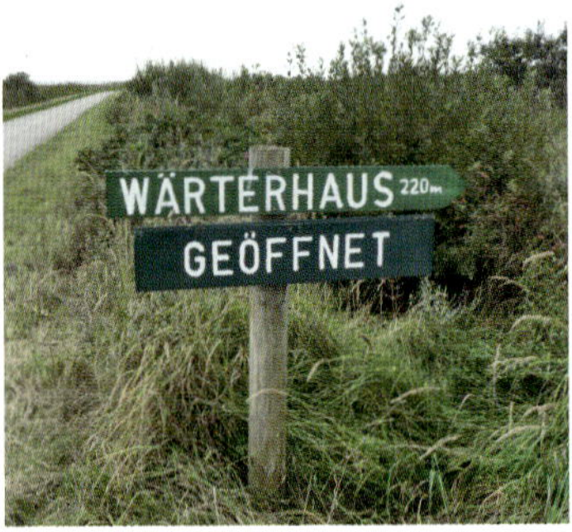

Bei genauerer Betrachtung der Bäume fallen zwei weitere Besonderheiten auf. Zum einen weisen einige Birken sogenannte „Hexenbesen“ auf. Diese Wucherungen an einzelnen Zweigen werden durch einen kleinen Pilz hervorgerufen. Zum anderen haben viele Bäume an ihren Stämmen und Zweigen graue oder grüne runde „Schuppen“. Dies sind Flechten, die an der Rinde haften. Sie gelten als Indikatorpflanzen für besonders reine Luft, d. h. wo diese Flechten vermehrt auftreten, können wir reine schadstoffarme Luft atmen. Weitere Pflanzen im Wäldchen sind z. B. Schattenblume, Waldsauerklee, Knoblauchrauke, Ruprechtskraut. Wandern wir weiterhin sehr aufmerksam durch das Wäldchen, haben wir vielleicht das Glück, Fasane, Hasen oder Kaninchen zu begegnen. Diese wurden vom Festland hierher eingeführt. Einige Fasane stammen übrigens aus Kaukasien. Die Kaninchen waren um die Jahrhundertwende ausgerottet, sind heute allerdings wieder vorzufinden. In diesem Areal befinden sich auch heute etwa 150 bis 200 Rehe. Die ersten Rehe wurden 1928 hier im Naturschutzgebiet von Jägern ausgesetzt.

Inmitten des Wäldchens finden wir das Vogelwärterhaus. Hier befindet sich eine interessante Ausstellung der Nationalparkwacht Juist. Spannende Schautafeln informieren über Vögel, Pflanzen und die Geschichte der Insel. Auch die Zeiten der nächsten naturkundlichen Führungen z. B. am Naturpfad am Kalfamer sind hier angeschlagen. Das Vogelwärterhäuschen ist vom Fahrweg aus ausgeschildert.

Standort 27: Die Juister Vogelwelt

Die Landdrostei Aurich erließ schon 1868 eine Verordnung zum Schutze der Seevogelwelt. Das Dünengebiet der Bill wurde dann 1899 auf Anregung des Heimat- und Naturforschers und früheren Lehrers Dr. Otto Leege als Naturschutzgebiet ausgewiesen. Gleichzeitig wurden auch die Kosten für eine Wärterbude und die Bestellung eines Vogelwärters, der die Kolonien von April bis Mitte August beaufsichtigen sollte, bewilligt. Die Zahl der Brandgänse, Enten, Rotschenkel und Austernfischer nahm von Jahr zu Jahr zu und auch immer mehr Kleinvögel stellten sich ein. Vogelschutzgebiete wurden unter anderem eingerichtet wegen der günstigen Wirkung auf die Festlegung und Begrünung der Dünen durch Samenausbreitung und Düngewirkung. Die Silbermöwe wurde dabei besonders geschätzt, denn sie scheidet beträchtliche Kotmengen aus und trägt durch ihre Speiballen mit Muschelschalen und dergleichen zur Nährstoffanreicherung des Sandes bei. Otto Leege übernahm nach seiner Pensionierung selbst den Schutz der Kolonie in der Bill. Nach seinen Vorschlägen wurden 1926 bis 1937 zur Schaffung von Schutzgehölzen rund 50 000 Sämlinge angepflanzt. In diesen Gehölzen fanden weniger Seevögel, sondern vor allem andere Vogelarten Niststplätze und Unterschlupf. Die konsequente Bewachung während der Brutzeit führte in dem Vogelschutzgebiet zu einer schnellen Aufwärtsentwicklung des Be-

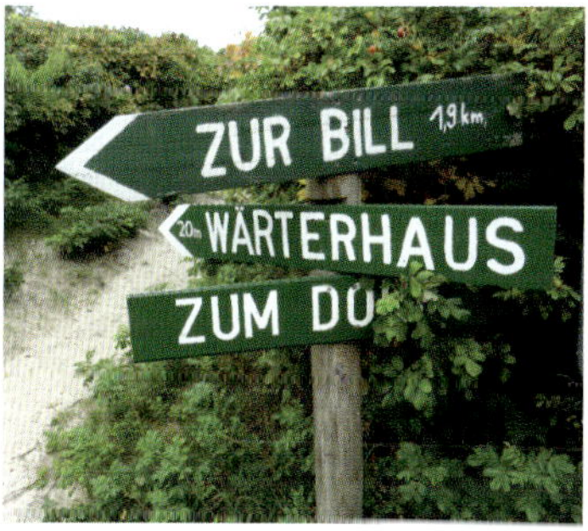

standes. 1952 wurde eine neue Verordnung für das Naturschutzgebiet Bill erlassen. In der alten Leege'schen Wärterbude nahmen nacheinander verschiedene Wärter die Beaufsichtigung der Kolonien und die Betreuung des Naturschutzgebietes wahr. Alle Wärter haben das Gebiet mit großem Einsatz betreut, seine Schönheit erhalten und es gleichzeitig verstanden, die Gäste auf den wenigen dieses Gebiet durchquerenden Wanderwegen so zu leiten,

dass ein Ausweichen in die Seitenräume durch geschickte Maßnahmen behindert wird.
Zum 1. Januar 1986 ist der Nationalpark Niedersächsisches Wattenmeer eingerichtet worden. Zu ihm gehört auch die Insel Juist. Den höchsten Schutz genießt die „Ruhezone“, zu ihr gehören die gesamten Dünen- und Hellerflächen westlich der Domäne Loog mit Billplate sowie der Ostheller und der Kalfamerbereich. U. a. ist der NLWKN (Niedersächsischer Landesbetrieb für Wasserwirtschaft, Küsten- und Naturschutz), Trägerorganisation für den Seevogelschutz der Ostfriesischen Inseln und Küste, tätig für die örtliche Überwachung und Betreuung.
Zusätzlich zur eigentlichen Beaufsichtigung der Gebiete und der Erfassung der Brutvogelbestände sind die Information und die Öffentlichkeitsarbeit von besonderer Bedeutung. Insbesondere der Inselgast will umfangreich informiert werden. Die Gebietsbetreuung konnte durch den Bundesfreiweilligendienst mit Mitarbeitern im „Freiwilligen Ökologischen Jahr“ erheblich erweitert werden. Der Schutz des ganzen Ökosystems der Insel Juist steht an erster Stelle. Zum Schutz der Brutkolonien ist z. B. am Kalfamer das Umwandern der östlichen Düne während der Brutzeit nicht gestattet.
Der Kalfamer ist ein Paradebeispiel für die natürliche Dynamik des Nationalparks Wattenmeer: vor einigen Jahren noch riesige Sandfelder, heute zunehmende Vegetation mit Primär- und Sekundärdünen. So wandelt sich auch das Bild der Brutkolonien. Typische Strandbrüter wie Zwergseeschwalbe und Seeregenpfeifer verlassen langsam das Gebiet und suchen sich neue Areale. In den Dünen brütende Vogelkolonien hingegen nehmen zu.
Viele verschiedene Vogelarten brüten auf Juist, andere verweilen hier auf ihrer Durchreise. Das Wattenmeer bietet ihnen durch das reiche Nahrungsangebot und die Festlandnähe ideale Bedingungen. Aufgrund der unterschiedlichen Vegetationszonen finden nicht nur typische Watvögel ihr Revier, sondern auch auf dem Festland beheimatete Arten. Bill, Kalfamer, Hammersee und die feuchten Dünentäler im Bereich der Altdünen sind echte Vogelparadiese. In den Feuchtgebieten trifft man unter anderem zahlreiche Entenarten, Rallen,

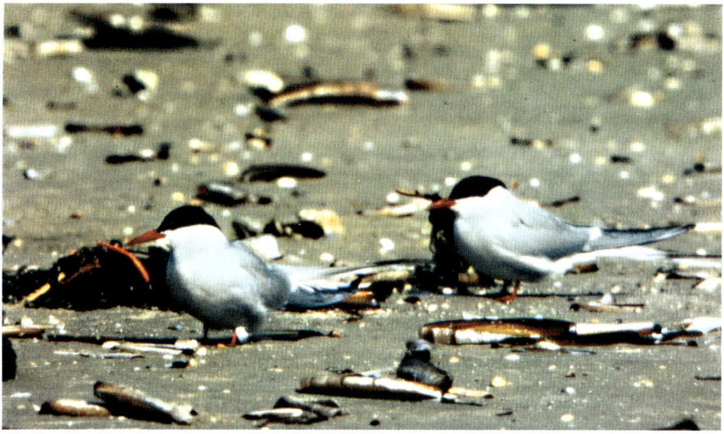

Küstenseeschwalbe

Bekassinen und Brachvögel. An der Wattenküste ist der Austernfischer neben den Möwen wohl der am häufigsten vertretene Vogel.

Die **Zwergseeschwalbe** ist die kleinste Seeschwalbenart und vom Aussterben bedroht. Sie ist zu erkennen an ihrer weißen Stirn und schwarzen Kopfplatte. Ihre bevorzugten Brutplätze sind die Muschelfelder und die Sandstrände. Da diese aber oft von Gästen vereinnahmt werden, mussten die Schutzzonen zur Brutzeit eingerichtet werden. Für interessierte Gäste werden aber trotzdem geführte Wanderungen zu bestimmten Zeiten angeboten. Ein besonderes Augenmerk verdienen ebenso die Sturmmöwenkolonie an der Bill und die Brutplätze der Küsten- und Flussseeschwalbe am Ostheller.

Die **Möwen** sind die häufigsten Vögel im Dünen- und Strandbereich.

Häufig begegnen wir der **Silbermöwe**. Sie ist eine der größten hier anzutreffenden Möwenarten mit großer Brutkolonie am Kalfamer. Mit ihren 57 cm Länge wiegt sie 1 kg. Diese Großmöwe präsentiert sich in unterschiedlichen Federkleidern. Der Grund für die unterschiedliche Färbung liegt in der langen Entwicklungsphase der Möwen. Eine Silbermöwe benötigt vier Jahre, bis sie geschlechtsreif ist. An den verschiedenen Färbungen des Federkleides erkennen wir jeweils ein bestimmtes Alter. Die Jungvögel sind am dunkelsten und haben ein braun gemustertes Gefieder. Mit zunehmendem Alter werden die Vögel immer heller und der Anteil an grauen und weißen Federn nimmt zu. Nach dem vierten Lebensjahr tragen die Silbermöwen dann ihr „ordentliches“ helles Federkleid. Silbermöwen sind überall auf der Insel zu finden, also auch hier. Sie sind Nesträuber und klauen gerne. Sie sind meist die erste Vogelart, die der Inselgast kennenlernt, da sie oft die Fähren begleiten und sehr zutraulich nach Butterbroten o. Ä. Ausschau halten.

Nur eine Möwenart ist noch häufiger anzutreffen als die Silbermöwe. Dies ist die bis zu 56 cm große **Heringsmöwe**. Sie brütet oft gemeinsam mit der Silbermöwe, so auch am Kalfamer. Männchen und Weibchen sind anhand des Gefieders nicht zu unterscheiden.

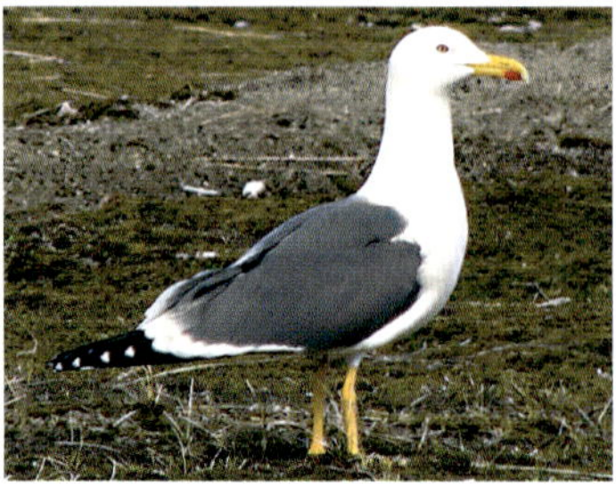

Heringsmöwe

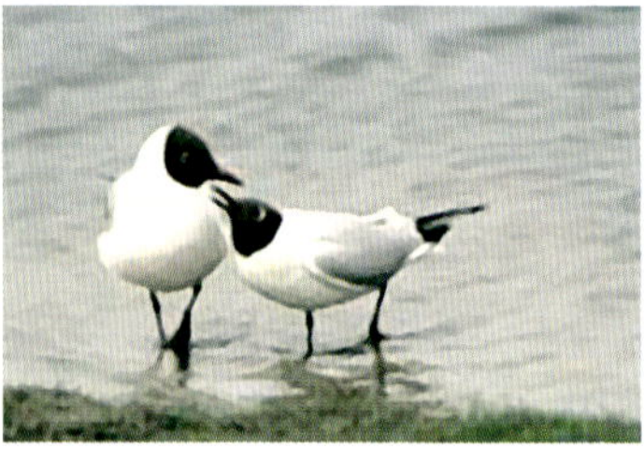

Lachmöwe

Mit bis zu 40 cm Länge ist die **Lachmöwe** die kleinste der anzutreffenden Möwen und auf Juist mit einigen tausend Brutpaaren vertreten. Dem Vogel wird meist ein lustiges Wesen nachgesagt. Sein Name „Lach“ bezieht sich allerdings nicht auf sein heiteres Gemüt, sondern auf seine ursprüngliche Heimat im Binnenland, die geprägt war von Wasserflächen, Lachen und Seen. 1931 brütete die Lachmöwe erstmals im Wattenmeer. Sie besitzt einen schlanken, eleganten Schnabel. Die geschlechtsreifen Vögel erhalten während der Sommermonate eine schokoladenbraune Gesichtsmaske. Im Winter besitzt der weiße Kopf nur noch an den Wangen dunkle Ohrflecken.

Sturmmöwen sind nur wenig größer, aber ebenfalls sehr verbreitet. Bis zur Mitte des 20. Jahrhunderts waren sie vorwiegend an der Ostsee anzutreffen.

Auf den Sandbänken kann man manchmal auch **Mantelmöwen** beobachten. Sie sind wesentlich größer als Silbermöwen, haben einen schwarzen Rücken und schwarze Flügeldecken. Die Spannweite der Mantelmöwen kann bis zu 1,70 m betragen. Über den Prielen fliegen oft **Seeschwalben**. Diese hervorragenden grazilen Flieger haben ähnlich ihren Festlandsverwandten einen gegabelten Schwanz. Sie sind weißlich und haben eine schwarze Kopfplatte. Beim Jagen stürzen sie ganz plötzlich ins Wasser und fliegen meist erfolgreich mit einem Fisch im Schnabel wieder davon.

Die **Küstenseeschwalben** sind die ausdauernsten Langstreckenflieger. Sie kommen Ende April bis Anfang Mai zu uns und kehren im September wieder zurück. Ihre Winterquartiere reichen von den Küsten Chiles und Südafrikas bis an den Rand der antarktischen Packeiszone. Die Brutgebiete liegen neben der Nordseeküste im Norden des Pazifischen Ozeans, in Sibirien, Grönland und Kanada. Einige von ihnen ziehen also von der Arktis bis zur Antarktis und wieder zurück. Sie legen so jährlich bis zu 20 000 km zurück und verbringen die meiste Zeit des Tages in der Luft.

Die Salzwiese stellt ein wahres Vogelparadies dar. Zu Hochwasserzeiten rasten in den Salzwiesen viele **Watvögel** (keine „Wattvögel“, diese gibt es gar nicht). Watvögel waten im Schlamm, daher kommt der Name. Watvögel, wissenschaftlich Limikolen genannt, gehören zu den interessantesten Vogelarten der Welt.

Sie besiedeln stets feuchte Lebensräume wie z. B. Flüsse und Küsten, Sümpfe, Moore, Feuchtwiesen und Lagunen. Viele verschiedene Watvögel können wir auf Juist beobachten, u. a. Austernfischer, Säbelschnäbler, Rotschenkel, Grünschenkel, Kiebitzregenpfeifer, Seeregenpfeifer, Knutts, Brachvögel und Alpenstrandläufer.

Der bis zu 25 cm große **Knutt** stellt unter den Watvögeln einen besonders interessanten Fall dar. Die Brutgebiete des Knutts befinden sich auf Grönland, im arktischen Kanada und Sibirien. Sie benötigen nur zwei bis drei Tage für Ihren 5000 km langen Flug nach Juist, den sie zur Not auch nonstop absolvieren können, und dies mit einer Geschwindigkeit von bis zu 80 km/h. Nach ihrem

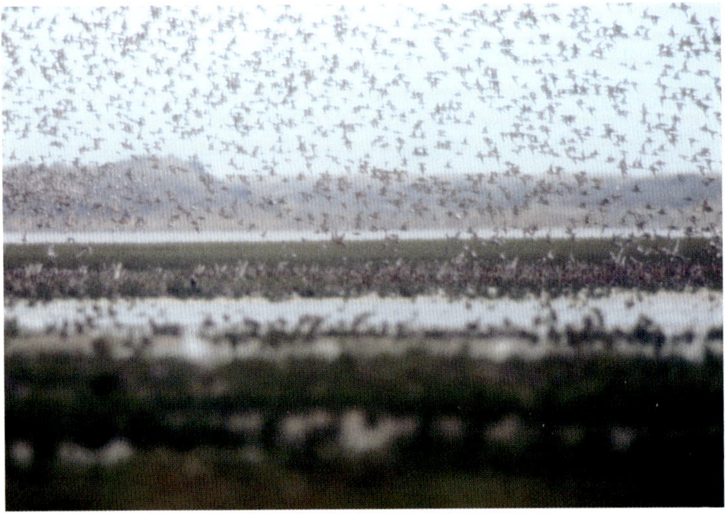

Knutts

Inselaufenthalt ziehen sie weiter über das Wattenmeer der Küsten Westeuropas und auch Afrikas bis hin nach Mauretanien und Guinea-Bissau. Einige fliegen sogar bis nach Südafrika zum Überwintern. Die kanadischen Populationen können hingegen das Wattenmeer auch als Winterquartier nutzen. Nachdem sie im Frühling wieder „zum Auftanken" ihrer Energiereserven im Wattenmeer erscheinen, ziehen sie sich über Nordnorwegen und teilweise über Grönland in ihre angestammten Brutgebiete im Norden Kanadas zurück.

Mit etwas Glück können auch **Säbelschnäbler** beobachtet werden. Wie der Name schon vermuten lässt, sind sie leicht an ihrer Schnabelform zu erkennen. Der bis zu 46 cm große Vogel ist der eleganteste der Watvögel. Mit seinem langen, aufwärts gebogenen Schnabel wischt er quasi durch den Wattboden und sucht so im Flachwasser nach Nah-

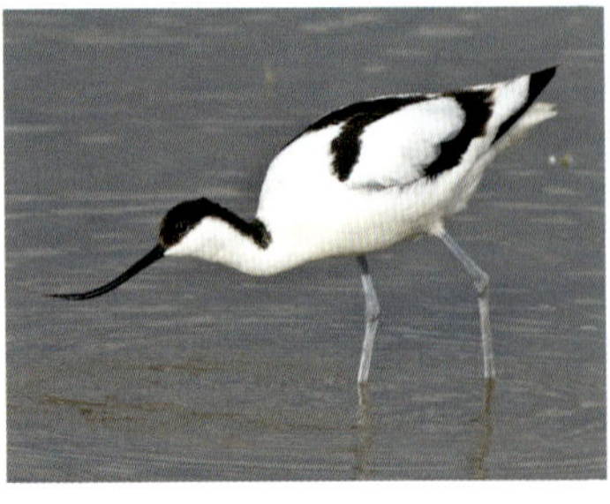

Säbelschnäbler

rung. Dabei watet dieser Vogel rasch vorwärtsschreitend durch das seichte Wasser, wobei er seinen Schnabel im Wasser seitlich hin und her bewegt und dabei auf dem Wasser befindliche Insekten oder andere kleine Nahrungsteilchen aufnimmt.

Auch Kiebitze und Rotschenkel sind zu hören.

Der **Rotschenkel** ist ebenfalls ein Watvogel und fällt durch seine roten langen Beine und seinen langen Schnabel auf. Besonders die intensive weiße Farbe des

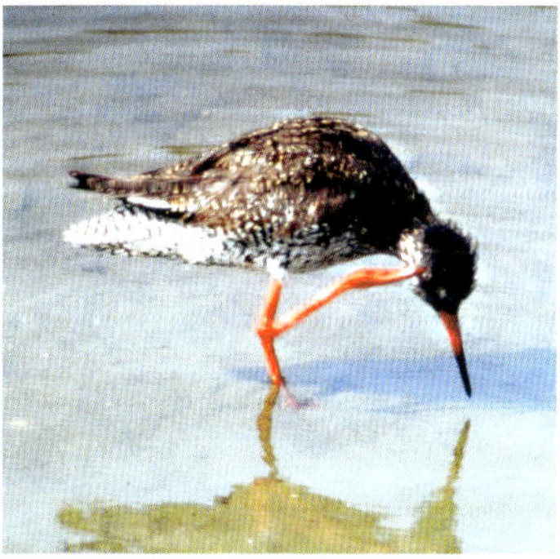

Rotschenkel

Flügelhinterrandes, vor allem aber der zwei- oder dreisilbige „Dü-ü-ü"-Ruf unterscheidet ihn von anderen Vogelarten. Durch das bräunlich melierte Gefieder und die bräunlich gesprenkelten Eierschalen ist er in der Salzwiese gut getarnt.

Der **Löffler** ähnelt entfernt dem bekannten Weißstorch. Für ihn charakteristisch ist der löffelartig verbreiterte Schnabel. Sowohl auf Juist als auch auf Memmert brüten einige Paare, die im Herbst zum Überwintern bis nach Mauretanien fliegen.

Der **Austernfischer**, der übrigens keine Austern frisst, hat einen langen roten Schnabel und rote Beine, besitzt jedoch ein klar abgegrenztes schwarzweißes Gefieder. Er frisst gerne Herzmuscheln und Wattwürmer. Er ist gerade in der Sommersaison der auffälligste Vogel auf der Insel. Man kann ihn vielerorts sehen, aber vor allem hören. Sieht man ihn im Flug, kann man ihn gut an seinen lauten Rufen erkennen. Er schreit oft hintereinander ein „Kliiip Kliiip". Er ist ein geselli ger Vogel und meist in größerer Anzahl anzutreffen. Er kann bis zu 35 Jahre alt werden und lebt in der Regel in einer lebenslangen

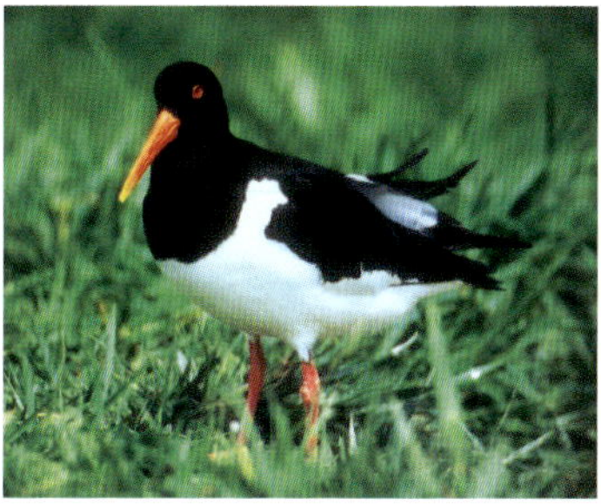

Austernfischer

Ehe. Er brütet gerne in der Nähe der Nahrungsgebiete, sodass er oft in den Salzwiesen zu finden ist, wo dann der Transportweg der Nahrung zu den Jungen nicht so groß ist. Kommt man seinen Brutgebieten zu nah, so kann er auch schon mal aggressiv werden. Der Austernfischer wurde zum Seevogel 2014 gewählt. Leider belegen die Wattenmeer-Statistiken, dass der Bestand jährlich um durchschnittlich 3 % zurückgeht. Bei höheren Fluten werden die Salzwiesen überflutet, sodass der Nachwuchs gefährdet ist. Durch den Klimawandel ist zu befürchten, dass dieses Problem sich weiter verschärft. Da der Austernfischer ein typischer „Wattenmeerbewohner" ist und an ihm viel über die Zusammenhänge des Lebensraumes Wattenmeer verdeutlicht werden kann, hat das Nationalpark-Haus sich den Austernfischer als Logo auserwählt.

Mit viel Glück kann in den Wiesen eine **Kornweihe** entdeckt werden. In ganz Deutschland gibt es nur wenige Brutpaare. Beim Flug über die Wiesen sind diese Greifvögel leicht an den schwarzen Flügelspitzen zu erkennen.

Im gesamten Wattenmeer verweilen jedes Jahr bis zu 12 Millionen Wat- und Wasservögel, wobei die Zahl der Watvögel bis zu 65 Prozent ausmacht. Vom Wattrand oder dem Seedeich aus können wir gut beobachten, wie die Limikolen dem ablaufenden Wasser folgen und im trocken fallenden Boden nach Nahrung suchen. Die Watvögel sind mit ihren unterschiedlichen Schnabelformen und -längen auf unterschiedliche Ernährungsweisen und Nahrungsspektren spezialisiert. Wir finden neben den **langschnäbligen Arten** wie dem Großen Brachvogel und der Pfuhlschnepfe auch **kurzschnäblige Arten** wie den Sandregenpfeifer und den Alpenstrandläufer. Hinsichtlich der Nahrungssuche lassen sich zwei Arten unterscheiden. Die eine Art sucht mit dem Auge, die andere mit dem Tastsinn. Die **„Stocherer"** besitzen einen langen, mehr oder weniger stark abwärts gekrümmten Schnabel, an dessen Spitze empfindliche Nervenenden konzentriert sind. Der Schnabel kann unterirdisch pinzettenartig geöffnet werden. Ein großer Vorteil für die „Stocherer" ist, dass sie ihre Beute unabhängig vom Tageslicht er-

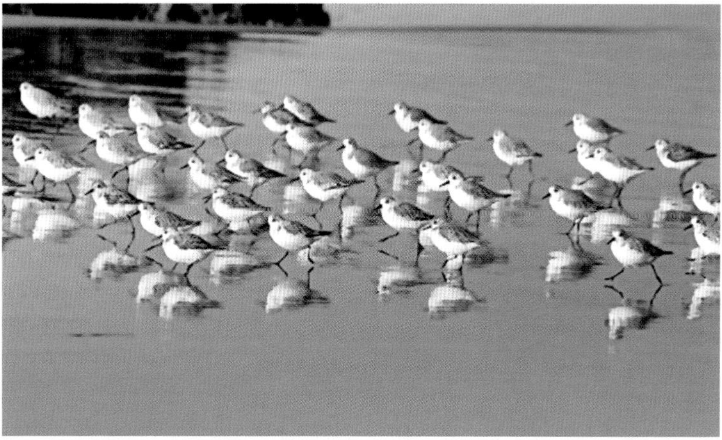

Sanderlinge, Keen Tied

tasten können. Gerade auf den weiten Flächen des Watts ist dies von großer Bedeutung, da die Watvögel vom Rhythmus der Gezeiten abhängig sind und natürlich nur bei trocken gefallenem Wattboden Nahrung finden können. Für die Arten, die ihre Nahrung mit den Augen orten, sind kurze gedrungene Schnäbel charakteristisch. Diese Vögel haben die Wahl zwischen großen, relativ seltenen und kleinen, aber sehr zahlreichen Lebewesen. Regenpfeifer z. B. sind dafür bekannt, dass sie in kürzester Zeit große Strecken abrennen und zwischendurch plötzlich stehen bleiben. Sie suchen den Wattboden nach Nahrung ab, um dann blitzschnell ein Beutetier von der Oberfläche abzupicken. So finden sie von Zeit zu Zeit recht große Würmer, Weichtiere oder auch Insekten. Arten wie z. B. der Rotschenkel oder der Alpenstrandläufer können während des Laufens große Mengen an relativ kleinen Beutetieren aufnehmen. Der ca. 20 cm kleine Sanderling, der im Winter als Gast aus der Arktis am Flutsaum zu finden ist, ist ebenso bekannt dafür, emsig am Strand hin und her zu laufen. Er hat die Fähigkeit, die Wellen geschickt zu umlaufen, ohne auffliegen zu müssen. Er wird auf Plattdeutsch aufgrund seiner schnellen Bewegungen auch „Keen Tied“ (Keine Zeit) genannt.

Der **große Brachvogel** ist mit seinen bis zu 57 cm Höhe der größte Watvogel. Auffallend ist sein langer abwärts gebogener Schnabel, mit dem er im Wattboden nach Nahrung sucht. Er ist optimal daran angepasst, den Sandpierwurm aus seinem Fressgang zu ziehen.

Die **Pfuhlschnepfe** hält unter den Zugvögeln einen einzigartigen Rekord.

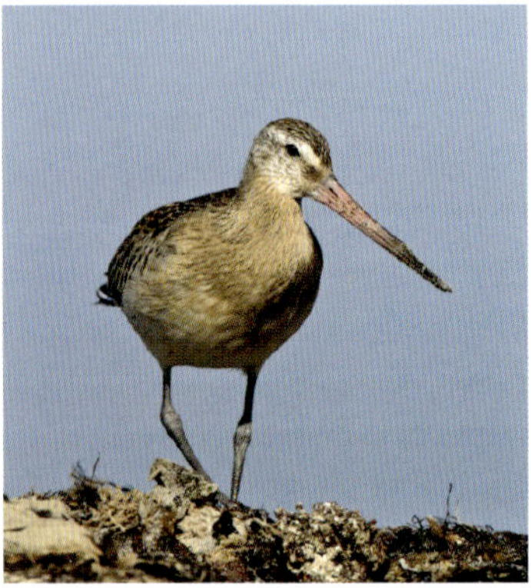

Pfuhlschnepfe

Sie kann von allen Vögeln am längsten fliegen. Britische Wissenschaftler haben bewiesen, dass manche Pfuhlschnepfen neun Tage ohne Pause, ohne Futter und ohne Schlaf fliegen können. Die Vögel überwinden bei ihrem Flug von Alaska über den Pazifik nach Neuseeland eine Strecke von 11 700 km. Sie sind Langstreckenzieher und kommen so auf eine Jahresgesamtleistung von 30 000 km. Vom bis zu 42 cm großen Vogel befinden sich im Wattenmeer im Herbst bis zu 60 000 Exemplare.

Die **Ringelgans** ist ein weiterer Wintergast, der aus der Arktis zu uns kommt. Sie beweidet gemeinsam mit den Pfeifenten ebenfalls die Salzwiesen. Sie ist die kleinste Gänseart in den Salzwiesen und leicht am weißen Halsring zu erkennen. Im Frühjahr können wir hier fast den gesamten Weltbestand der Ringelganspopulation im Wattenmeer begrüßen. Sie ernähren sich hauptsächlich von Queller, Seegras, Grünalgen und den jungen Trieben des Andelgrases und fressen sich hier so ihr bis zu 350 Gramm schweres Fettpolster für den Rückflug in die westsibirischen Brutgebiete an. Die **Graugans** gehört mit bis zu 89 cm zu den größten Gänsearten Europas und zu den am häufigsten vorkommenden Wasservögeln. Sie können bis zu 17 Jahre alt werden und leben in lebenslangen Partnerschaften. Sie brüten in zunehmender Anzahl am Hammersee und in den Salzwiesen. Ein weiterer Rastvogel ist der vom Aussterben bedrohte **Goldregenpfeifer**. Er ist im Frühjahr und

Herbst am Billpolder anzutreffen.

Wann und wo kann man am besten Vögel beobachten? Der Rhythmus der Vögel richtet sich nicht nach Tag und Nacht, sondern nach den Gezeiten. Die beste Beobachtungszeit ist bei auflaufendem Wasser, also wenn die Flut kommt. Verhält man sich ruhig, kann man bei einer Position auf einem Wanderweg an der Wattkante wunderbare Beobachtungen machen, da die Vögel langsam vor dem Wasser weichen und so auf einen zukommen. Ist das Wasser zurück, so sammeln sich die Schwärme und fliegen gemeinsam in die Salzwiesen. Hier nutzen sie die Zeit zur Pflege des Gefieders, zum Brüten oder zum Schlafen. Also bitte nicht stören.

Die außergewöhnliche Ökologie rund um den Hammersee lässt uns hier sowohl Brut-, Rast- als auch Singvögel finden. Hier brüten u. a. Hauben- und Zwergtaucher, Buchfink, Nachtigall, Wasserralle und Rohrweihe. Die Wasserralle mit ihrem dünnen, nach unten gebogenen Schnabel baut ihre Nester aus trockenen Schilfgräsern und Wasserpflanzen knapp oberhalb der Wasseroberfläche. Ihr Ruf gleicht dem Quieken eines jungen Schweines. Rastvögel wie z. B. Spieß- und Pfeifente oder Graugans, Amsel, Wintergoldhähnchen und Heringsmöwe bevorzugen ebenfalls das Areal rund um den Süßwassersee. Wer genau hinhört, kann rund um den See einige Singvögel erkennen. Hier befinden sich u. a. Teichrohrsänger, Rohrammer, Fitis und Zaunkönig. Die kleinen und unauffälligen Singvögel werden eher gehört als gesehen. Sie sind Zugvögel und überwintern meist am Mittelmeer oder auf dem afrikanischen Kontinent. Lediglich der Zaunkönig ist ein Standvogel und lebt das ganze Jahr über hier. Er brütet im dichten Unterholz und ist überall auf der Insel zu finden.

Auch im Ort können Vögel beobachtet werden. Im Spätsommer treffen z. B. Stare als Durchzügler ein, die sich am frühen Abend lautstark in den Bäumen des Ortes einfinden. Aber auch die uns allseits bekannten Spatzen sind hier anzutreffen.

Die **Waldohreule** wartet mit einer Körperlänge von 36 cm und einer Spannbreite von 95 cm auf. Charakteristisches Merkmal sind die Federohren, die allerdings nicht mit ihrer Hörleistung in Verbindung stehen. Ihr Gefieder

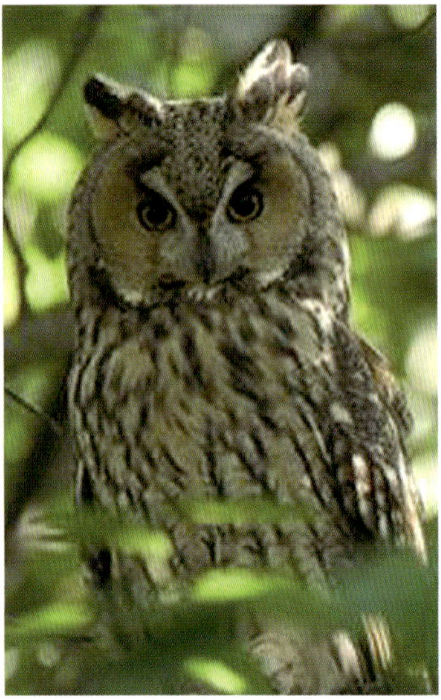

Waldohreule

ist gestrichelt und gefleckt auf hellbraunem bis ockerfarbigem Grund. So ist sie im Geäst kaum sichtbar. Sie hat von der Aufforstung der Insel ganz deutlich profitiert. Das Wäldchen dient ihr als Ruheplatz und Brutgebiet, wenn sich daneben größere Freiflächen zum Jagen befinden. So hält sie sich tagsüber in den höheren Bäumen auf, oft eng am Stamm angeschmiegt. Sie nutzt manchmal alte Nester von anderen Vögeln, meist Krähennester, als „Nachmieter". Dem aufmerksamen Spaziergänger werden die Speiballen und Gewölle am Fuße einiger Bäume sicherlich auffallen und den Schlafplatz der Waldohreule verraten. Die Hauptbeute besteht aus Mäusen. Nachts kann im Wäldchen ein leise rufendes „Huh-Huh!" gehört werden. Die Jagd erfolgt in der Dämmerung und nachts und kann bis zu sechs Stunden dauern. Der Flug der Waldohreule, die bis zu 28 Jahre alt werden kann, ist geräuschlos.

In den Billdünen sind weitere Greifvögel vertreten, wie z. B. der Mäusebussard, die Kornweihe, der Turmfalke und die Sumpfohreule. Die Turmfalken können am einfachsten erkannt werden, da sie rütteln, d. h. sie stehen quasi mit gefächertem Schwanz in der Luft, um z. B. zum Sturzflug auf Wühlmäuse anzusetzen.

Wer Schwierigkeiten hat, die einzelnen Vogelarten auseinanderzuhalten, sie näher kennenlernen will oder noch mehr über den Lebensraum Wattenmeer erfahren möchte, dem ist ein Besuch im Nationalpark-Haus Juist, im Vogel-Wärterhaus oder der Otto-Leege-Pfad zu empfehlen.

Im Herbst finden auf den Ostfriesischen Inseln und auch auf Juist die Zugvogeltage statt. Jedes Jahr bietet sich hier im Weltnaturerbe Wattenmeer ein einzigartiges Schauspiel. Millionen von Zugvögeln legen auf ihrem Weg von den nordischen Brutgebieten zu den südlichen Winterquartieren hier Rast ein. Die Zugvogeltage sollen für dieses einzigartige Naturschauspiel sensibilisieren. Fragen Sie im Nationalpark-Haus nach entsprechenden Aktivitäten.

Auf www.zugvogeltage.de finden Sie ein interessantes Zugvogel-Quiz, bei dem Sie nicht nur die Vogelarten, sondern auch Anzahl oder Route erraten können. Schauen Sie mal rein.

Standort 28: Domäne Bill

Die Domäne Bill liegt an der Südküste der Insel zwischen den Dünen und dem Bill-Heller. Sie ist ein ehemaliger reiner Landwirtschaftsbetrieb und wesentlich älter als die Domäne Loog. Heute bietet sie ein Café sowie eine Gastwirtschaft mit Selbstbedienung. Das Ausflugslokal am Westende der Insel bietet Spezialitäten wie Eintopfgerichte und den berühmten Rosinenstuten aus eigener Küche und Bäckerei. Bit-

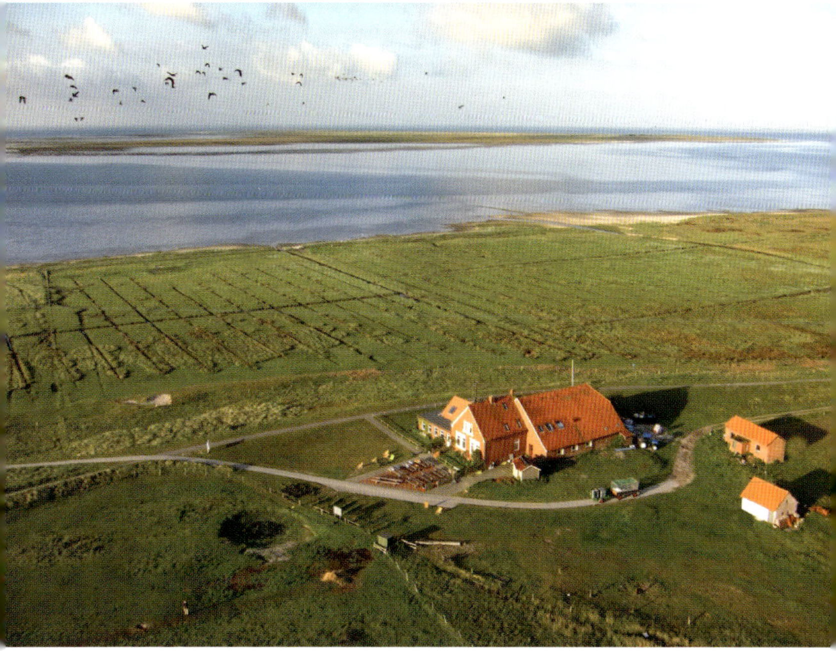

Die Domäne Bill *Luftbild: Sven Ahrends*

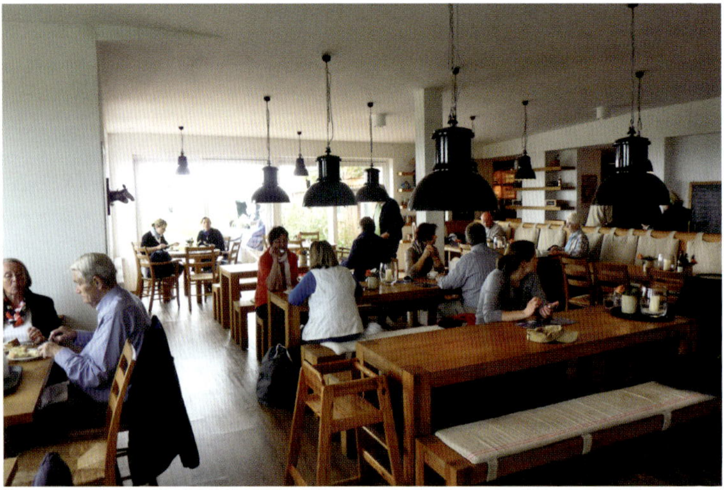

Domäne Bill: Hereinspaziert

te beachten Sie, dass das Haus mittwochs einen Ruhetag einlegt, sodass Sie nicht erschöpft ins Leere laufen.

Von der Domäne aus, die 3,5 m ü. NN liegt, hat man einen wunderschönen Blick auf die benachbarte Vogelschutzinsel Memmert. Auch die Fahrrinne „Juister Balje" 18 verläuft hier ganz nah am Heller. In der Nähe der Domäne Bill machen manchmal Segelboote vom Dorf Juist, von Norddeich und Norderney, seltener vom Festland fest.

Die Domäne Bill wird in Familientradition betrieben und ist *das* Ausflugsziel im Westen der Insel. 2010 hat die Gaststätte umfangreiche Umbau- und Renovierungsarbeiten erfahren. Der Gastraum wurde erweitert und bietet nun 50 zusätzlichen Gästen Platz. Hinzu kamen ein Wickeltisch, eine neue WC-Anlage, eine neue Küche und ein zweiter rollstuhlgerechter Eingang. Nicht nur die Gasträume, die in Selbstbedienung betrieben werden, laden zum Verweilen ein, sondern auch die Terrasse vor und hinter dem Haus mit Blick auf die Dünen und Salzwiesen.

Wer schlecht zu Fuß ist und auch mit dem Rad nicht zur Domäne Bill kommt, der kann eine der Kutschen nehmen, die hier haltmachen.

Der Weg rechts am Haus vorbei führt direkt durch die Billdünen

zum Strand. Hier befinden sich gerade nach Sturmfluten hohe Abbruchkanten, teilweise bis zu 10 m hoch, die der Insel zu schaffen machen. Die vorherrschende Wind- und Strömungsrichtung ist Nordwest. Seit 1976 sind die Abbruchkanten in diesem Gebiet ganze 200 m nach Süden gewandert. Dem wurde immer wieder mit Sandaufspülungen, Schüttungen und Anpflanzungen entgegengewirkt. Die Zukunft dieses Teils der Insel ist auf Dauer ungewiss.
Unser Weg führt hier allerdings noch nicht zurück zum Ort, sondern Richtung Billriff.

Standort 29: Das Billriff

Das Billriff ist der am weitesten nach Westen ins Meer vorgeschobene Teil der Insel. Es ist eine gewaltige, ins Meer hineinragende Sandfläche, die – obwohl sie zeitweise überflutet ist – noch zur Insel gehört. Den ersten Abschnitt des Juister Festlandes bilden dann die Haakdünen. Der Weg links neben der Domäne Bill führt uns auf den 4,20 m hohen Deich zum in der Ferne sichtbaren Geräteschuppen. Links dehnt sich der Bill-Heller aus und rechts vom Deich der Bill-Polder. Das Grünland ist

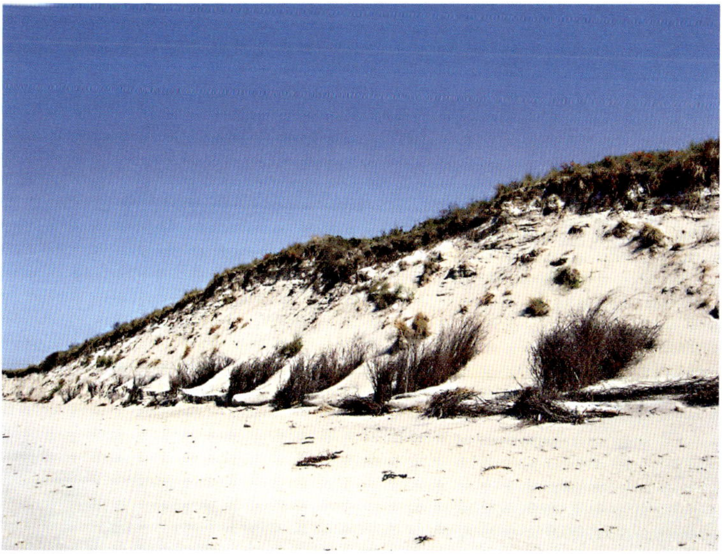

Abbruchkante am Bill

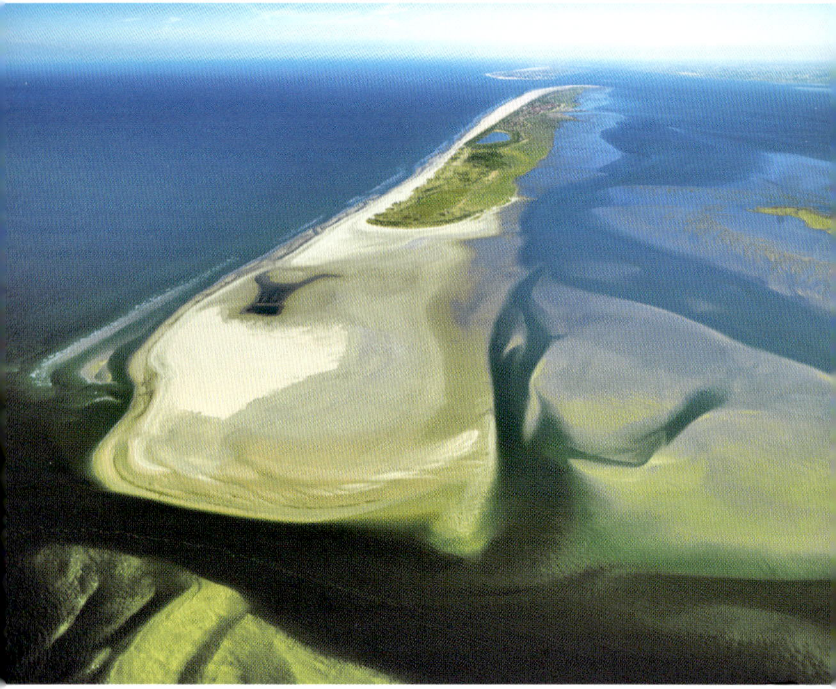

Das Westende der Insel Juist *Luftbild: Gerhard Launer*

durch den Deich vom Meer abgeschnitten und wurde so eingedeicht, eingepoldert. Unter einem Polder versteht man eingedeichtes Marschland.

Das ursprüngliche Marschland besteht aus Anschwemmungen von Feinsanden und Schlick durch starke Gezeiten. Die Marschen sind in den letzten 7500 Jahren durch natürliche Verlandung des Watts entstanden, später dann auch durch Eindeichung. Sie werden aus den von organischem Material durchsetzten, sandigen oder tonigen schlammigen Ablagerungen (Schlick) aufgebaut, die durch das Meer an die Küste transportiert werden. Der erhöhte Boden wird schließlich von Pflanzen besiedelt und wächst durch Sinkstoffzufuhr bei Sturmfluten auch über die Höhe des mittleren Tidehochwassers hinaus. Zuerst werden die schweren, meist sandigen Schlicke abgelagert; dabei entsteht das sog. Hochland, das zum großen Teil für den Ackerbau geeignet ist. Das weiter binnenwärts transportierte feinere, tonige Material eignet sich als Grünland. Je nach Alter der Areale unterscheidet man zwischen den sehr fruchtbaren Jungmarschen und den Altmarschen, die durch natürliche Entkalkung nicht mehr ganz so fruchtbar sind.

Die hier an der Bill eingepolderte Wiese gleicht daher weitgehend den Wiesen des Festlandes. Der Gegensatz zwischen **Polder** und Heller fällt sofort auf. Der Heller ist stärker mit Gräben durchzogen. Auf dem Heller wachsen sehr viele Strandbinsen und die typischen Pflanzen der **Salzwiese** 17. Im Polder wachsen diese kaum. Dafür zeigen die Polderwiesen ein saftigeres, frischeres Grün. Das Gras wird gemäht und dann als Heu eingefahren.

Bei der Durchquerung der **Haakdünen**, vom Geräteschuppen zum Strand, fällt uns sofort die sandige Beschaffenheit auf. Der Gang ist in den weißen Sekundärdünen viel schwerfälliger als in den uns schon bekannten grauen **Tertiärdünen** 18. Hinter den Dünen erkennen wir die riesige Freifläche, in der das Watt und der Sandstrand ineinander über-

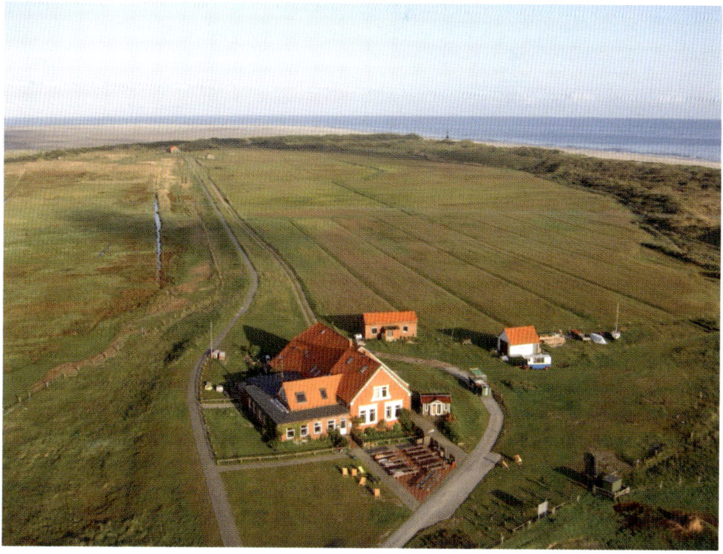

Die Bill *Luftbild: Sven Ahrends*

gehen. Hier trifft Wattenmeer auf Nordsee. Bei der Wanderung am Fuße der Dünen entlang haben wir den Blick auf das Billriff mit seinen Muschelfeldern, das Westende der Insel. Manchmal ist von hier die Westbake in den Dünen zu erkennen. Bei Niedrigwasser erschließt sich uns hier eine riesige Sandwüste.

Diese große Sandfläche heißt Billriff. Unter einem Riff versteht

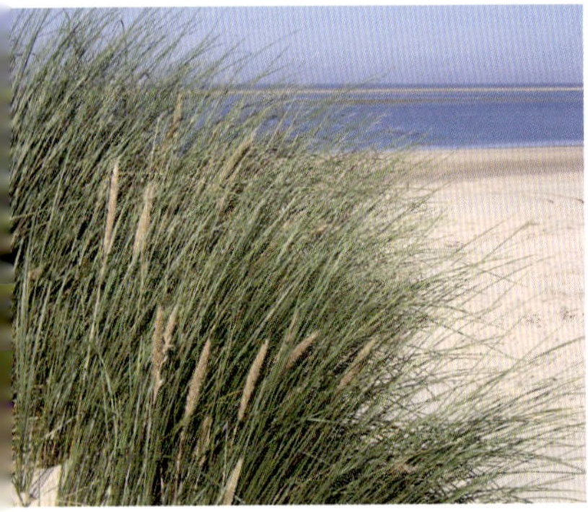

man eine Sandbank. Das Billriff besteht aus mehreren solcher riesigen Sandbänke, zwischen denen sich breite, flache, aber auch recht tiefe Priele sehr schnell mit Wasser füllen können. Hier rasten etliche Seevögel, vor allem Scharen von Mantelmöwen, und auch die scheuen Seehunde sonnen sich hier auf dem Sand. Theoretisch wäre es möglich, das Billriff, auch Schillplate genannt, am Spülsaum entlang zu umrunden. Dies ist allerdings nicht empfehlenswert und auch verboten. Der Weg wäre nur bei ablaufendem Wasser sicher begehbar. Aufgrund gefährlicher Treibsandbereiche ist das Betreten des Billriffs aber nur an der Nordkante und nur bei Niedrigwasser erlaubt.

Vor allem während der Vogelzugsaison können Tausende von Zugvögeln wie z. B. Alpenstrandläufer, Kiebitzregenpfeifer und Knutts beobachtet werden. Wir befinden uns in der Ruhezone, wollen und sollen daher die Tiere nicht unnötig stören und setzen unseren Weg am Fuße der Haakdünen fort.

Das gelbe Rohr auf dem Riff bezeichnet die Trasse der Erdgasleitung, die 1974/75 hier unterirdisch verlegt wurde. Das transportierte Gas stammt aus dem Erdöl- und Gasfeld Ekofisk in der Nordsee nördlich der Doggerbank. Die Trasse verläuft vom Gasfeld über Juist und Memmert-Sand bis zur Knock bei Emden.

Nach der Umrundung des Westendes fällt uns zu Beginn des Nordstrandes der sehr schmale Strand auf, den wir von der Insel Juist überhaupt nicht gewohnt sind. Wir betrachten die Dünen genauer und stellen fest, dass sie

riesige „Verletzungen“ aufweisen.
Die Tertiärdünen lassen große, bis zu 10 m hohe Abbruchkanten erkennen, die in den letzten Jahren durch Sturmfluten verursacht wurden. Die Wasserströmung trifft hier genau auf dieses Gebiet, reißt große Mengen Sand mit sich und verdriftet diese nach Osten. Die Dünenschäden demonstrieren die Bedeutung des Küstenschutzes und die allgegenwärtige Gefahr der Zerstörung der Insel durch das Meer. Seit 1976 sind die Abbruchkanten bereits bis zu 200 m nach Süden gewandert. Somit treten hier Klei- und Torfschichten zutage. Dabei handelt es sich um Weideland früherer Jahrhunderte. Im Klei wurde sogar ein Pferdeschädel gefunden. Der NLWKN (Niedersächsischer Landesbetrieb für Wasserwirtschaft, Küsten- und Naturschutz) ist hier in den letzten Jahren tätig geworden. An den Dünen werden jährlich neue Sträucher gepflanzt und Reisigzäune gesetzt, um den herangewehten Sand aufzufangen, zu halten und so die Dünen zu stärken. Auch wurden die Hintertäler der Dünen mit Sand aufgefüllt, um bei einem evtl. Durchbruch das Meerwasser daran zu hindern, in das Inselinnere einzudringen. Ob diese Maßnahmen ausreichend sind, sei dahingestellt. Zumindest werden sie jeden Winter von den Sturmfluten immer wieder erneut auf die Probe gestellt.

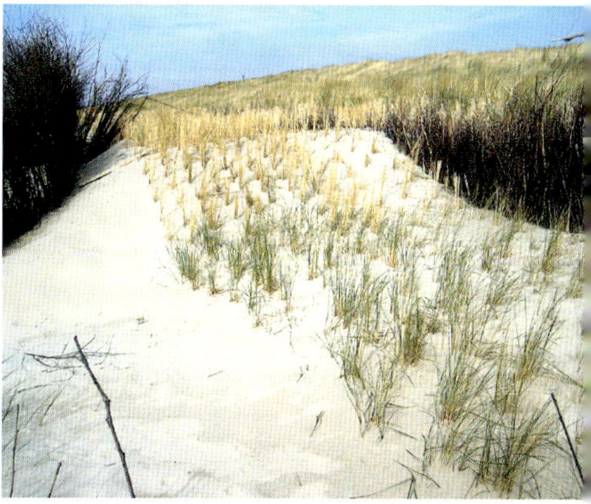
Anpflanzung zum Erhalt der Dünen

Am Strand kann es manchmal vorkommen, dass Ölklumpen oder verölte Vögel gefunden werden. Die Ölverschmutzung ist leider eine nicht so schöne Seite des Strandes. Die Hochseeschifffahrt stellte Anfang des 20. Jahrhunderts von Dieselöl auf Schweröl um. Die Ölrückstände wurden häufig in die Nordsee abgelassen. Die befürchtete Ölpest ist somit nicht alleinig die Folge von Tankerunglücken, sondern stammt schleichend zu 90 % von der

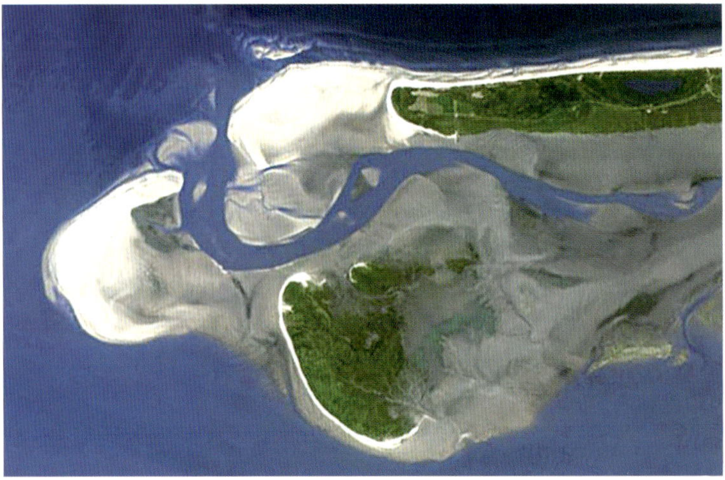

Der Westteil der Insel Juist *Luftbild: NASA Landsat 7 aus 700 km Höhe*

Schifffahrt. Ölklumpen lassen sich eher im Winter finden als im Sommer. Nicht, weil es sie dann häufiger gibt, sondern weil sie im Winter langsamer abgebaut werden. Leider verunreinigt aber nicht nur Öl unsere Strände, sondern auch Chemikalien, große Mengen an Nährstoffen, Schwermetalle und jede Menge Müll. Auch hier befinden sich die Strand-Müll-Boxen (siehe Kapitel 2.8.).

Etwa 800 m westlich des Billriffs liegt die Kachelotplate, die durch den Priel Haaksgat von Juist getrennt ist. Ihr Name stammt vom französischen Begriff für die Pottwale, die sich manchmal ins Wattenmeer verirren. Die Kachelotplate ist eine ausgedehnte Sandbank, die erstmals 1840 in einer Karte verzeichnet wurde und sich langsam zu einer Insel entwickelt. Am Nordwestrand ist eine Seehundkolonie mit fast tausend Tieren beheimatet. Die Juister Balje trennt Juist von der zwei Kilometer südlich gelegenen, berühmten Vogelschutzinsel Memmert, die als international bedeutendes Rast- und Brutgebiet bereits 1924 unter Naturschutz gestellt wurde. Beide können vom Billriff aus gesehen werden.

Bei weiteren Fragen zum Billriff oder Abbruchkanten etc. wenden Sie sich an das Nationalpark-Haus oder das Küstenmuseum.

4. Teil: Wattwanderung!

Was ist Watt? Der Übergangsbereich zwischen Land und Meer, zwischen Inseln und Küste, der durch die Gezeiten geprägt ist. Das Wattenmeer umfasst die Salzwiesen, Dünen und das Watt. Zwei Drittel des Wattenmeeres bestehen aus Watt. Der Begriff Watt stammt wahrscheinlich aus dem altfriesischen Wort „wad", was so viel wie „seicht" oder „untief" bedeutet. Wattflächen können sich dort bilden, wo über flachem Meeresboden vorgelagerte Sandbänke oder Inseln die Kraft der Meeresströmung abbremsen und angetragener Sand oder Schlick zum Boden absinken kann.

Selbstverständlich möchte jeder, der sich auf den Weg macht, die Insel Juist zu Fuß zu erkunden auch einmal eine Wattwanderung unternehmen. Wattwandern bereitet sehr viel Freude und man sollte es sich während eines Inselaufenthaltes nicht entgehen lassen. Die Wanderung wird sicherlich zu einem unvergesslichen Erlebnis. Die einmalige Naturlandschaft des Nationalparks Niedersächsisches Wattenmeer kann hier in ihrer Schönheit und Besonderheit, aber auch in ihrer Bedrohtheit intensiv erfahren werden. Die Ebbe gibt zweimal täglich eine vom Menschen kaum berührte Urlandschaft frei. Das Wattenmeer ist quasi eine Wildnis inmitten Europas und wurde daher 2009 zum UNESCO Weltnaturerbe (s. Kapitel 2.8.) ernannt.

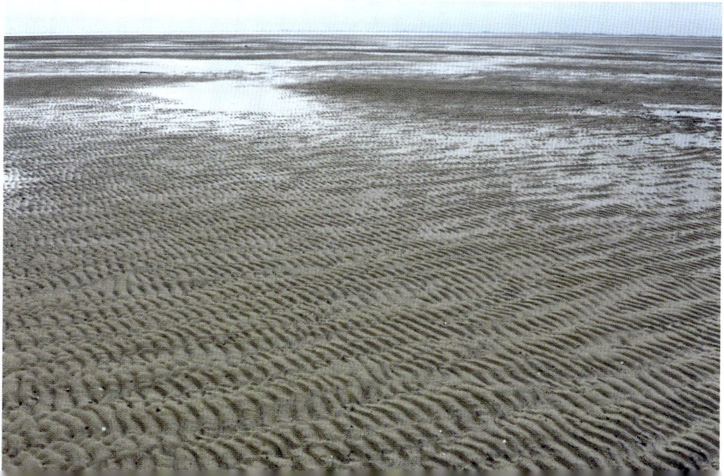

Auf Juist lädt Sie Wattführer Heino Behring zu einer seiner spannenden und informativen Wattwanderungen ein. Vergessen Sie Ihren Kopfschutz nicht. Im Sommer können Sie gerne anstatt mit Gummistiefeln das Watt auch barfuß „erfühlen".

Eine Wattwanderung sollte niemals, wie man vermuten könnte, bei Niedrigwasser begonnen werden. Nachdem die Ebbe ihren niedrigsten Stand erreicht hat, beginnt die Flut, d. h. man läuft der Flut entgegen. Auch wenn der Rückweg noch trocken erscheint, kann ein schnell volllaufender Priel einem den Rückweg versperren. Das Durchqueren sol-

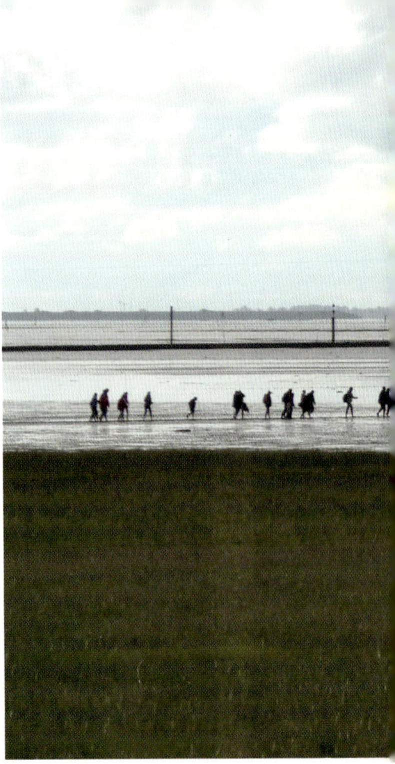

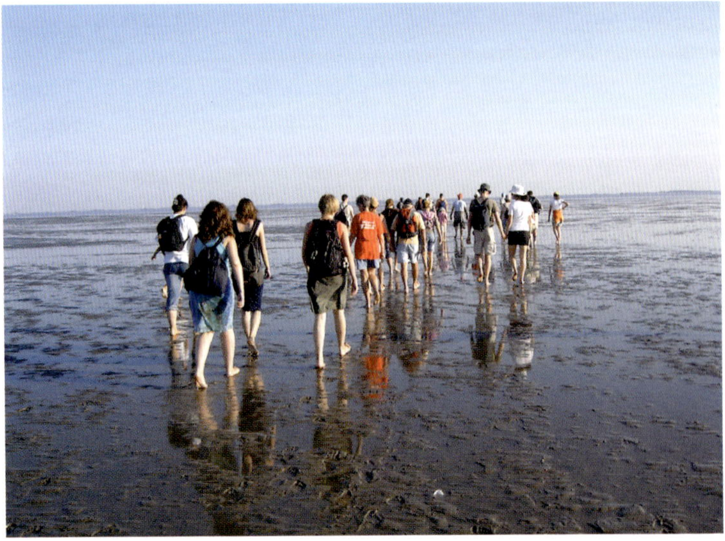

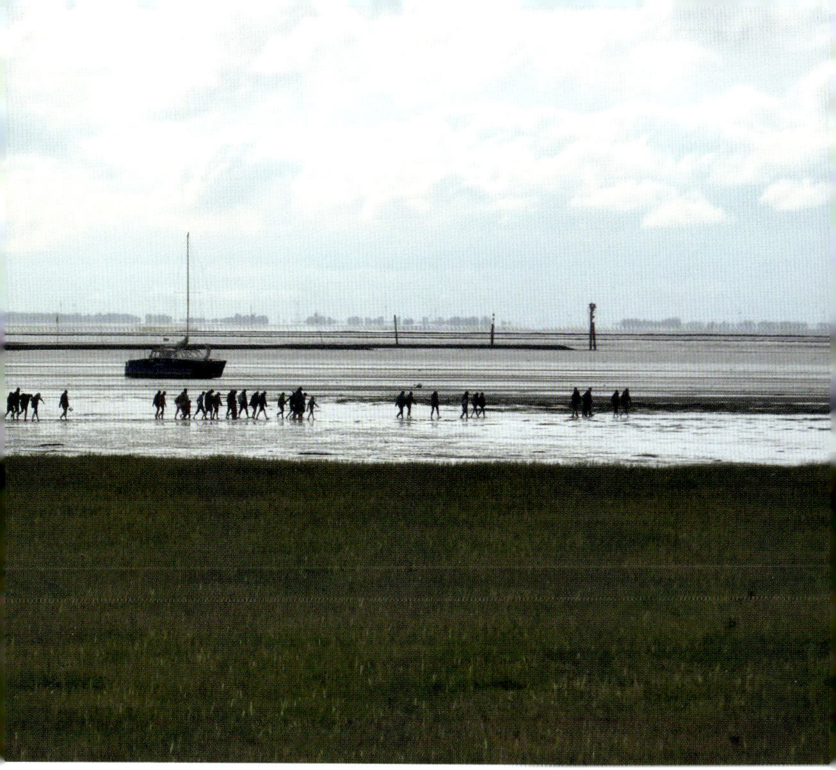

cher Wassergräben kann selbst geübten Schwimmern aufgrund der unberechenbaren Strömung zum Verhängnis werden. Durch sogenannte Schlicknester in den Prielen ist ein rettungsloses Versinken möglich, das schon einige Leichtsinnige das Leben gekostet hat. Es genügt ein Blick auf den Tidekalender, erhältlich bei der Kurverwaltung, und die Einsicht, dass die drei Meter über Normalnull, die das mittlere Hochwasser bei Juist am Hafen in der Regel erreicht, zum Ertrinken tief genug sind.

Eine weitere Gefahr ist der Alleingang. Stößt Ihnen etwas zu, gibt es zum einen niemanden, der Ihnen helfen kann, und zum anderen werden Sie die zurückzulegende Strecke nicht mehr in der gleichen kurzen Zeit bewältigen können. Die nächste Flut kommt bestimmt, und wie schnell ist man in eine Muschelschale oder ein Stück Draht getreten.

Selbstverständlich sollen Sie auf gar keinen Fall auf eine Wattwanderung verzichten, aber unternehmen Sie Wattwanderungen stets nur mit staatlich geprüften

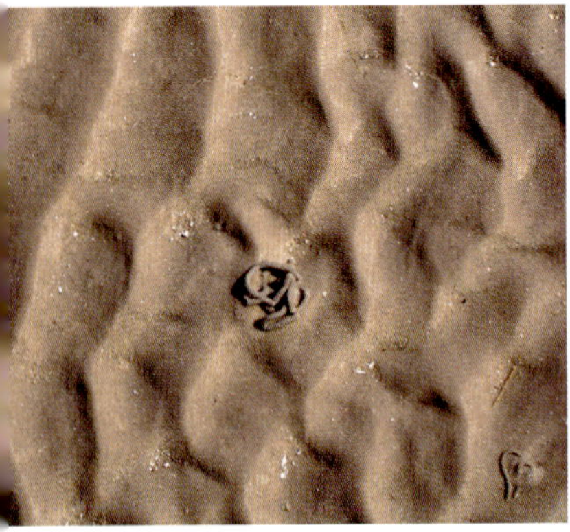

Wattführern. Dies nicht nur aus Sicherheitsgründen. Die Besonderheiten der Wunderwelt Wattenmeer erschließen sich Inselgästen nicht unbedingt auf den ersten Blick. Der kundige Wattführer verweist auf Tiere, Pflanzen und Zusammenhänge, die dem Wanderer sonst sicher entgehen würden. Das Weltnaturerbe ist gespickt mit Superlativen. In einem Fingerhut Wattboden befinden sich z. B. bis zu eine Million Kieselalgenzellen und in einem Quadratmeter davon bis zu 150 000 Wattschnecken, 70 000 Minikrebse und fünfzig Wattwürmer. Die lustig aussehenden Kothaufen sind Ihnen sicherlich bekannt.

Der Begriff „Kinderstube Wattenmeer" rührt daher, dass das Watt Nahrungs- und Brutraum für Wasserpflanzen, Würmer, Schnecken, Muscheln, Krebse und Fische darstellt. Schollen, Seezungen und Heringe haben hier ihre Kinderstube, bis sie dann ins offene Meer wandern. Dieser reich gedeckte Tisch bietet jedes Jahr bis zu zwölf Millionen Zugvögeln reichlich Nahrung.

Auf Juist führen Sie Heino Behring oder sein Sohn Ino durch das Watt. Der Treffpunkt sind Heinos Appartements, Rosengang 1. Von hier geht es direkt über den Deich zum Watt. Er bietet in der Hauptsaison seinen „praktischen Biologieunterricht" mit Erläuterungen der interessanten Tierwelt an. Die Termine der Wattwanderungen werden durch Aushänge bekannt gegeben oder können bei Heino Tel.: 04935-339 oder 0171-5225850, heino.juist@t-online.de, www.heino-juist.de erfragt und eingesehen werden. Dabei stehen unterschiedliche Führungen im Programm, sowohl 1,5-stündige Touren mit nur 800 m Wegstrecke für Familien mit Kindern, aber auch Wanderungen bis zu 2,5 Stunden und 2 km Wegstrecke nur für Erwachsene. Nach der Wanderung erhält jede Familie eine DVD mit kurzweiligen Informationen zur Erlebniswelt Wattenmeer. Auch das Nationalpark-Haus bietet Wattführungen an, vor allem für Familien mit kleinen Kindern. Sie dauern ca. eine Stunde mit knapp 200 m Wegstrecke.

Oft fragt man sich, ob es denn nicht möglich ist, die kurze Entfernung vom Festland bis Juist zu Fuß zurückzulegen. Möglich ist dies, allerdings sollte man dieses gefährliche Vorhaben ebenfalls unter keinen Umständen ohne fachkundige Begleitung unternehmen. Zum einen gelangt man leicht in die Ruhezone des Nationalparks Wattenmeer. Dies ist nicht erlaubt und strafbar, stellt allerdings für das leibliche Wohl noch keine Gefahr dar. Zum anderen besteht ständig die Gefahr, in auflaufendes Wasser und auch Nebel zu geraten, was leichtsinnige Urlauber schon mit dem Leben bezahlt haben.

Sollten Sie vor oder nach einer Wattwanderung Interesse haben, sich noch intensiver mit der Wunderwelt Wattenmeer zu beschäftigen, so sei auf die Vorträge von Heino Behring im Haus des Kurgastes, die Ausstellungen und Vorträge des Nationalpark-Hauses Juist oder das Küstenmuseum verwiesen.

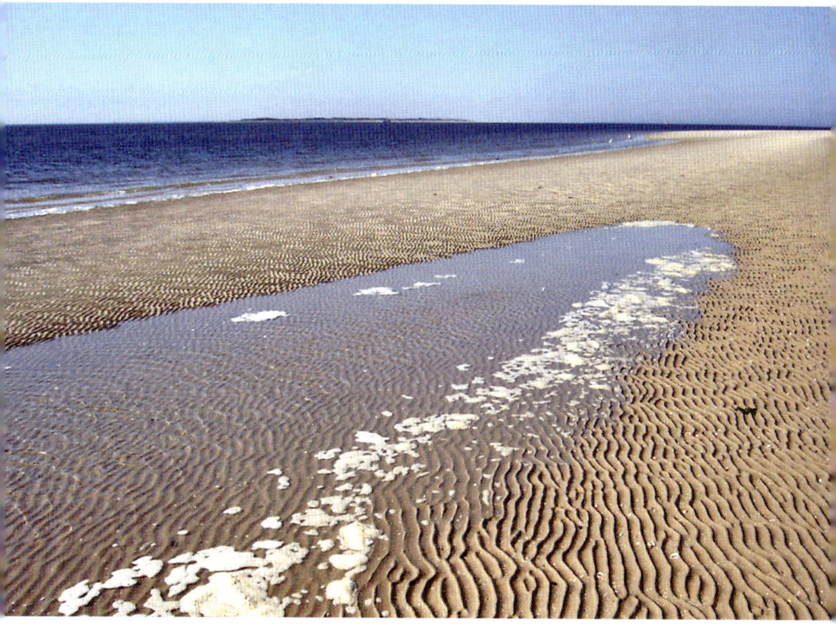

5. Service

Apotheke
Seehund-Apotheke
Warmbadstraße 5
Tel. 04935-1041
mail@seehund-apotheke.de

Camping
Campen und Zelten sind auf Juist generell nicht erlaubt.

Flüge
FLN FRISIA-Luftverkehr GmbH Norddeich
Westerlooger Strohweg
26506 Norden
Tel. 04931-9332-0
www.fln-norddeich.de

Fundbüro
Fundbüro im Alten Warmbad
Friesenstraße 18
Tel. 04935-809101

Internetcafé
Haus des Kurgastes

Juist-Stiftung
Postfach 1326
26571 Juist
Tel. 04935-1051
www.juist-stiftung.de

Kino
Filmtheater mitten im Meer
Friesenstraße 24
Tel. 04935-677

Kirchen
Ev.-luth. Kirche
Wilhelmstraße 42
Tel. 04935-910910
Tobaben.juist@t-online.de
www.inselkirche-juist.de

Kath. Kirche
Dünenstraße 16
Tel. 04935-309
m.wachendorfer@gmx.de
www.katholische-pfarreiengemeinschaft-kueste.de

Kurverwaltung Juist
Postfach 1464
26560 Juist
Tel. 04935-809106
www.juist.de
Servicestellen im Rathaus, Hafengebäude, Küstenmuseum, Meerwassererlebnisbad und Flugplatz

Kutschfahrten
Fuhrmannshof Kannegieter,
Tel. 04935-498
Fuhrbetrieb Heyken, Tel. 04935-664
Fuhrunternehmen Munier,
Tel. 04935-392
Fuhrbetrieb Schwips,
Tel. 04935-8171

Küstenmuseum
Loogster Pad 29
Tel. 04935-1488
Öffnungszeiten in der Saison:
Di.–Fr. 9:30–13 und 14:30–17:30 Uhr
Sa. 9:30–13 Uhr, So. 14:30–17 Uhr
Außerhalb der Saison:
Di. und Sa. 14:30–17 Uhr
Sondervereinbarungen sind möglich
www.kuestenmuseum-juist.de

Nationalpark-Haus
Carl-Stegmann-Straße 5
(im alten Bahnhof)
Tel. 04935-1595
nationalpark-haus@juist.de
www.nationalpark-haus-juist.de
Öffnungszeiten:
Anfang April bis Ende Oktober und in den Weihnachtsferien
Di–Fr. 9:30–12:30 und 15–18 Uhr
Sa., So. und an Feiertagen 15–18 Uhr
Mo. geschlossen.
Im Winter
Mi. 15–18 Uhr und nach Absprache.
Der Eintritt ist frei, aber mit einer Spende unterstützen Sie die sinnvolle Arbeit.

Notruf
Tel. 112

Polizei
Carl-Stegmann-Straße 1
Tel. 04935-1210

Reederei
AG Reederei Norden-Frisia
Geschäftsstelle Juist
Hafenbetriebsgebäude
Tel. 04935-91010

Ruhezeiten
Vom 20. März bis 31.Oktober
13–15 Uhr und 21–8 Uhr
In der übrigen Zeit 22–7 Uhr

TöwerVital
Thalasso, Wellness und Physiotherapie
Strandpromenade
Tel. 04935-809242
wellness@juist.de
www.juist.de

Wattführungen
Heino und Ino Behring
Rosengang 1
Tel.: 04935-339 oder 0171-5225850
heino.juist@t-online.de
www.heino-juist.de

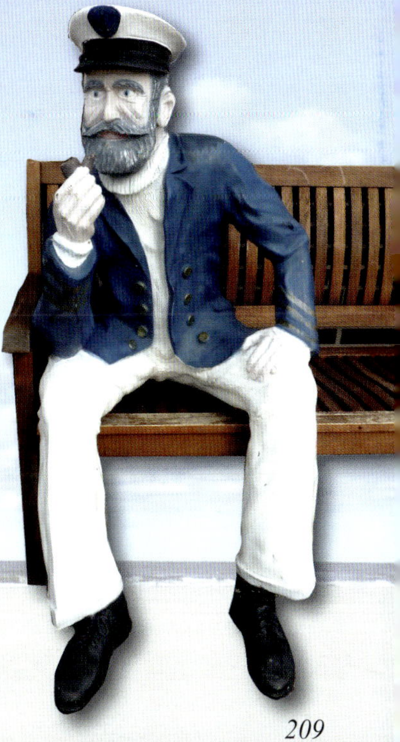

Literaturverzeichnis

BASSE-SOLTAU, U.: Die sieben Juister Kirchen. In: Juist 150 Jahre Seebad. Kurverwaltung Juist (Hrsg.): 1990

BEHRENDS, R.: Die Geschichte des Memmert Leuchtfeuers. In: De Strandlooper, Nordseebad Juist. Hrsg.: Kurverwaltung Juist. Juist 1/93, S. 3 ff.

ERCHINGER, H.: Die Naturlandschaftsflächen der Insel Juist und ihr Schutz. In: 150 Jahre Seebad Juist. Kurverwaltung Juist (Hrsg.): 1990

ERDMANN, St.: Wie reist man nach Juist? In: 150 Jahre Seebad Juist. Hrsg.: Kurverwaltung Juist, Juist 1990, S. 52ff.

GEMEINDE UND KURVERWALTUNG JUIST, Touristisches Leitbild 2020, Insel Juist Töwerland

JUIST-STIFTUNG: Juist-Stiftung, Bürgerstiftung für das Töwerland, 2013/2014

JUIST-STIFTUNG: Memmertfeuer – im 13- Sekundentakt über Juist

KOLDE, H.: 150 Jahre Nordseeheilbad Juist: eine Idee setzt sich durch. In: 150 Jahre Seebad Juist. Hrsg.: Kurverwaltung Juist, Juist 1990, S. 37ff.

KURVERWALTUNG JUIST (Hrsg.): Insel Juist Töwerland, Juist, 2013

KURVERWALTUNG JUIST (Hrsg.): Insel Juist Töwerland, Juist, 2014

KURVERWALTUNG JUIST (Hrsg.): Küstenmuseum im Loog

KURVERWALTUNG JUIST (Hrsg.): Töwer Vital

LESER, H., H.-D. HAAS, T. MOSIMANN und R. PAESLER: Diercke: Wörterbuch der Allgemeinen Geografie. Band 1 und 2, Braunschweig, 1987

LOOCK-BRAUN, M.: Unterwegs auf Spiekeroog, Naturkundlicher und kulturhistorischer Inselspaziergang, Husum Verlag 2008

LOOCK-BRAUN, M.: Unterwegs auf Langeoog, Naturkundlicher und kulturhistorischer Inselspaziergang, Husum Verlag 2011

MEYNEN, E.: Internationales Geografisches Glossarium. Deutsche Ausgabe, Stuttgart, 1985

NATIONALPARKVERWALTUNG (Hrsg.): Die Strand-Müll-Box

NATIONALPARKVERWALTUNG (Hrsg.): Seehunde und Kegelrobben

NATIONALPARKVERWALTUNG (Hrsg.): Lebensraum Watt, 2010

NATIONALPARKVERWALTUNG (Hrsg.): Lebensraum Salzwiese, 2012

NATIONALPARKVERWALTUNG (Hrsg.): Lebensraum Düne, 2012

NIEMEIER, G.: Ostfriesische Inseln – Sammlung geographischer Führer, Band 8. Berlin, Stuttgart, 1972

OTTO LEEGE INSTITUT (Hrsg.): Faltblatt Gesamtkunstwerk Otto Leege Pfad

REISE-KNOW-HOW: Handbuch Insel Juist, 1. Auflage

RUNGE, F.: Kleiner Juist-Führer, 14. Aufl., Rheine, 1994

SCHRÖTER, J: Juist, Ein illustriertes Reisehandbuch. Edition Temmen, 1996

SI-VERLAG: Die S.I.-Urlaubskarte Juist. 7. Aufl. 2010–2014

STRANDLOOPER UG: De Strandlooper Juist

STREIF, H.: Das ostfriesische Küstengebiet. Nordsee, Inseln, Watten und Marschen. In: Sammlung geologischer Führer, Band 7. Berlin, Stuttgart, 1990

TROLTENIER, W.: Juist, Gestern und Heute. 6. Auflage

WRAZILO, I.: Unterwegs auf Wangerooge. Göttingen, 1997

www.aufjuist.de
www.edwj.de
www.gemeinde-juist.de
www.heino-juist.de
www.juist.de
www.juistnews.de
www.juist-stiftung.de
www.my-juist.dc
www.reederei-frisia.de
www.munier-juist.de
www.wikipedia.de/Juist
www.facebook.com/juist.de

Abbildungsverzeichnis

Archiv der Kurverwaltung Juist, Archiv der Kurverwaltung Langeoog, H.H. Seedorf: Archiv Heimatverein Borkum, Luftbildfotograf Gerhard Launer, Hans Kolde, Sven Ahrens: Domäne Bill, Jens Heyken: Nationalpark-Haus Juist, Jochen Büsing: Küstenmuseum, Inka Extra: Villa Charlotte, Axel Rippe: Lütje Teehuus, NASA Landsat 7, Alt Juist Verlag Heimatverein Juist e.V., eigene Abbildungen, eigene Aufnahmen

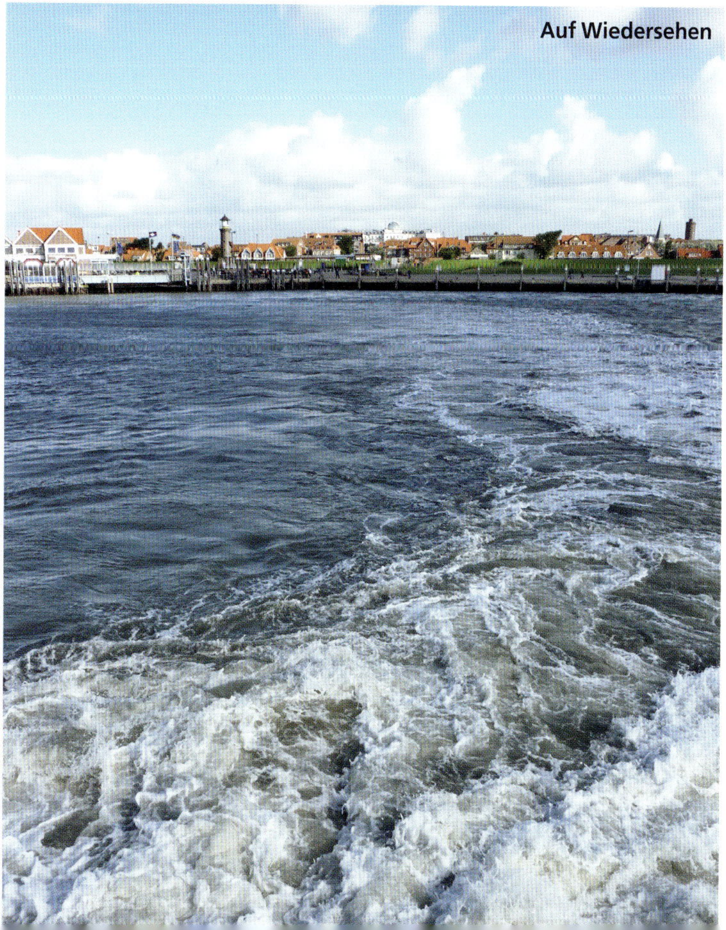

Inhalt:

Jutta Kürtz,

Kleines ABC des niedersächsischen Wattenmeers

Fotografien von Günter Pump

141 Seiten, zahlreiche farbige Abbildungen, gebunden

ISBN 978-3-89876-302-8

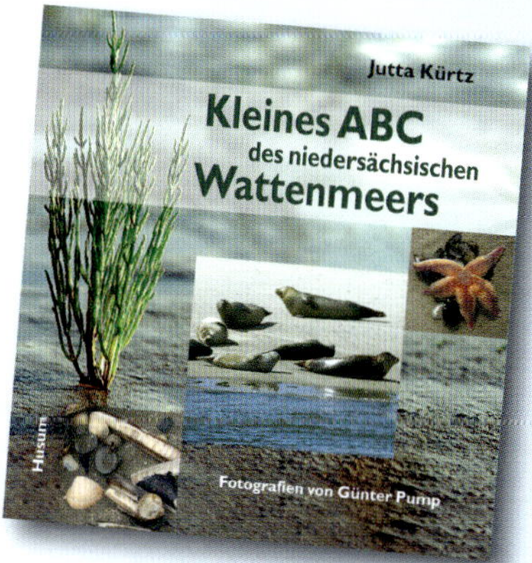

Ebbe und Flut haben entlang der Nordseeküste eine ganz besondere Landschaft geformt: das Wattenmeer, das einzigartig auf der Welt ist. Jutta Kürtz beschreibt in ihrem Buch die Besonderheiten der niedersächsischen Wattlandschaften, die sich vom Dollart an der niederländischen Grenze bis zur Elbmündung bei Cuxhaven erstrecken und in weiten Teilen als Nationalpark geschützt sind. In dieser bekannten und beliebten Urlaubsregion gibt es viel zu entdecken, was sich nicht immer auf den ersten Blick erschließt. Wer weiß schon, dass das Wattenmeer nach dem tropischen Regenwald das zweitproduktivste Ökosystem der Welt ist? Und dass die gesamte Küstenregion dennoch ganz maßgeblich vom Menschen geprägt wird?
Von A wie Algen bis W wie Wurt greift das Büchlein die spannendsten Themen rund um das niedersächsische Wattenmeer auf. Fauna und Flora, Leuchttürme und Leuchtfeuer, einsame Inseln und wandernde Sände, Wattführer und Fischer, romantische Kutterhäfen und lebendige Städte wollen entdeckt werden. Mit einer Fülle an Wissenswertem und Beeindruckendem lädt das handliche ABC zum eigenen Erkunden dieser faszinierenden Landschaft ein.

Husum Druck und Verlaggesellschaft · Postfach 1480 · D-25804 Husum
www.verlagsgruppe.de

Manon Loock-Braun,

Unterwegs …

… auf Langeoog

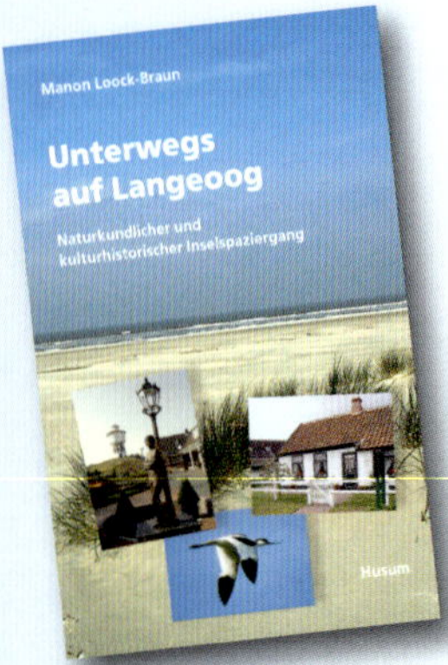

ISBN 978-3-89876-195-6

Naturkundlicher und
kulturhistorischer Inselspaziergang

2., überarbeitete Auflage, 158 Seiten,
zahlreiche farbige Abbildungen, broschiert

Die Entdeckungsreise auf Langeoog stellt die Inselwelt in all ihren Facetten dar. Auf drei Rundwegen unterschiedlicher Lage erlebt der Leser die ganze Insel und erfährt viele interessante Details über Natur, Sehenswürdigkeiten und Menschen. Auch wichtiges Hintergrundwissen zu Klima, Natur und Geschichte vermittelt das Buch in leicht verständlicher Art. Informationen zu Wattwanderungen und ein Serviceteil mit nützlichen Adressen und Öffnungszeiten runden den handlichen Inselführer ab, der in jede Jackentasche passt.

… auf Spiekeroog

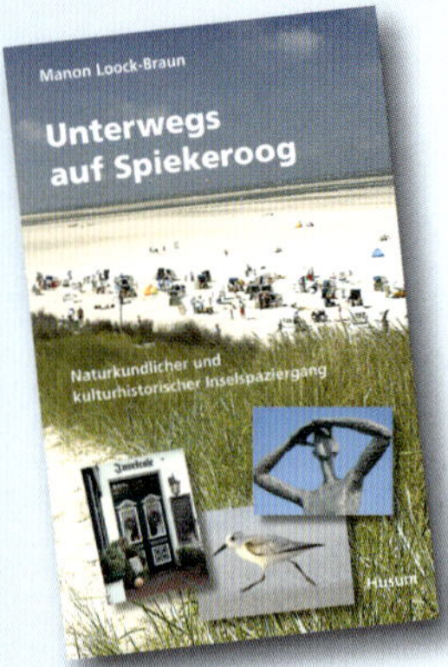

ISBN 978-3-89876-396-7

Naturkundlicher und
kulturhistorischer Inselspaziergang

160 Seiten, zahlreiche, meist farbige Abbildungen,
broschiert

Spiekeroog im Nationalpark Niedersächsisches Wattenmeer hat es verstanden, seine Landschaft, Naturschätze und die typisch dörfliche Atmosphäre des einzigen Inselortes zu erhalten und zu pflegen – das wissen die zahlreichen Besucher dieses Kleinods unter den Ostfriesischen Inseln zu schätzen. Manon Loock-Braun stellt in leicht verständlicher und unterhaltsamer Weise die faszinierende Tier- und Pflanzenwelt, das besondere Klima und die spannende Entwicklung Spiekeroogs von der Sandbank zum Seebad vor.

Husum Druck und Verlaggesellschaft · Postfach 1480 · D-25804 Husum
www.verlagsgruppe.de